New Selected Reading of Legal Cases Analysis

新编法学案例分析选读

杨馨德 主　编
谢洁茹 副主编

上海财经大学出版社

图书在版编目(CIP)数据

新编法学案例分析选读/杨馨德主编．—上海：上海财经大学出版社，2023.10
 ISBN 978-7-5642-4240-4/F.4240

Ⅰ.①新… Ⅱ.①杨… Ⅲ.①案例-中国-高等学校-教材 Ⅳ.①D920.5

中国国家版本馆 CIP 数据核字(2023)第 163741 号

□ 责任编辑　刘晓燕
□ 书籍设计　张克瑶

新编法学案例分析选读

杨馨德　主　编
谢洁茹　副主编

上海财经大学出版社出版发行
(上海市中山北一路 369 号　邮编 200083)
网　　址:http://www.sufep.com
电子邮箱:webmaster @ sufep.com
全国新华书店经销
上海景条印刷有限公司印刷装订
2023 年 10 月第 1 版　2023 年 10 月第 1 次印刷

787mm×1092mm　1/16　16.5 印张　422 千字
印数:0 001—3 000　　定价:55.00 元

前　　言

学习、贯彻党的二十大会议精神，就是要弘扬伟大的建党精神，落实好立德树人根本任务，要大力推动党的二十大会议精神和习近平新时代中国特色社会主义思想、习近平法治思想进课堂、进教材、进头脑，把党的二十大会议精神更好地融入法学专业课程之中，引导学生努力成为宪法与法律的信仰者、公平正义的捍卫者、法治建设的实践者、法治进程的推动者、法治文明的传承者，为全面依法治国奠定坚实基础。案例分析属于综合性较强的类型，考查的是高层次的认知目标。它不仅能考查学生了解知识的程度，而且能考查学生理解、运用知识的能力，更重要的是它能考查学生综合、分析、评价方面的能力。

《新编法学案例分析选读》是江西开放大学组织编写的远程开放教育法学专业教材之一，以各部门法的规定为主线，对刑法、民法、经济法、行政法、劳动合同法等法学案例进行了全面的分析。是"高等学校法学专业选修课程教材"及"广播电视大学开放教育"法学专业的选修课程教材，主要针对高等院校及成人高等院校法学专业学生而编写。

本书理论与实际相结合，既重视传统学科理论，又能联系立法、司法实践，对重点、难点问题进行深入探讨，具有启发性，适合法学专业课程的教学使用，同时可供参加自学考试及统一司法考试者学习使用。

本书由杨馨德任主编，谢洁茹任副主编，全书由主编审阅、修改，谢洁茹协助主编校稿。具体分工如下：

杨馨德：行政法编

李庭扬：经济法编

谢洁茹：刑法编

郭　莉：劳动合同法编

宴　潇：民法编

在本书的撰写中参考了大量的学术界同仁的研究成果，对此本书作者表示真诚的感谢！

由于时间仓促加之水平有限，书中难免有疏漏、错误之处，敬请读者和专家指正。

编　者

2023.7

目 录

民法编

顺风车发生事故，谁负责	3
法律保护网络虚拟财产吗	5
因见义勇为而受伤的，由谁承担民事责任	7
民政局能否申请撤销父母监护人资格	9
接不完的广告电话谁来叫停	11
警惕市场中的"真假李逵"	13
撤销婚姻纠纷案	15
英雄烈士保护民事公益诉讼案	16
肖像权纠纷案	18
非直系亲属的遗产该如何分配	20
绿水青山就是金山银山	22
高空抛物损害赔偿纠纷案	24
饲养动物致人损害的责任承担	26
人格权司法保护	28
"名为投资，实为借贷"的法律关系认定	31
保证方式约定不明时如何承担保证责任	33

刑法编

关于《刑事审判参考》第1136号案例的商榷意见：串通竞拍就是串通投标行为	37
男子酗酒产生"幻觉"抢车被判刑	40
李某等三人敲诈勒索案	42
盗窃还是职务侵占	45
尚未完全丧失辨认或者控制行为能力的精神病人应当负刑事责任	
——蔡某城故意杀人案	48
张某某枪杀抢劫犯案	50
保安员监守自盗构成什么罪	53
叶某信用卡诈骗案	55

盗窃还是诈骗 ··· 58
毒品犯罪死刑复核案 ··· 61
丁敏合同诈骗案 ··· 66
恐吓信未发　敲诈罪已成 ·· 70
非为个人利益是否构成挪用公款罪 ··· 73
汪某不作为是否构成偷税 ·· 77
丁某交通肇事案 ··· 80
潘某等寻衅滋事案 ··· 83

经济法编

行业协会实施限制竞争行为纠纷案 ··· 89
查良镛诉杨治、北京联合出版有限责任公司等著作权权属、侵权纠纷、不正当竞争
　纠纷案 ·· 94
瑕疵出资股东案 ·· 101
公司决议效力确认纠纷案 ··· 105
公司设立中发起人的法律责任问题 ·· 109
股权转让纠纷案 ·· 111
共同欺诈而免除其借款合同保证责任 ····································· 116
中银保险有限公司北京分公司保险合同纠纷案 ·························· 119
有限公司保险代位求偿权案 ·· 122
有限责任公司票据追索权案 ·· 126
涉外摄影作品权属及网络下载使用侵权认定案 ·························· 128
美心食品有限公司注册商标知名度的地域性限制案 ···················· 133
天津中国青年旅行社诉竞价排名中不正当竞争行为案 ·················· 139
天津市泥人张等诉擅自使用他人企业名称及虚假宣传纠纷案 ········· 143
保证贷款逾期催收责任承担案 ·· 151
没有依法清算　股东是否承担公司债务 ··································· 155

劳动合同法编

竞业限制须支付经济补偿案 ·· 159
法官能否主动审查诉讼时效 ·· 161
试用期间怀孕并严重违反劳动纪律解除劳动合同劳动争议案 ········· 163
无管辖权裁决应视为未经仲裁 ·· 167
劳动争议还是民事纠纷 ·· 170
劳动合同纠纷案 ·· 172
索取双倍工资案 ·· 176
人事派遣劳动纠纷案 ··· 179
代通知金支付案 ·· 183

无固定期限劳动合同法律纠纷案 ………………………………………… 186
王某劳务派遣纠纷案 ……………………………………………………… 189
用人单位以张女士不能胜任工作解除劳动合同案 ……………………… 191
违反用人单位规章制度造成伤害案 ……………………………………… 193
无工商登记的工厂职工受伤,是否享受工伤待遇 ……………………… 196
解除劳动关系后的经济补偿金纠纷案 …………………………………… 198
法院能否强制执行买断工龄款 …………………………………………… 201

行政法编

村民对县公安局治安处罚不服申请行政复议案 ………………………… 205
大学教授对公安机关行政不作为申请复议寻求保护案 ………………… 208
当事人诉行政机关决定其提前退休案 …………………………………… 211
谢某诉重庆市食品药品监督管理局C区分局行政处罚纠纷案 ………… 214
当事人诉离婚登记机关侵权案 …………………………………………… 217
杜某诉海事机关不作为案 ………………………………………………… 221
行政机关随意免去村民委员会组成人员案 ……………………………… 225
私营业主诉市工商局违法行政求偿案 …………………………………… 228
退休金有争议,乡镇企业管理局是否越权 ……………………………… 231
牛某诉县公安局限制自由行政争议案 …………………………………… 234
××市物价局录用公务员程序违法案 …………………………………… 238
因政府抽象行政行为导致合同纠纷案 …………………………………… 242
钱某等行政相对人诉市工商局行政处罚决定案 ………………………… 246
郭建军诉诸暨市国土资源局行政行为违法案 …………………………… 250

参考文献 ……………………………………………………………………… 253

民法编

民法是调整平等主体（自然人、法人、其他组织）之间财产关系和人身关系的法律规范的总称。《中华人民共和国民法典》被称为"社会生活的百科全书"，是新中国第一部以法典命名的法律，在法律体系中居于基础性地位，也是市场经济的基本法。《中华人民共和国民法典》共7编、1 260条，各编依次为总则、物权、合同、人格权、婚姻家庭、继承、侵权责任，以及附则。

2020年5月28日，第十三届全国人民代表大会第三次会议表决通过了《中华人民共和国民法典》（以下简称《民法典》），自2021年1月1日起施行。婚姻法、继承法、民法通则、收养法、担保法、合同法、物权法、侵权责任法、民法总则同时废止。

本编内容丰富，所选案例基本涵盖了民法典中重要的知识点，以党的二十大报告专章论述的"坚持全面依法治国，推进法治中国建设"为切入点，对每个真实案例所涉及的知识点进行深入的法理分析，使抽象的民法理论与具体的实践结合起来，引导大家认识到《民法典》有效化解各类民事纠纷、促进社会和谐的制度功能，从而使这本书具有很强的实用性、针对性及可读性。

顺风车发生事故，谁负责

【案情介绍】

小凡与小胡系同乡。在一次电话闲聊中，小凡得知小胡要回老家，但没买到票，热情的小凡邀请小胡免费搭乘其车辆回家。由于路途较远且小凡对路况不熟，在经过一个交叉路口时，小凡没有按照规定让行，以致与小阎驾驶的车辆相撞，事故造成小胡受伤。经交警认定，小凡负事故的主要责任，小阎负事故的次要责任，小胡无责任。关于赔偿问题，三人各执一词。无奈之下，小胡将小凡、小阎及小阎车辆的交强险及商业第三者险承保公司诉至法院，要求赔偿医疗费、残疾赔偿金等各项损失。小凡收到法院传票后感觉很委屈，认可交通事故责任认定，但也同时认为如果没让小胡搭车就没有这么多事了。

【评析】

无偿搭乘，也叫好意同乘，是社会成员之间互相帮助、助人为乐的情谊行为。发生交通事故后，提供搭乘一方往往自己也受伤、车辆还受损，在此情况下若还需全额赔偿搭乘人的损失，则不仅违反公平和善良风俗原则，也与法律追求的社会效果不符。因而《民法典》在总结司法实践经验的基础上，确立了"无偿搭乘"的法律规则，明确规定"应当减轻"提供搭乘一方的赔偿责任，为公众提供行为指引，以增进社会成员之间的互信，形成符合社会主义核心价值观内在要求的社会风气。

【案件结果】

法院审理后认为，在本起事故中，小凡应负事故主要责任，需承担交强险承保范围外的赔偿责任的70%。但考虑到小凡系无偿搭载小胡，事发时小凡除"通过交叉路口时未按规定让行"的违法行为外不存在其他不当行为，现有证据亦不足以认定小凡对事故的发生存在故意或重大过失，故依法酌情减轻小凡的赔偿责任，认定小凡在原本需承担70%的赔偿责任的基础上减轻10%，即小凡在交强险范围之外需对小胡的各项损失承担63%的责任。对小凡"好意同乘"的行为表示肯定，体现了中华民族的传统美德。综上，依据《民法典》第一千二百一十七条的规定，判令小阎车辆投保的保险公司在交强险范围内赔偿小胡各项损失近6万元，在商业第三者险范围内赔偿小胡各项损失13万余元，小凡赔偿小胡各项损失28万余元。

【相关法规】

《民法典》第一千二百一十七条规定："非营运机动车发生交通事故造成无偿搭乘人损害，

属于该机动车一方责任的,应当减轻其赔偿责任,但是机动车使用人有故意或者重大过失的除外。"据此,如同时符合以下三个条件,可减轻提供搭乘一方的赔偿责任:(1)搭乘人在获得提供搭乘一方允许后无偿搭乘非营运机动车;(2)发生了属于提供搭乘一方责任的交通事故,且搭乘者因交通事故遭受损害;(3)提供搭乘一方对交通事故的发生不存在故意或重大过失,提供搭乘一方故意制造交通事故的,构成故意伤害罪或者故意杀人罪,应当依法追究其刑事责任和民事赔偿责任。提供搭乘一方因重大过失(例如毒驾、醉驾等)引发交通事故的,提供搭乘一方虽无损害搭乘人的意图,但其行为违背了对搭乘人的安全保障义务,对自己及搭乘人的生命安全极端漠视,故不应减轻其民事责任。

法律保护网络虚拟财产吗

【案情介绍】

被告是 steam 账号(mumu979797)的合法持有人。2022 年 6 月 12 日,原、被告双方通过法大大软件签订了《steam 账号及关联权利使用权转让合同》,合同约定,被告将该账号转让给原告使用,转让价格为 800 元。合同签订后,原告依约于 2022 年 6 月 12 日通过银行卡转账履行付款义务。被告将账号交付给原告后,又通过向平台申诉将该账号找回,以致原告的合同目的不能实现。事情发生后,原告也曾多次联系被告,均联系不上或被告拒绝返还该账号。原告为维护自身合法权益,迫于无奈诉至法院。

【评析】

游戏账号属于数据、网络虚拟财产,受法律保护。原告王某与被告武某签订的《steam 账号及关联权利使用权转让合同》系双方真实意思表示,且不违反法律法规的强制性规定,应为合法有效,双方均应全面履行。本案中,原告王某向被告支付了涉案游戏账号的转让费 800 元,但被告武某将涉案账号交付给原告之后,又申诉将账号找回,导致原告无法使用涉案账号,其行为违反诚实信用原则,根据原、被告签订的转让合同,被告未履行合同义务,造成原告无法继续使用该账号,属于违约行为,原告要求被告返还账号转让费 800 元,于法有据。

【案件结果】

被告武某于判决生效后十日内返还原告王某转让费 800 元;被告武某于判决生效后十日内赔偿原告王某损失 560 元;驳回原告王某的其他诉讼请求。

【相关法规】

《民法典》第一百二十六条规定:民事主体享有法律规定的其他民事权利和利益。《民法典》第一百二十七条规定:法律对数据、网络虚拟财产的保护有规定的,依照其规定。《民法典》第四百六十五条规定:依法成立的合同,受法律保护。依法成立的合同,仅对当事人具有法律约束力,但是法律另有规定的除外。《民法典》第五百零九条规定:当事人应当按照约定全面履行自己的义务。当事人应当遵循诚信原则,根据合同的性质、目的和交易习惯履行通知、协助、保密等义务。当事人在履行合同过程中,应当避免浪费资源、污染环境和破坏生态。《民法典》

第五百七十七条规定：当事人一方不履行合同义务或者履行合同义务不符合约定的,应当承担继续履行、采取补救措施或者赔偿损失等违约责任。《中华人民共和国民事诉讼法》第一百四十七条规定：当事人不服地方人民法院第一审判决的,有权在判决书送达之日起十五日内向上一级人民法院提起上诉。当事人不服地方人民法院第一审裁定的,有权在裁定书送达之日起十日内向上一级人民法院提起上诉。

因见义勇为而受伤的，由谁承担民事责任

【案情介绍】

原告与被告于2021年12月17日一起在长寿区龙溪河边钓鱼，原告与被告起先并不认识，都是钓鱼爱好者，在2021年12月17日14时30分左右，被告陈某不慎掉入河中，相隔几米的原告李某见状就用手中的钓鱼竿去拉被告，在14时30分27秒时被被告扯下摔倒在乱石中，被告从河中出来，不问原告的伤势，就与其兄弟们逃离现场。原告无法起身走动，后经同在河边钓鱼的朋友救起，将其扶至公路，并通知其亲人送入某中医骨伤医院治疗，经诊断原告左股骨转子间粉碎性骨折，需做切开复位内固定手术，原告住院10天后出院。原告救被告，造成左股骨转子间粉碎性骨折。原告本人就靠打零工维持生活，应该补偿其护理费37 200元、医疗费27 784.24元、住院伙食补助费200元、交通食宿费500元、营养费9 000元、鉴定费1 200元，以上共计75 884.24元。原告多次找被告解决，都无结果，在万般无奈之下，根据《民法典》第一百八十二条和第一百八十三条等相关法律规定，原告特诉至法院，请求公正判决。

【评析】

本案争议的焦点在于被告没有要求原告救助的情况下，原告是否有权要求被告进行赔偿。《民法典》第一百八十三条规定，因保护他人民事权益使自己受到损害的，由侵权人承担民事责任，受益人可以给予适当补偿。没有侵权人、侵权人逃逸或者无力承担民事责任，受害人请求补偿的，受益人应当给予适当补偿。本案被告在钓鱼时不慎掉入河中，原告积极给予救助，造成原告自己受伤，被告作为受益人应给予适当补偿。结合本案的实际情况，原告年龄较大，被告相较于原告经济负担能力较强的情况下，被告应补偿原告50%的损失。

【案件结果】

由被告补偿原告的医疗费、护理费、住院伙食补助费、营养费、交通费、鉴定费等费用，驳回原告的其他诉讼请求。

【相关法规】

1.《民法典》第一百八十三条规定：因保护他人民事权益使自己受到损害的，由侵权人承担民事责任，受益人可以给予适当补偿。没有侵权人、侵权人逃逸或者无力承担民事责任，受害人请求补偿的，受益人应当给予适当补偿。

2.《最高人民法院关于审理人身损害赔偿案件适用法律若干问题的解释》第六条规定：医

疗费根据医疗机构出具的医药费、住院费等收款凭证,结合病历和诊断证明等相关证据确定。赔偿义务人对治疗的必要性和合理性有异议的,应当承担相应的举证责任。医疗费的赔偿数额,按照一审法庭辩论终结前实际发生的数额确定。器官功能恢复训练所必需的康复费、适当的整容费以及其他后续治疗费,赔偿权利人可以待实际发生后另行起诉。但根据医疗证明或者鉴定结论确定必然发生的费用,可以与已经发生的医疗费一并予以赔偿。第七条规定:误工费根据受害人的误工时间和收入状况确定。误工时间根据受害人接受治疗的医疗机构出具的证明确定。受害人因伤致残持续误工的,误工时间可以计算至定残日前一天。受害人有固定收入的,误工费按照实际减少的收入计算。受害人无固定收入的,按照其最近三年的平均收入计算;受害人不能举证证明其最近三年的平均收入状况的,可以参照受诉法院所在地相同或者相近行业上一年度职工的平均工资计算。第八条规定:护理费根据护理人员的收入状况和护理人数、护理期限确定。护理人员有收入的,参照误工费的规定计算;护理人员没有收入或者雇佣护工的,参照当地护工从事同等级别护理的劳务报酬标准计算。护理人员原则上为一人,但医疗机构或者鉴定机构有明确意见的,可以参照确定护理人员人数。护理期限应计算至受害人恢复生活自理能力时止。受害人因残疾不能恢复生活自理能力的,可以根据其年龄、健康状况等因素确定合理的护理期限,但最长不超过二十年。受害人定残后的护理,应当根据其护理依赖程度并结合配置残疾辅助器具的情况确定护理级别。第十条规定:住院伙食补助费可以参照当地国家机关一般工作人员的出差伙食补助标准予以确定。受害人确有必要到外地治疗,因客观原因不能住院,受害人本人及其陪护人员实际发生的住宿费和伙食费,其合理部分应予赔偿。第十一条规定:营养费根据受害人伤残情况参照医疗机构的意见确定。《中华人民共和国民事诉讼法》第一百四十五条规定:简单的民事案件由审判员一人独任审理,并不受本法第一百二十二条、第一百二十四条、第一百二十七条规定的限制。

民政局能否申请撤销父母监护人资格

【案情介绍】

被申请人罗某系吴某1(11岁)、吴某2(10岁)、吴某3(8岁)三姐弟的生母。罗某自三子女婴幼时期起既未履行抚养教育义务,又未支付抚养费用,不履行监护职责,且与他人另组建家庭并生育子女。罗某在知道三个孩子的父亲、祖父均去世,家中无其他近亲属照料、抚养孩子的情况下,仍不管不问,拒不履行监护职责达6年以上,导致三子女生活处于极其危困状态。为保障三姐弟的合法权益,乐平市民政局向人民法院申请撤销罗某对三姐弟的监护人资格,并指定该民政局为三姐弟的监护人。

【评析】

本案焦点在于民政局是否有权申请撤销未成年人的法定监护人的资格。

未成年人是祖国的未来和民族的希望,进一步加强未成年人司法保护是新时代对人民法院工作提出的更高要求。本案是人民法院准确适用《民法典》关于监护制度的规定,并主动延伸司法职能,与有关部门合力守护未成年人健康成长的典型案例。本案中,人民法院根据案件具体情况依法撤销了原监护人的监护人资格,指定民政部门作为监护人,同时向民政部门发出司法建议书,协助其更好地履行监护职责,为被监护人的临时生活照料、确定收养关系、完善收养手续以及后续的生活教育提供司法服务。

【案件结果】

生效裁判认为,被申请人罗某作为被监护人吴某1、吴某2、吴某3的生母及法定监护人,在三名被监护人年幼时离家出走,六年期间未履行对子女的抚养、照顾、教育等义务;在被监护人父亲去世,三名被监护人处于无人照看、生活危困的状况下,被申请人知情后仍怠于履行监护职责,导致三名未成年人流离失所,其行为已严重侵害了三名被监护人的合法权益。监护人怠于履行监护职责导致被监护人处于危困状态,人民法院根据乐平市民政局的申请,依法撤销了罗某的监护人资格。被监护人的祖父过世,祖母情况不明,外祖父母远在贵州且从未与三名被监护人共同生活,上述顺位亲属均不能或者不适合担任吴某1、吴某2、吴某3的监护人。考虑到现在的临时照料家庭能够为孩子们提供良好的成长环境和安定的生活保障,经人民法院与乐平市民政局沟通后,明确三名被监护人由乐平市民政局监护,便于其通过相应法定程序与"临时家庭"完善收养手续,将临时照料人转变为合法收养人,与三姐弟建立起完整的亲权法律关系。如此,三姐弟能获得良好的教育、感受家庭的温暖,三个临时照料家庭的父母也能享天伦之乐。故判决自 2022 年 5 月 27 日起,吴某 1、吴某 2、吴某 3 的监护人由乐平市民政局担任。

【相关法规】

我国《民法典》第二十七条第一款规定:"父母是未成年子女的监护人。"

《民法典》第三十六条规定:"监护人有下列情形之一的,人民法院根据有关个人或者组织的申请,撤销其监护人资格,安排必要的临时监护措施,并按照最有利于被监护人的原则依法指定监护人:

(一)实施严重损害被监护人身心健康的行为;

(二)怠于履行监护职责,或者无法履行监护职责且拒绝将监护职责部分或者全部委托给他人,导致被监护人处于危困状态;

(三)实施严重侵害被监护人合法权益的其他行为。

本条规定的有关个人、组织包括:其他依法具有监护资格的人、居民委员会、村民委员会、学校、医疗机构、妇女联合会、残疾人联合会、未成年人保护组织、依法设立的老年人组织、民政部门等。

前款规定的个人和民政部门以外的组织未及时向人民法院申请撤销监护人资格的,民政部门应当向人民法院申请。"

接不完的广告电话谁来叫停

【案情介绍】

2011年7月,原告孙某燕在被告某通信公司某市分公司处入网,办理了电话卡。2020年6月至12月,孙某燕持续收到营销人员以某通信公司某市分公司工作人员名义拨打的推销电话,以"搞活动""回馈老客户""赠送""升级"等为由数次向孙某燕推销套餐升级业务。其间,原告孙某燕两次拨打该通信公司客服电话进行投诉,该通信公司客服在投诉回访中表示会将原告的手机号加入"营销免打扰",以后尽量避免再向原告推销。后原告孙某燕又接到了被告的推销电话,经拨打该通信公司客服电话反映,未得到回复,遂通过工业和信息化部政务平台"电信用户申诉受理平台"进行申诉。该平台回复"在处理过程中,双方未能达成一致意见,依据《电信用户申诉处理办法》第十七、十九、二十条等规定,因调解不成,故视为办结,建议依照国家有关法律规定就申诉事项向仲裁机构申请仲裁或者向人民法院提起诉讼"。原告孙某燕遂向人民法院提起诉讼,请求被告承担侵权责任。

【评析】

《民法典》在总则编和人格权编对隐私权和个人信息保护做出专门规定,丰富和完善了隐私权和个人信息保护的规则。特别是第一千零三十三条第一项对群众反应强烈的以电话、短信、即时通信工具、电子邮件等方式侵扰他人私人生活安宁的行为进行了严格规制,回应了社会关切。本案中,原告孙某燕使用被告某通信公司某市分公司提供的移动通信号码,并向其支付费用,故原、被告之间存在电信服务合同关系。某通信公司某市分公司在孙某燕多次明确表示不接受电话推销业务后,仍继续向孙某燕进行电话推销,其行为构成对孙某燕隐私权的侵犯。本案虽系依据《民法总则》做出裁判,但也充分体现了《民法典》第一千零三十二条、第一千零三十三条第一项的规定精神,其裁判结果不仅维护了当事人的隐私权,更对当前群众反映强烈的问题做出了回应,亮明了司法态度。

【案件结果】

生效裁判认为,自然人的私人生活安宁不受侵扰和破坏。本案中,孙某燕与某通信公司某市分公司之间的电信服务合同依法生效。某通信公司某市分公司应当在服务期内为孙某燕提供合同约定的电信服务。孙某燕提交的证据能够证明某通信公司某市分公司擅自多次向孙某燕进行电话推销,侵扰了孙某燕的私人生活安宁,构成了对孙某燕隐私权的侵犯。故判决被告某通信公司某市分公司未经原告孙某燕的同意不得向其移动通信号码拨打营销电话,并赔偿原告孙某燕交通费用782元、精神损害抚慰金3 000元。

【相关法规】

我国《民法典》第一百一十条规定：自然人享有生命权、身体权、健康权、姓名权、肖像权、名誉权、荣誉权、隐私权、婚姻自主权等权利。

法人、非法人组织享有名称权、名誉权和荣誉权。

《民法典》第一千零三十二条规定：自然人享有隐私权。任何组织或者个人不得以刺探、侵扰、泄露、公开等方式侵害他人的隐私权。隐私是自然人的私人生活安宁和不愿为他人知晓的私密空间、私密活动、私密信息。

《民法典》第一千零三十三条规定："除法律另有规定或者权利人明确同意外，任何组织或者个人不得实施下列行为：

（一）以电话、短信、即时通讯工具、电子邮件、传单等方式侵扰他人的私人生活安宁；

（二）进入、拍摄、窥视他人的住宅、宾馆房间等私密空间；

（三）拍摄、窥视、窃听、公开他人的私密活动；

（四）拍摄、窥视他人身体的私密部位；

（五）处理他人的私密信息；

（六）以其他方式侵害他人的隐私权。"

警惕市场中的"真假李逵"

【案情介绍】

稳健股份公司成立于2000年,业务覆盖医用敷料、手术耗材、医用卫生材料及家庭卫生护理用品等领域,在口罩等多个商品上注册有"＊＊"诸多商标。稳健股份公司在业内具有较高的知名度和影响力,为我国疫情防控工作做出了重要贡献。苏州稳健公司成立于2020年,在生产销售的口罩产品、参数、详情、包装箱、合格证、价签、包装袋以及经营环境、公众号、网站等处使用该商标以及"品牌:苏稳;品牌:稳健;品牌:Winner/稳健;生产企业:苏州稳健医疗用品有限公司""稳健医疗、SW苏稳、WJ稳健医疗、苏州稳健医疗""苏州稳健公司""苏州稳健医疗用品有限公司"等字样,对其产品、公司及经营进行宣传与介绍。滑某分别持有苏州稳健公司、某包装公司99%、91.666 7%股份。苏州稳健公司办公地址位于某包装工业园内,销售的口罩包装袋上标注某包装公司官网地址,出具的销售收据加盖某包装公司公章。某包装公司官网大篇幅介绍苏州稳健公司产品及企业信息,网店销售苏州稳健公司口罩,并自称"自有工厂""源头厂家"。滑某将某包装公司网店销售口罩的收入纳入个人账户。稳健股份公司认为上述行为侵害其商标权,并构成不正当竞争,某包装公司、滑某实施共同侵权,故要求苏州稳健公司停止侵权并赔偿损失,某包装公司、滑某承担连带责任。

【评析】

《知识产权强国建设纲要(2021—2035)》提出,要建设支撑国际一流营商环境的知识产权保护体系。知识产权司法保护作为知识产权保护体系的重要力量,发挥着不可或缺的重要作用。本案是人民法院依法保护企业字号和商标权益、保障疫情防控和经济社会发展的典型案例。本案中,稳健股份公司是知名的医用卫生材料生产企业,商标及企业字号在业内知名度较高。侵权人故意以该字号为名称注册企业,生产销售口罩产品,有组织、有分工地实施严重的商标侵权及不正当竞争行为。对此,审理法院判决通过适用惩罚性赔偿、加大赔偿力度、认定共同侵权、责令停止使用字号等方式予以严厉惩治,有力保护了权利人的知识产权和相关权利,诠释了人民法院全面加强知识产权司法保护、维护公平竞争秩序的基本理念,实现了政治效果、法律效果和社会效果有机统一。

【案件结果】

生效裁判认为,涉案注册商标及企业字号知名度较高。苏州稳健公司在口罩产品和公司网站、网店、公众号上使用与涉案注册商标相同或近似的标识,擅自注册、使用"稳健"字号及企业名称,开展相同的经营活动,具有明显攀附稳健股份公司商誉的目的,造成混淆与误认,构成商标侵权及不正当竞争。苏州稳健公司、某包装公司高度关联,滑某为两公司绝对控股股东,个人与公司财产混同。在滑某策划与控制下,两公司分工合作,共同实施侵权行为,三者应当承担连带责任。苏州稳健公司、某包装公司、滑某明知涉案商标及字号在业内知名度极高,使用侵权字号注册公司,有组织、有分工地实施上述行为,且在稳健股份公司两次举报后仍继续实施侵权行为,并向市场监管部门进行不实陈述,严重违背诚信原则和商业道德。同时,本案侵权商品为疫情防控物资,价格低廉,未经正规检验程序即向公众销售,质量堪忧,极大损害稳健股份公司商誉,严重危及公众健康,对疫情防控工作造成不利影响。本案侵权渠道多样,包括线上官网、网店以及线下销售,线上覆盖了微信、抖音、淘宝、1688等,而且侵权规模较大、时间跨度长,当事人拒绝根据法院要求提交财务账册等证据。因此,法院认为苏州稳健公司、某包装公司、滑某侵权情节严重,主观故意明显,对于可以查明的侵权获利部分,依法适用四倍惩罚性赔偿;对于无法查明具体销量的部分,综合考虑严重侵权情节,适用法定赔偿确定赔偿额。据此判决苏州稳健公司、某包装公司、滑某立即停止侵害商标专用权行为及不正当竞争行为,苏州稳健公司立即停止使用现有企业名称,三者共同赔偿稳健股份公司损失及维权合理费用1 021 655元。

【相关法规】

《民法典》第一百七十九条规定:"承担民事责任的方式主要有:
(一)停止侵害;
(二)排除妨碍;
(三)消除危险;
(四)返还财产;
(五)恢复原状;
(六)修理、重作、更换;
(七)继续履行;
(八)赔偿损失;
(九)支付违约金;
(十)消除影响、恢复名誉;
(十一)赔礼道歉。
法律规定惩罚性赔偿的,依照其规定。
本条规定的承担民事责任的方式,可以单独适用,也可以合并适用。"

《民法典》第一千一百六十八条规定:"二人以上共同实施侵权行为,造成他人损害的,应当承担连带责任。"

撤销婚姻纠纷案

【案情介绍】

林某和张某经人介绍相识,于2020年6月28日登记结婚。在登记之后,张某向林某坦白其患有艾滋病多年,并且长期吃药。2020年7月,林某被迫人工终止妊娠。2020年10月,林某提起诉讼要求宣告婚姻无效。诉讼中,林某明确若婚姻无效不能成立,则请求撤销婚姻,对此,张某亦无异议。

【评析】

本案是依法适用《民法典》相关规定判决撤销婚姻的典型案例。对于一方患有重大疾病,未在结婚登记前如实告知另一方的情形,《民法典》明确另一方可以向人民法院请求撤销婚姻。本案中,人民法院依法适用《民法典》相关规定,判决撤销双方的婚姻关系,不仅有效保护了案件中无过错方的合法权益,也符合社会大众对公平正义、诚实信用的良好期待,弘扬了社会主义核心价值观。

【案件结果】

生效裁判认为,自然人依法享有缔结婚姻等合法权益,张某虽患有艾滋病,但不属于婚姻无效的情形。林某又提出撤销婚姻的请求,张某对此亦无异议,为减少当事人讼累,人民法院一并予以处理。张某所患疾病对婚姻生活有重大影响,属于婚前应告知林某的重大疾病,但张某未在结婚登记前告知林某,显属不当。故依照《民法典》第一千零五十三条的规定,判决撤销林某与张某的婚姻关系。判决后,双方均未上诉。

【相关法规】

《民法典》第一千零五十三条规定:一方患有重大疾病的,应当在结婚登记前如实告知另一方;不如实告知的,另一方可以向人民法院请求撤销婚姻。

请求撤销婚姻的,应当自知道或者应当知道撤销事由之日起一年内提出。

英雄烈士保护民事公益诉讼案

【案情介绍】

被告某网络科技有限公司将其付费会员称为"雷锋会员",将其提供服务的平台称为"雷锋社群",将其注册运营的微信公众号称为"雷锋哥",在微信公众号上发布有"雷锋会员""雷锋社群"等文字的宣传海报和文章,并在公司住所地悬挂"雷锋社群"文字标识。该公司以"雷锋社群"名义多次举办"创业广交会""电商供应链大会""全球云选品对接会"等商业活动,并以"雷锋社群会费"等名目收取客户费用16笔,金额共计308464元。公益诉讼起诉人诉称,要求被告立即停止在经营项目中以雷锋的名义进行宣传,并在浙江省内省级媒体就使用雷锋姓名赔礼道歉。

【评析】

英雄烈士是一个国家和民族精神的体现,是引领社会风尚的标杆,加强对英烈姓名、名誉、荣誉等的法律保护,对于促进社会尊崇英烈、扬善抑恶、弘扬社会主义核心价值观意义重大。为更好地弘扬英雄烈士精神,增强民族凝聚力,维护社会公共利益,《民法典》第一百八十五条对英雄烈士等的人格利益保护做出了特别规定。本案适用《民法典》的规定,认定将雷锋姓名用于商业广告和营利宣传,曲解了雷锋精神,构成对雷锋同志人格利益的侵害,损害了社会公共利益,依法应当承担相应法律责任,为网络空间注入缅怀英烈、热爱英烈、敬仰英烈的法治正能量。

【案件结果】

生效裁判认为,英雄的事迹和精神是中华民族共同的历史记忆和精神财富,雷锋同志的姓名作为一种重要的人格利益,应当受到保护。某网络科技有限公司使用的"雷锋"文字具有特定意义,确系社会公众所广泛认知的雷锋同志之姓名。该公司明知雷锋同志的姓名具有特定的意义,仍擅自将其用于开展网络商业宣传,会让公众对"雷锋社群"等称谓产生误解,侵犯了英雄烈士的人格利益。将商业运作模式借"雷锋精神"之名推广,既曲解了"雷锋精神",与社会公众的一般认知相背离,也损害了承载于其上的人民群众的特定感情,对营造积极健康的网络环境产生负面影响,侵害了社会公共利益。故判决被告停止使用雷锋同志姓名的行为(包括停止使用"雷锋哥"微信公众号名称、"雷锋社群"名称、"雷锋会员"名称等),并在浙江省内省级报刊向社会公众发表赔礼道歉的声明。

【相关法规】

《民法典》第一百八十五条规定:侵害英雄烈士等的姓名、肖像、名誉、荣誉,损害社会公共利益的,应当承担民事责任。

《民法典》第一千条规定:行为人因侵害人格权承担消除影响、恢复名誉、赔礼道歉等民事责任的,应当与行为的具体方式和造成的影响范围相当。

行为人拒不承担前款规定的民事责任的,人民法院可以采取在报刊、网络等媒体上发布公告或者公布生效裁判文书等方式执行,产生的费用由行为人负担。

肖像权纠纷案

【案情介绍】

2021年7月7日,杜某峰通过其名为"西格隆咚锵的隆"的新浪微博账号发布一条微博(某网络技术有限公司系该平台经营者),内容为"日本地铁上的小乘客,一个人上学,那眼神里充满自信和勇气,太可爱了",并附有楼某熙乘坐杭州地铁时的照片,引起网友热议。次日,楼某熙的母亲在新浪微博发布辟谣帖:"我是地铁小女孩的妈妈,网传我家孩子是日本小孩!在此特别申明:我家孩子是我大中华儿女,并深深热爱着我们的祖国!……"广大网友也纷纷指出其错误。杜某峰对此仍不删除涉案微博,还在该微博下留言,继续发表贬低祖国和祖国文化的言论。后该微博账号"西格隆咚锵的隆"由于存在其他不当言论被新浪微博官方关闭,所有发布的内容从新浪微博平台清除。楼某熙以杜某峰、某网络技术有限公司侵害其肖像权为由,提起诉讼。

【评析】

本案是人民法院依法打击网络侵权行为,保护自然人人格权益的典型案件。本案中,行为人于"七七事变"纪念日在微博上发表不当言论,并附有他人清晰的脸部和身体特征的图片,意图达到贬低、丑化祖国和中国人的效果。该行为不仅侵犯了他人的肖像权,而且冲击了社会公共利益和良好的道德风尚。审理法院在本案判决中依法适用《民法典》的规定保护他人的肖像权,同时结合案情,将"爱国"这一社会主义核心价值观要求融入裁判,既依法维护了当事人的合法权益,也充分发挥了司法裁判的引领与示范作用,突出了爱国主义精神的鲜明价值导向,有利于净化网络环境,维护网络秩序。

【案件结果】

生效裁判认为,自然人享有肖像权,有权依法制作、使用、公开或者许可他人使用自己的肖像;任何组织或者个人不得以丑化、污损,或者利用信息技术手段伪造等方式侵害他人的肖像权;未经肖像权人同意,不得制作、使用、公开肖像权人的肖像,但是法律另有规定的除外。本案中,杜某峰发布的涉案微博中使用的图片含有小女孩的清晰面部、体貌状态等外部身体形象,通过比对楼某熙本人的肖像,以社会一般人的认知标准,能够清楚确认涉案微博中的肖像为楼某熙的形象,故楼某熙对该图片再现的肖像享有肖像权。杜某峰在"七七事变"纪念日这一特殊时刻,罔顾客观事实,在众多网友留言指出其错误、楼某熙母亲发文辟谣的情况下,仍拒不删除涉案微博,还不断留言,此种行为严重损害了包括楼某熙在内的社会公众的国家认同感和民族自豪感,应认定为以造谣传播等方式歪曲使用楼某熙的肖像,严重侵害了楼某熙的肖像权。楼某熙诉请杜某峰赔礼道歉,有利于恢复其人格状态的圆满,有利于其未来的健康成长,依法应获得支持。遂判决杜某峰向楼某熙赔礼道歉,并赔偿楼某熙精神损害抚慰金、合理维权费用等损失。

【相关法规】

《民法典》第一千零一十八条规定:自然人享有肖像权,有权依法制作、使用、公开或者许可他人使用自己的肖像。

肖像是通过影像、雕塑、绘画等方式在一定载体上所反映的特定自然人可以被识别的外部形象。

《民法典》第一千零一十九条第一款规定:任何组织或者个人不得以丑化、污损,或者利用信息技术手段伪造等方式侵害他人的肖像权。未经肖像权人同意,不得制作、使用、公开肖像权人的肖像,但是法律另有规定的除外。

《民法典》第一千一百八十三条第一款规定:侵害自然人人身权益造成严重精神损害的,被侵权人有权请求精神损害赔偿。

非直系亲属的遗产该如何分配

【案情介绍】

被继承人苏某泉于2018年3月死亡,其父母和妻子均先于其死亡,生前未生育和收养子女。苏某泉的姐姐苏某乙先于苏某泉死亡,苏某泉无其他兄弟姐妹。苏某甲系苏某乙的养女。李某田是苏某泉堂姐的儿子,李某禾是李某田的儿子。苏某泉生前未立遗嘱,也未立遗赠扶养协议。上海市徐汇区华泾路某弄某号某室房屋的登记权利人为苏某泉、李某禾,两人共同所有。苏某泉的梅花牌手表1块及钻戒1枚由李某田保管。苏某甲起诉请求,依法继承系争房屋中属于被继承人苏某泉的产权份额,及梅花牌手表1块和钻戒1枚。

【评析】

本案是适用《民法典》关于侄甥代位继承制度的典型案例。侄甥代位继承系《民法典》新设立的制度,符合我国民间传统,有利于保障财产在血缘家族内部流转,同时促进亲属关系的发展,引导人们重视亲情,从而减少家族矛盾、促进社会和谐。本案中,审理法院还适用了遗产的酌给制度,即对继承人以外的对被继承人扶养较多的人适当分给遗产,体现了权利与义务相一致原则,弘扬了积极妥善赡养老人的传统美德,充分体现了社会主义核心价值观的要求。

【案件结果】

生效裁判认为,当事人一致确认苏某泉生前未立遗嘱,也未立遗赠扶养协议,故苏某泉的遗产应由其继承人按照法定继承办理。苏某甲系苏某泉姐姐苏某乙的养子女,在苏某乙先于苏某泉死亡且苏某泉的遗产无人继承又无人受遗赠的情况下,根据《最高人民法院关于适用〈中华人民共和国民法典〉时间效力的若干规定》(以下简称《时间效力规定》)第十四条,适用《民法典》第一千一百二十八条第二款和第三款的规定,苏某甲有权作为苏某泉的法定继承人继承苏某泉的遗产。另外,李某田与苏某泉长期共同居住,苏某泉生病后在护理院期间的事宜由李某田负责处理,费用由李某田代为支付,苏某泉的丧葬事宜也由李某田操办,相较苏某甲,李某田对苏某泉尽了更多的扶养义务,故李某田作为继承人以外对被继承人扶养较多的人,可以分得适当遗产且可多于苏某甲。对于苏某泉名下系争房屋的产权份额和梅花牌手表1块及钻戒1枚,法院考虑到有利于生产生活、便于执行的原则,判归李某田所有并由李某田向苏某甲给付房屋折价款人民币60万元。

【相关法规】

《民法典》第一千一百二十八条规定:被继承人的子女先于被继承人死亡的,由被继承人的子女的直系晚辈血亲代位继承。

被继承人的兄弟姐妹先于被继承人死亡的,由被继承人的兄弟姐妹的子女代位继承。

代位继承人一般只能继承被代位继承人有权继承的遗产份额。

绿水青山就是金山银山

【案情介绍】

2018年3月3日至同年7月31日期间,被告某化工集团有限公司(以下简称被告公司)生产部经理吴某民将公司生产的硫酸钠废液交由无危险废物处置资质的吴某良处理,吴某良又雇请李某贤将30车共计1 124.1吨硫酸钠废液运输到浮梁县寿安镇八角井、浮梁县湘湖镇洞口村的山上倾倒,造成了浮梁县寿安镇八角井周边约8.08亩范围内的环境和浮梁县湘湖镇洞口村洞口组、江村组地表水、地下水受到污染,影响了浮梁县湘湖镇洞口村约6.6平方公里流域的环境,妨害了当地1 000余名居民的饮用水安全。经鉴定,两处受污染地块的生态环境修复总费用为人民币2 168 000元,环境功能性损失费用共计人民币57 135.45元,并产生检测鉴定费95 670元。受污染地浮梁县湘湖镇洞口村采取合理预防、处置措施产生的应急处置费用共计人民币528 160.11元。其中,吴某良、吴某民、李某贤等因犯污染环境罪已被另案判处六年六个月至三年二个月不等的有期徒刑。公益诉讼起诉人起诉请求被告公司赔偿相关生态环境损害费。

【评析】

本案是我国首例适用《民法典》惩罚性赔偿条款的环境污染民事公益诉讼案件。《民法典》侵权责任编新增了污染环境和破坏生态的惩罚性赔偿制度,贯彻了"绿水青山就是金山银山"的环保理念,增强了生态环境保护力度,是构建天蓝地绿水净的美好家园的法治保障。审理法院在判令被告承担生态环境修复费用、环境功能性损失等补偿性费用之外,采取"基数+倍数"的计算方式,结合具体案情决定以环境功能性损失费用为计算基数,综合考虑侵权人主观过错程度、侵权后果的严重程度以及侵权人的经济能力、赔偿态度、受到行政处罚的情况等调节因素确定倍数,进而确定最终的惩罚性赔偿数额,为正确实施环境污染和生态破坏责任惩罚性赔偿制度提供了有益借鉴。

【案件结果】

生效裁判认为,被告公司将生产的废液交由无危险废物处置资质的个人处理,放任污染环境危害结果的发生,主观上存在故意,客观上违反了法律规定,损害了社会公共利益,造成严重后果。且至本案审理期间,涉案倾倒废液行为所致的环境污染并未得到修复,损害后果仍在持续,符合《民法典》第一千二百三十二条规定的环境侵权惩罚性赔偿适用条件。综合该公司的过错程度、赔偿态度、损害后果、承担责任的经济能力、受到行政处罚等因素,判令其赔偿环境修复费用 2 168 000 元、环境功能性损失费用 57 135.45 元、应急处置费用 532 860.11 元、检测鉴定费 95 670 元，并承担环境污染惩罚性赔偿 171 406.35 元，以上共计 3 025 071.91 元；对违法倾倒硫酸钠废液污染环境的行为在国家级新闻媒体上向社会公众赔礼道歉。

【相关法规】

《民法典》第一千二百三十二条规定：侵权人违反法律规定故意污染环境、破坏生态造成严重后果的，被侵权人有权请求相应的惩罚性赔偿。

高空抛物损害赔偿纠纷案

【案情介绍】

2019年5月26日,庾某娴在位于广州杨箕的自家小区花园散步,经过黄某辉楼下时,黄某辉家小孩在房屋阳台从35楼抛下一瓶矿泉水,水瓶掉落到庾某娴身旁,导致其惊吓、摔倒,随后被送往医院救治。次日,庾某娴亲属与黄某辉一起查看监控,确认了上述事实后,双方签订确认书,确认矿泉水瓶系黄某辉家小孩从阳台扔下,同时黄某辉向庾某娴赔偿1万元。庾某娴住院治疗22天才出院,其后又因此事反复入院治疗,累计超过60天,且被鉴定为十级伤残。由于黄某辉拒绝支付剩余治疗费,庾某娴遂向法院提起诉讼。

【评析】

本案是人民法院首次适用《民法典》第一千二百五十四条判决高空抛物者承担赔偿责任,切实维护人民群众"头顶上的安全"的典型案例。《民法典》侵权责任编明确禁止从建筑物中抛掷物品,进一步完善了高空抛物的治理规则。本案依法判决高空抛物者承担赔偿责任,有利于通过公正裁判树立行为规则,进一步强化高空抛物、坠物行为预防和惩治工作,也有利于更好地保障居民合法权益,切实增强人民群众的幸福感、安全感。

【案件结果】

生效裁判认为,庾某娴散步时被从高空抛下的水瓶惊吓,摔倒受伤,经监控录像显示水瓶从黄某辉租住房屋的阳台抛下,有视频及庾某娴、黄某辉签订的确认书证明。双方确认抛物者为无民事行为能力人,黄某辉是其监护人,庾某娴要求黄某辉承担赔偿责任,黄某辉亦同意赔偿。涉案高空抛物行为发生在《民法典》实施前,但为了更好地保护公民、法人和其他组织的权利和利益,根据《时间效力规定》第十九条,《民法典》施行前,从建筑物中抛掷物品或者从建筑物上坠落的物品造成他人损害引起的民事纠纷案件,适用《民法典》第一千二百五十四条的规定。2021年1月4日,审理法院判决黄某辉向庾某娴赔偿医疗费、护理费、交通费、住院伙食补助费、残疾赔偿金、鉴定费,合计8.3万元;精神损害抚慰金1万元。

【相关法规】

《民法典》第一千二百五十四条规定:"禁止从建筑物中抛掷物品。从建筑物中抛掷物品或者从建筑物上坠落的物品造成他人损害的,由侵权人依法承担侵权责任;经调查难以确定具体侵权人的,除能够证明自己不是侵权人的外,由可能加害的建筑物使用人给予补偿。可能加害的建筑物使用人补偿后,有权向侵权人追偿。

物业服务企业等建筑物管理人应当采取必要的安全保障措施防止前款规定情形的发生;未采取必要的安全保障措施的,应当依法承担未履行安全保障义务的侵权责任。

发生本条第一款规定的情形的,公安等机关应当依法及时调查,查清责任人。"

饲养动物致人损害的责任承担

【案情介绍】

被告孙某平与被告董某系夫妻,原告小玉及其父亲老姜、母亲洪某与二被告均系烟台市牟平区某村村民。二被告家中饲养一只身长约八九十厘米、身高约五六十厘米的白狗。2022年4月23日下午,原告小玉在村外玩耍时,右面部受伤,当日,原告被送往滨州医学院烟台附属医院治疗,其自述被狗咬伤,经诊断为多发性动物咬伤、面部裂伤,医院给予药物治疗;2022年4月27日、4月30日、5月4日、5月8日、5月11日、5月15日,原告又先后6次到滨州医学院烟台附属医院复诊、换药,共花医疗费1 346.60元。现原告以二被告饲养的白狗将其致伤为由诉至法院,要求二被告赔偿医疗费1 346.60元、误工费1 680元、交通费1 000元,共计4 026.60元。原告受伤后,与原告一起玩耍的小雪及原告哥哥小涵带原告跑回家中,小涵告诉其母亲原告被狗咬了,原告母亲到了事发地点,把狗撵至被告家中,找到被告董某。被告董某承认是自己家的狗,并承诺给原告钱。后经村干部协商,被告付给原告1 200元。后被告向原告母亲索要医疗费单据,原告母亲称原告之伤尚未治好,未向被告提供医疗费单据,原告母亲便将1 200元退还给被告。

【评析】

本案焦点在于原告小玉所受到的伤害是否系被告孙某平、董某家饲养的白狗造成的。若系被告家中白狗造成的,侵权责任如何承担?

随着社会经济的发展,饲养犬类的行为日益普遍,由此产生的饲养犬侵权损害赔偿纠纷也逐渐增多。相较于《侵权责任法》,《民法典》对饲养动物致人损害责任的规定更为细化和严格。对于饲养动物致人损害的归责原则,采用的是无过错责任原则。在免责事项方面,饲养人或者管理人能够证明损害是因被侵权人故意造成的,可以减轻责任,但不能免除责任。如果被侵权人对损害具有重大过失,不能减轻饲养人或管理人的责任,《民法典》已对此做出明确规定。本案即是发生在《民法典》实施后的一起典型的饲养动物致人损害案件。广大养狗爱好者,在饲养自己爱犬的同时,一定要遵守相关动物饲养法律规定,尊重社会公德,不得妨碍他人生活,文明、规范养狗,对自己负责,也是对他人负责。

【案件结果】

通过对原告提供的视频的质证,原告与被告家中饲养的白狗几乎同时出现在事发现场,原告也是当时受伤,且原告哥哥小涵亦称原告被狗咬伤;原告到医院治疗,亦被诊断为被狗咬伤;

被告认可事发现场的白狗是自己饲养的,被告也没有证据证明原告系由其他的狗咬伤或者是由于其他原因受到伤害,根据生活经验法则,法院认定原告是被被告饲养的狗咬伤。事发时,原告刚满6周岁,系无民事行为能力人,原告父母作为原告的法定监护人,未履行监护职责,致使原告脱离了其父母的监护,故对原告所受到的伤害,其父母应承担一定的责任,结合本案实际情况,原告父母承担20%的赔偿责任,被告承担80%责任。

【相关法规】

《民法典》第一百二十条规定:民事权益受到侵害的,被侵权人有权请求侵权人承担侵权责任。

《民法典》第一千二百四十五条规定:【饲养动物致害责任的一般规定】饲养动物造成他人损害的,动物饲养人或者管理人应当承担侵权责任;但是能够证明损害是因被侵害人故意或者过失造成的,可以不承担或者减轻责任。

《民法典》第三十四条第一款规定:监护人的职责是代理被监护人实施民事法律行为,保护被监护人的人身权利、财产权利以及其他合法权益等。

《民法典》第三十四条第三款规定:监护人不履行监护职责或者侵害被监护人合法权益的,应当承担法律责任。

人格权司法保护

【案情介绍】

被告海阳某批发部是被告绍兴某公司某品牌集成灶代理商。知名艺人甲某发现绍兴某公司及海阳某批发部未经其授权许可,制作并在海阳某批发部实际经营的某品牌集成灶实体店门口以及店内大量使用印有甲某肖像、姓名的宣传海报、展示板等宣传物料。甲某认为两被告侵犯其肖像权、姓名权,遂诉至法院,要求两被告停止侵害、公开赔礼道歉、赔偿损失等。

【评析】

《民法典》中关于人格权的规定,体现了对公民肖像权、姓名权等人格权进行实质、完整保护的立法精神,有利于社会公众了解人格权保护的法律规定,也促使社会形成尊重他人肖像、姓名的知法守法氛围。

根据法律规定,自然人享有姓名权,有权依法决定、使用、变更或者许可他人使用自己的姓名,但是不得违背公序良俗。任何组织或者个人不得以干涉、盗用、假冒等方式侵害他人的姓名权或者名称权。自然人享有肖像权,有权依法制作、使用、公开或者许可他人使用自己的肖像。未经肖像权人同意,不得制作、使用、公开肖像权人的肖像,但是法律另有规定的除外。本案中,甲某作为有一定知名度的演艺人士,其对自己肖像和姓名的商业使用价值享有支配权,他人未经许可,不得以营利为目的使用其肖像及姓名。根据法院查明的事实,绍兴某公司未经甲某许可,制作、使用有甲某肖像、姓名的宣传物料,并进行商业宣传、推广,具有明显的营利性,海阳某批发部未经甲某许可,在其实体门店中使用甲某肖像、姓名销售商品。二被告擅自在其所销售产品的宣传物料上使用甲某的肖像及甲某的姓名进行商业宣传推广,足以使一般社会公众误认为甲某为某品牌集成灶的代言人,具有明显的营利性。应当认定绍兴某公司及海阳某批发部构成对甲某肖像权、姓名权的共同侵害,对此应承担相应的侵权责任。

关于两被告应如何承担侵权民事责任的问题,根据《民法典》第九百九十五条、第一千条之规定,人格权受到侵害的,受害人有权依照本法和其他法律的规定请求行为人承担停止侵害、排除妨碍、消除危险、消除影响、恢复名誉、赔礼道歉、赔偿损失等民事责任,故甲某要求二被告停止侵权、赔礼道歉,于法有据,法院应予以支持,具体赔礼道歉方式由法院考虑具体侵权情节、影响范围等因素后确定。

关于甲某请求赔偿损失的数额,根据《民法典》第一千一百八十二条之规定,侵害他人人身权益造成财产损失的,按照被侵权人因此受到的损失或者侵权人因此获得的利益赔偿;被侵权人因此受到的损失以及侵权人因此获得的利益难以确定,被侵权人和侵权人就赔偿数额协商不一致,向人民法院提起诉讼的,由人民法院根据实际情况确定赔偿数额。对于甲某的损失数额,一方面从被侵权人因此受到的损失角度分析,甲某作为国内具有一定知名度的演艺人士,其肖像及姓名具有一定的商业价值。原告主张根据原告与第三方品牌2020年度的代言合同,原告的代言价值约为1 100万元/年,平面广告价值均为300万元/次,来确定原告的损失金额。在本案中,甲某并没有参加某品牌集成灶组织的落地宣传活动、甲某官方微博账号未转发某品牌集成灶相关信息、未为某品牌集成灶拍摄视频等,被告绍兴某公司和海阳某批发部仅是使用了甲某的肖像和姓名,与常规的明星品牌代言有一定的差别;且二被告使用甲某的肖像、姓名进行宣传活动的时间仅为十几天,时间较短;此外,原告提交的代言合同时间为2020年度,本案侵权行为发生时间为2021年度。因此,原告提交的其与第三方品牌2020年度的代言合同在期限、服务内容上与本案相关事实均有差异,无法据此认定本案中甲某受到的损失,对原告的主张,法院不予支持,本案中原告甲某的损失难以确定。另一方面,从侵权人因此获得的利益角度分析:一是海阳某批发部是一个小县城的个体工商户,以批发装饰材料为主,只是代理了某品牌集成灶,并非专营该集成灶,且在活动期间只进了4台集成灶,获得的利益较少;二是当时正处于疫情管控期间,店铺人流量小,影响范围较小。因此,二被告为此获得的利益较少。

【案件结果】

(1)被告绍兴某公司、海阳某批发部立即停止对原告甲某肖像权、姓名权的侵害,清除、销毁所有印有甲某肖像、姓名的宣传物料,包括但不限于涉案某品牌实体店内所使用的宣传海报、展示板等。

(2)被告绍兴某公司、海阳某批发部于本判决生效之日起十五日内分别在全国范围公开发行的报纸上刊登向原告甲某赔礼道歉的声明(内容需经法院审核),如逾期未履行上述义务,法院将在全国公开发行的报纸上刊登本判决主要内容,刊登费由绍兴某公司、海阳某批发部负担。

(3)被告绍兴某公司、海阳某批发部于本判决生效之日起十五日内连带赔偿原告甲某经济损失150 000元及维权合理支出费用830元。

(4)驳回原告甲某的其他诉讼请求。

【相关法规】

《民法典》第九百九十五条规定:人格权受到侵害的,受害人有权依照本法和其他法律的规定请求行为人承担民事责任。受害人的停止侵害、排除妨碍、消除危险、消除影响、恢复名誉、赔礼道歉请求权,不适用诉讼时效的规定。

《民法典》第一千条规定:行为人因侵害人格权承担消除影响、恢复名誉、赔礼道歉等民事责任的,应当与行为的具体方式和造成的影响范围相当。行为人拒不承担前款规定的民事责任的,人民法院可以采取在报刊、网络等媒体上发布公告或者公布生效裁判文书等方式执行,产生的费用由行为人负担。

《民法典》第一千零一十二条规定:自然人享有姓名权,有权依法决定、使用、变更或者许可他人使用自己的姓名,但是不得违背公序良俗。

《民法典》第一千零一十八条规定:自然人享有肖像权,有权依法制作、使用、公开或者许可他人使用自己的肖像。

《民法典》第一千零一十九条规定：任何组织或者个人不得以丑化、污损，或者利用信息技术手段伪造等方式侵害他人的肖像权。未经肖像权人同意，不得制作、使用、公开肖像权人的肖像，但是法律另有规定的除外。

《民法典》第一千一百六十八条规定：二人以上共同实施侵权行为，造成他人损害的，应当承担连带责任。

"名为投资,实为借贷"的法律关系认定

【案情介绍】

原告徐某和被告高某某系朋友关系。2017年,高某某因投资建设学校工程,需要资金,徐某于2017年8月18日通过招商银行向高某某名下中国农业银行账户转账800 000元,并备注用途为"投资"。2017年10月23日,高某某(甲方)和徐某(乙方)签订"投资协议"一份,载明:"投资学校工程建设,系合理化保本投资,总工程量1 400万元整,乙方投资80万元整,总工程量具体以实体标书为准,工程付款为四、三、二、一工程,共四年工程全部款下放,具体以工程实际标书为准,工程实体为保本投资,两年内还清本金八十万元,第三年、第四年分所得利润,分配方式以实际投资比例为准。甲乙双方利润分配须由双方协商,工程如有风险,可能利润高,或许无利润,系双方自愿(具体以工程标书为准),甲方具有最终解释权。"双方约定由高某某全程负责工程建设。之后,高某某并没有按照投资协议的约定按时还清本金,更没有向徐某分配利润。经多次索要,高某某才分几次转款,偿还本金325 000元,但仍欠475 000元,故原告徐某诉至法院,要求被告高某某偿还。

被告高某某辩称:(1)本案涉及款项是投资款而不是借款。现在该工程受疫情影响,尚未结束,双方也未结算,目前亏损大约320万元,将来工程结束后,也不知道亏损多少,原告为此提起诉讼,应当依法予以驳回。(2)原告无论投资项目是否亏损,都要求返还投资款,违背法律规定,保底条款不受法律保护。

【评析】

案件的定性不应受制于当事人签订合同的外观和名称,而是依据民事法律关系。原告徐某和被告高某某签订的"投资协议"约定内容表明,无论工程建设情况如何,是否亏损,徐某均可以收回本金,因此,该"投资协议"的约定不具有共同经营、共享收益、共担风险的投资合作特征。徐某不参与工程建设,其投入的资金不承担任何经营风险,只是在有利润的情况下收取一定额度的利润,如无利润,就不收取任何回报,涉案的800 000元名为投资,实为借款。根据双方约定,高某某应在协议签订后两年内将徐某出资的800 000元还清,当事人对已偿还325 000元的事实均不持异议,高某某须遵照契约精神,继续履行尚欠本金475 000元的给付义务。

【案件结果】

经法院主持调解,当事人自愿达成如下协议:被告高某某于签订调解协议当日支付原告徐

某 100 000 元,对于余款 375 000 元,高某某于 2022 年 6 月 30 日前一次性付清。

【相关法规】

《民法典》第一百一十九条规定:"依法成立的合同,对当事人具有法律约束力。"

《民法典》第五百零九条规定:"当事人应当按照约定全面履行自己的义务。

当事人应当遵循诚信原则,根据合同的性质、目的和交易习惯履行通知、协助、保密等义务。

当事人在履行合同过程中,应当避免浪费资源、污染环境和破坏生态。"

《民法典》第六百七十五条规定:"借款人应当按照约定的期限返还借款。对借款期限没有约定或者约定不明确,依据本法第五百一十条的规定仍不能确定的,借款人可以随时返还;贷款人可以催告借款人在合理期限内返还。"

保证方式约定不明时如何承担保证责任

【案情介绍】

2021年5月28日,烟台某饲料有限公司(以下简称丹富公司)与韩某辉签订了"赊销及还款协议"。协议约定,债务人韩某辉自愿购买原告饲料100 380元,债务期间2021年5月28日至2021年6月28日,债务人在2021年6月28日前将所欠款项还清。

同日,韩某辉给丹富公司出具欠条,定于2021年6月28日前还清所有欠款。同时,柴某、韩某刚为韩某辉所购的100 380元饲料款提供担保,双方签订了"赊销担保书",担保书约定,债务人在债权人公司购买饲料,饲料款100 380元,在2021年6月28日之前由债务人将饲料款汇到债权人公司,担保人对此货款提供担保。

协议到期后,韩某辉没有偿还欠款,担保人柴某、韩某刚也未承担担保责任。

原告丹富公司诉至法院,要求韩某辉偿还欠款100 380元及违约金,柴某、韩某刚承担连带责任。

【评析】

所谓一般保证,是指当事人在保证合同中约定,债务人不能履行债务时,由保证人承担责任。一般保证人具有先诉抗辩权,即主合同纠纷未经审判或者仲裁,并就债务人财产依法强制执行仍不能履行债务前,有权拒绝向债权人承担保证责任。当然,存在排除情形:债务人下落不明,且无财产可供执行;人民法院已经受理债务人破产案件;债权人有证据证明债务人的财产不足以履行全部债务或者丧失履行债务能力;保证人书面放弃本款规定的权利。简言之,作为债权人,当债务人拒绝履行债务时,不能直接向一般保证人主张权利,特殊情况除外。

所谓连带责任保证,是指当事人在保证合同中约定保证人和债务人对债务承担连带责任。当债务人不履行债务时,债权人可以要求债务人履行债务,也可以请求保证人在保证范围内承担保证责任。简言之,当债务人不履行到期债务时,作为债权人可以向债务人或者保证人任何一方主张权利。

实践中,当事人在合同中对于保证责任的方式约定不明的情况比较常见。《民法典》实施之后,关于保证责任约定不明的规定发生了明显的变化。

原《担保法》规定,当事人对于保证方式约定不明的情况下,保证人承担连带保证责任;《民法典》规定,当事人对于保证方式约定不明的情况下,保证人承担一般保证责任。该条款系对于担保法规定的实质性变更。在保证方式约定不明的情况下,更好地保护了保证人的利益。因为,相较于一般保证,连带责任保证的强度更胜一筹。从保证的特点来看,其不仅是对于主债务的加强,同时也是对于主债务的一种补充。对于老百姓来说,其对于保证责任概念的把握不够精准,可能仅限于字面意思,保证只是起到一种补充和加强作用。故在保证方式约定不明的情况下,《民法典》规定的一般保证,在立法理念上更倾向于保护当事人的意思自治,更有利于平衡各方当事人的利益。

【案件结果】

经法院审理认为,涉案"赊销及还款协议"及"赊销担保书"系各方当事人的真实意思表示,符合法律规定,合法有效。协议到期后,韩某辉未能按照协议约定偿还饲料款,构成违约,丹富公司请求韩某辉偿还欠款及违约金,符合协议约定和法律规定,法院予以支持。

关于柴某、韩某刚的担保责任,《赊销担保书》约定"担保人自愿用其所属财产为债务人作担保",法院认定担保种类为保证,因担保书未约定保证方式,按照《民法典》第六百八十六条第二款的规定,当事人在保证合同中对保证方式没有或者约定不明确的,按照一般保证承担保证责任。本案担保书未约定保证方式,应认定为一般保证,故丹富公司请求柴某、韩某刚对被告韩某辉的上述债务承担连带还款责任,法院不予支持,柴某、韩某刚应承担一般保证责任。《民法典》第六百八十七条第二款规定,一般保证的保证人在主合同纠纷未经审判或者仲裁,并就债务人财产依法强制执行仍不能履行债务前,有权拒绝向债权人承担保证责任。故在韩某辉被强制执行仍不能履行付款义务的情况下,柴某、韩某刚应就未付款部分向丹富公司承担付款义务。

依照《民法典》第五百九十五条、第六百二十六条、第六百二十八条、第六百八十七条、第六百九十一条以及《中华人民共和国民事诉讼法》第一百四十四条之规定,判决如下:

(1)被告韩某辉于本判决生效后十日内付给原告烟台某饲料有限公司欠款 100 380 元、逾期付款违约金 4 918 元(自 2021 年 8 月 17 日至实际给付之日仍然以 100 380 元为基数按照月息 3‰ 计算逾期付款违约金)、律师费 110 00 元,合计 116 298 元;

(2)被告柴某、韩某刚为上述欠款承担一般保证责任。

如果未按本判决指定的期间履行给付金钱义务,应当依照《中华人民共和国民事诉讼法》第二百五十三条的规定,加倍支付迟延履行期间的债务利息。

【相关法规】

《民法典》第六百八十六条第二款规定:当事人在保证合同中对保证方式没有或者约定不明确的,按照一般保证承担保证责任。

《民法典》第六百八十七条第二款规定:一般保证的保证人在主合同纠纷未经审判或者仲裁,并就债务人财产依法强制执行仍不能履行债务前,有权拒绝向债权人承担保证责任。

刑法编

  刑法是规定犯罪、刑事责任和刑罚的法律,是掌握政权的统治阶级为了维护本阶级政治上的统治和经济上的利益,根据其阶级意志,规定哪些行为是犯罪并应当负刑事责任,给予犯罪人何种刑事处罚的法律。刑法有广义刑法与狭义刑法之分。广义刑法是指一切规定犯罪、刑事责任和刑罚的法律规范的总和,包括刑法典、单行刑法以及非刑事法律中的刑事责任条款。狭义刑法是指刑法典。

  党的二十大报告指出,全面依法治国是国家治理的一场深刻革命,关系党执政兴国,关系人民幸福安康,关系党和国家长治久安。本编所选案例基本上是来自最高司法机关公报、机关刊物和业务指导出版物所刊载的典型案例(或谓指导性案例)。主要供江西开放大学学生使用,并作为司法实务工作者和其他专业人士的参考用书。通过对疑难、复杂、重大案件的分析与讲解,以期达到从学理层面对司法审判实践的参考性作用,既对官方文献所刊载的典型案例予以真诚尊重,又不放弃理论研究所应当持有的适度批判立场。

关于《刑事审判参考》第1136号案例的商榷意见:串通竞拍就是串通投标行为

形式解释论的形式,是罪刑法定的形式,也就是行为整体的形式,实质解释论的实质,是罪刑法定的实质,也就是行为整体的实质。罪刑法定决定了形式与实质同时存在,不可分割。因此,形式解释论的再宣示有缺陷,实质解释论的再提倡同样有不足。

【案情介绍】

2009年11月19日至30日,经濉溪县人民政府批准,濉溪县国土资源局挂牌出让濉国土挂〔2009〕023号地块国有建设用地使用权。安徽通和煤炭检测有限公司法定代表人杨坤(另案处理)借用淮北圣火房地产开发有限公司(以下简称圣火公司)名义申请参加该宗土地使用权挂牌出让竞买活动,山东日照利华房地产开发公司(以下简称日照利华公司)、淮北春盛公司(以下简称春盛公司)、淮北国利房地产开发有限公司(以下简称国利公司)、淮北金沙纺织服装有限公司(以下简称金沙公司)均报名获得竞买资格。同年11月29日,杨坤与被告人张建军(无业人员)商议,以承诺给付补偿金的方式,让其他竞买人放弃竞买。当日,张建军在淮北市"爵士岛"茶楼先后与其他竞买人商谈,春盛公司副经理马大中同意接受200万元后退出,金沙公司法人代表邵春海、国利公司皇孝利均同意接受250万元后退出。日照利华公司提出同意接受500万元后退出,杨坤向张建军表示,最多给付450万元让日照利华公司退出。张建军即通过被告人刘祥伟与日照利华商谈,日照利华公司同意接受300万元后退出竞买。此后,张建军仍告知杨坤日照利华公司同意450万元退出。次日,在濉溪县国土局023号地块竞买现场,按照杨坤的安排,日照利华公司、春盛公司均未举牌竞价,金沙公司法人代表邵志潮以8100万元举牌竞价一次,杨坤以8200万元举牌竞价一次,杨坤的朋友张峰持国利公司皇孝利的号牌以8300万元举牌竞价一次,杨坤与皇孝利又分别加价100万元各举牌竞价一次,最终杨坤以8600万元(保留底价8500万元)竞买成功。后张建军、刘祥伟伙同杨坤共付给参与竞买的其他公司相关人员贿赂840万元。其间,张建军、刘祥伟采取多报支出等方式,侵吞违法所得共计355万元。

【案情分析】

分歧意见:对于被告人张建军、刘祥伟通过贿赂指使参与竞买的其他人放弃竞买,串通投标,使请托人杨坤竞买成功,应如何定性,有三种不同意见:

第一种意见认为,二被告人的共同犯罪部分,仅构成串通投标罪一罪,理由是,挂牌出让系原国土资源部《招标拍卖挂牌出让国有建设用地使用权规定》(以下简称《规定》)规定的国有建设用地出让的重要形式。虽然挂牌和招标在设置目的、运作形式等方面有很多不同点,在目前尚未出台相关法律对该制度予以规制的情况下,挂牌制度的操作也是参照招标进行的。本案中,被告人张建军、刘祥伟在国有建设用地使用权挂牌出让过程中,通过贿赂参与竞买的其他公司的负责人的方法,指使其他公司负责人串通报价,放弃竞拍,使杨坤以低价获得国有建设用地使用权,其行为均构成串通投标罪。二被告人受杨坤指使向其他竞买人行贿,该行为属于前行为,是串通投标整体行为中的一部分,不应单独定罪。因此,二被告人的行为不构成对非国家工作人员行贿罪。

第二种意见认为,被告人张建军、刘祥伟受杨坤之托,在国有建设用地使用权挂牌出让过程中,向参与竞买的其他公司的负责人行贿,数额特别巨大,指使其串通报价,放弃竞拍,使杨坤以低价获得国有建设用地使用权,其行为同时构成对非国家工作人员行贿罪和串通投标罪。

第三种意见认为,对二被告人的共同犯罪部分应以对非国家工作人员行贿罪一罪定罪。从刑法规定来看,尚没有对挂牌竞买人相互串通、情节严重、追究刑事责任的规定,也无相关司法解释。本案中,二被告人为达到让几家竞买企业串通报价,从而使请托人杨坤竞买成功的目的,采取了行贿的手段,该行为显然触犯了刑法的规定,构成对非国家工作人员行贿罪。

【评析】

本案二被告人的行为符合串通投标罪和职务侵占罪的构成要件,应当数罪并罚。

法律规范本身就是一个行为整体,具有五大统一的属性。法律适用有两种途径:一是利用法律规范的价值属性,不需要解释法律规范,将法律规范视为不可拆分的法律行为,对生活行为与法律行为进行价值衡量,两者价值相等,生活行为直接按法律行为定性。这种以价值衡量为核心的法律适用模式,在我国具有悠久历史,直到近代学习、移植西方法学理论才被废弃了。二是利用法律规范的事实属性,需要解释法律规范,需要用到大前提、小前提、三段论,这就是我国近代才开始移植的西方法律适用模式。西方法学家虽然创造了解释法律规范、使用三段论的法律适用模式,但是他们始终没有搞清楚——法律解释的实质就是价值衡量。法律解释学近百年来,止步于字面含义,停滞不前。例如,认为对法律概念的解释,不能远远超出其核心含义;再例如,认为扩张解释与类推解释是没有明确界限等。事实上,法律解释与法律规范中的字、词、句的字面含义没有直接关系,只与法律规范作为行为整体的自身价值有直接关系。只要生活行为的价值与法律规范的价值两者相等,该法律规范就可以解释为该生活行为。所谓两种行为价值相等,就是两种行为在形式与实质上都相同。就行为犯而言,从形式到实质都相同。这种情形容易判断,不会出错。就结果犯而言,行为方式千差万别,最终结果从形式到实质都是相同的。这种情形难以判断,容易出错。所以,所谓扩张解释不能远远超出字面核心含义的观点,所谓扩张解释与类推解释没有明确界限的观点等,其实是西方法律解释学仍然还在黑暗中徘徊的表现。

本案裁判否定两被告人的行为构成串通投标罪,其主要理由就是挂牌竞买不同于招投标,挂牌出让远远超出招投标的核心含义。认为"两者无论在概念文义,还是适用范围、操作程序、出让人否决权等方面都存在显著差异,两者的差异性远大于相似性。尽管从实质上看,挂牌出让中的串通竞买行为也具有社会危害性,但在刑法明确将串通投标罪的犯罪主体界定为投标人、招标人的情况下,客观上已不存在将挂牌出让解释为招投标人从而予以定罪的空间"。实际上,本案中的挂牌人就相当于招标人,竞买人就相当于投标人,到现场举牌竞买,就相当于投标人向招标人报送自己投标的标的。招投标中投标方私下串通,相当于挂牌出让中的竞买方私下串通。从最终结果看,无论在竞买现场举牌的竞买者,还是没有举牌的竞买者,他们最终都提交了自己的报价,这些报价正是他们私下串通的报价。因此,这种挂牌出让方式,实际上完全等同于招投标,串通投标罪能够成立,这是毋庸置疑的。由此可见,本案就是典型例子,刑法解释与刑法用语的字面含义没有直接关系。

本案中两被告人受杨坤的委托,代表杨坤所在的公司与其他参与挂牌竞买者协商、谈判,采取行贿的方式相互串通,损害挂牌出让人的利益,破坏市场竞争秩序,其行为构成单位串通投标罪,应当追究两被告人串通投标罪的刑事责任。同时,根据案情材料看,行贿的单位、受贿的单位都不是国有单位,故单位行贿罪或者单位受贿罪不成立。因此,本案应当认定涉案单位构成串通投标罪。另外,两被告人利用职务之便,采取多报支出等方式,侵吞受托单位(杨坤所在的公司)财物 355 万元,其行为符合职务侵占罪的构成要件。因此,应当追究两被告人串通投标罪、职务侵占罪的刑事责任。在本案裁判中仅追究两被告人对非国家工作人员行贿罪的刑事责任,并不妥当。其实本案被告人并非向非国家工作人员个人行贿,而是向非国有单位行贿。非国有单位对非国有单位行贿,尚未纳入我国刑法调整的范畴,故本案两被告人不构成对非国家工作人员行贿罪,上述第二、第三种意见均与本案查明的事实不相符合,第一种意见正确但遗漏了职务侵占罪,存有缺陷。

男子酗酒产生"幻觉"抢车被判刑

【案情介绍】

44岁的邯郸人李某平时嗜酒如命,他没想到,正是这香醇的杯中酒,不仅麻痹了他的神经,还将他送进了监狱。

2011年9月13日晚,李某独自在外面喝酒,一直喝到次日凌晨,他才醉醺醺地往家的方向走。他东倒西歪地走着走着,脑子里竟产生了幻觉,觉得身后有人追着要打他。为了摆脱"追赶",他一路跌跌撞撞地"逃"到某路口。

就在这时,恰好一辆出租车开过来,李某连忙招手拦下车,然后一屁股坐了进去。

当出租车开到某县某镇某村附近时,李某突然伸出双手,死死掐住司机单师傅的脖子,并用嘴咬他。就这样,他抢走了单师傅的手机和25元现金,还抢走出租车开车逃跑。

被扔下车的单师傅马上报警,李某也随之落网。

在随后的审讯中,李某告诉民警,他之所以要抢走出租车,是为了"逃命"。

明明没人追,李某却拼命"逃命",这是怎么回事?原来,他喝酒喝出了精神障碍。

酗酒损害身体健康,这个大家都知道,但很少有人知道,喝酒还能喝出精神病。某县中心医院资深心理咨询师介绍,虽然常见的各类醉酒属于急性酒精中毒,但如果长期醉酒,便有可能发展成精神疾病。

心理咨询师说,如果经常喝酒,一旦没有酒喝,会感觉难受、焦虑,千方百计找酒喝,而且非常害怕戒酒,就是酒精依赖症的表现。慢性酒精依赖会由酒精引发一些行为精神症状,使人的脑部发生病变,不但控制能力减弱,还会产生幻觉、嫉妒妄想、轻微痴呆,包括认知功能下降、记忆力减退、注意力不集中等。"很多人醉酒出院后没多久又喝上了,这样反复醉酒会使人产生一种酒精依赖性,从而导致精神障碍。"

【案情分析】

限定刑事责任能力人也要负刑事责任。

李某的情形正好印证了心理咨询师的说法。李某的饮酒史已有多年,平时嗜酒如命,天天酒不离口,一日三餐从不间断。喝了酒之后,他常常满口胡言,平时家人也没在意,没想到日积月累,已经损害到他的精神健康了。

经精神疾病司法鉴定,由于长期过量饮酒,李某已经出现精神活动异常,产生意识障碍和被害感,辨认能力和控制能力大大削弱。按照《中国精神障碍分类与诊断标准》,李某作案时的精神状态符合"酒精所致精神障碍"诊断标准,被认定为限定刑事责任能力人。

然而,"限定刑事责任能力人"的认定并不能让李某摆脱惩罚。

某县法院做出一审判决。法官认为,李某以非法占有为目的,采用暴力手段劫取他人财物,数额巨大,其行为已构成抢劫罪。鉴于李某作案时因酒精导致精神障碍,系限定刑事责任能力人,案发后,涉案款物均已被追回并发还给被害人,可酌情从轻处罚,遂判处李某有期徒刑7年6个月,并处罚金7 000元。

【相关法规】

经精神疾病司法鉴定,由于长期过量饮酒,李某已经出现精神活动异常,产生意识障碍和被害感,辨认能力和控制能力大大削弱。按照《中国精神障碍分类与诊断标准》,李某作案时的精神状态符合"酒精所致精神障碍"诊断标准,被认定为限定刑事责任能力人。

李某等三人敲诈勒索案

【案情介绍】

公诉机关:平顶山市新华区人民检察院。

被告人:李×,男,1977年6月6日生,回族,小学文化,住平顶山市新华区焦店镇西斜街,无业。

被告人:韩×,女,1988年8月9日生,汉族,大专文化,河南省获嘉县人,住平顶山市工学院二区,平顶山市工学院学生。

被告人:王×,男,1979年8月9日生,汉族,初中文化,住平顶山市湛河区曹镇乡关庄,无业。

2008年11月19日21时许,被告人李×、韩×预谋敲诈韩×网友鞠×,后由韩×约其男网友鞠×在鹰城广场见面并在李庄迎宾招待所开房,李×和王×尾随其后,在鞠×进入房间不久,李×就以欺负表妹为名对鞠进行殴打,后以到派出所报案并通知其妻子相要挟,向鞠×索要现金10 000元,李×从鞠×钱包内拿走800元,后又还给鞠×200元,其间王×一直在现场,而后,李×电话通知陈×前来招待所看住鞠×,自己又拿鞠×的银行卡去银行取出现金4 900元,后鞠×写下欠韩×4 000元的欠条一张。事后王×和陈×各得赃款200元,其余的由李×所得。韩×在到案后主动配合公安机关抓获被告人李×。

平顶山市新华区法院认为:被告人李×、韩×、王×以非法占有为目的,采用暴力胁迫手段,当场向被害人索要现金10 000元,并从被害人身上获得现金600元,又用其信用卡从银行取款4 900元,还逼迫被害人写下4 000元的欠条一张,其行为已构成敲诈勒索罪。平顶山市新华区人民检察院指控被告人李×、韩×、王×犯抢劫罪的公诉意见与抢劫罪的构成要件不符,不予支持。被告人李×、韩×、王×对公诉机关指控的犯罪事实均无异议,但对公诉机关指控犯抢劫罪有异议。被告人韩×的辩护人对公诉机关指控被告人韩×犯罪的事实和证据无异议,认为其行为构成敲诈勒索罪的辩护意见与法院查明的事实相符,予以支持。被告人韩×协助公安机关抓获被告人李×属立功,可以从轻或减轻处罚。被告人王×在本案中起次要作用,系从犯,应当从轻、减轻处罚。依照《中华人民共和国刑法》第二百六十条、第二十五条、第二十七条、第六十八条、第五十二条、第五十三条之规定,判决如下:被告人李×犯敲诈勒索罪,判处有期徒刑二年,并处罚金人民币6 000元。被告人韩×犯敲诈勒索罪,判处有期徒刑一年,并处罚金人民币4 000元。被告人王×犯敲诈勒索罪,判处有期徒刑一年,缓刑一年,并处罚金人民币3 000元。一审判决后,公诉机关未抗诉,被告人亦未提出上诉。一审判决已发生法律效力。

【案件焦点】

抢劫罪与敲诈勒索罪如何区分?

敲诈勒索罪与抢劫罪都有可能当场进行胁迫,两者区别的关键在于犯罪的客观方面。应注意从手段、暴力程度、胁迫的紧迫性等方面进行判断。以揭露隐私为手段的应认定为敲诈勒索罪。

【分析与结论】

一、对本案被告人犯敲诈勒索罪还是抢劫罪认定的分歧意见

第一种意见认为被告人构成抢劫罪,理由是:《中华人民共和国刑法》(以下简称《刑法》)第二百六十三条明文规定抢劫罪就是"以暴力、胁迫或者其他方法抢劫公私财物的行为"。根据该条,刑法学界对抢劫罪的犯罪构成做了具体的诠释:"抢劫罪,是指以非法占有为目的,当场使用暴力、胁迫或者其他方法强行劫取财物的行为。"被告人李×、韩×、王×以非法占有为目的,采用暴力胁迫手段,当场劫取他人财物,其行为已构成抢劫罪。

第二种意见认为被告人构成敲诈勒索罪,理由是:《刑法》第二百七十六条是简单罗列罪状,没有具体规定敲诈勒索罪的概念。根据刑法理论界的通说,敲诈勒索罪是指"以非法占有为目的,对被害人使用威胁和要挟的方法,强行索取公私财物数额较大的行为"。被告人以非法占有为目的,采用暴力胁迫手段,当场向被害人索要现金 10 000 元,并从被害人身上获得现金 600 元,又用其信用卡从银行取款 4 900 元,还逼迫被害人写下 4 000 元的欠条一张,其行为已构成敲诈勒索罪。

二、对敲诈勒索罪与抢劫罪区别问题的法律分析

笔者认为,本案主要涉及抢劫罪与敲诈勒索罪的区别问题,司法实践中,可以从犯罪客体和客观方面来区分这两类犯罪。

(一)犯罪客体的区分

两罪都在侵犯公私财产所有权的同时,侵犯了公民的人身权利,但是侵犯公民人身权利的具体内容不完全相同。抢劫罪侵犯的是公民的生命权与健康权,而敲诈勒索罪侵犯的范围明显要广,还包括公民的名誉权等。如果行为人以当场或事后诋毁他人名誉相威胁,就构成敲诈勒索罪,而非抢劫罪。本案中,被告人以到派出所报案并通知其妻子相要挟,向鞠×索要现金,其行为更加符合敲诈勒索罪的构成要件。

(二)犯罪客观方面的区分

犯罪客观方面是区分两罪的关键。抢劫罪表现为当场以暴力或威胁抑制被害人反抗,从而当场直接取得财物;而敲诈勒索罪一般表现为通过要挟或威胁的方法,对被害人精神上施加压力,使其感到恐惧,从而被迫交出财物。在司法实践中,我们可以从以下五个方面区分两罪的客观方面。

1. 采取的手段、方式有区别

抢劫罪一般是以杀害、伤害等实施人身暴力或威胁。而敲诈勒索的内容比较广泛,可以是以暴力相威胁,但大多是以揭发隐私、毁坏财物、损害名誉等实施精神强制,要挟被害人交出财

物,威胁的内容只要足以使被害人产生恐惧即可,不必实际产生恐惧心理。

2. 犯罪手段所要达到的暴力程度有区别

抢劫罪中的暴力表现为对被害人人身和财产安全的双重威胁,强度达到足以抑制被害人使其不能反抗、不敢反抗的程度。敲诈勒索罪的暴力主要表现为一种精神上的强制,且是不足以抑制他人反抗的轻微暴力。需要注意的是,不能把抑制反抗的标准定得过严,否则可能放纵罪犯,导致重罪轻判。实践中,如何认定"足以抑制被害人反抗",是区别抢劫与敲诈勒索的难点所在。笔者认为,一般应从暴力、胁迫的形态、手段、时间、场所等因素,结合被害人的年龄、性别、体力等实际情况,进行综合判断。同一性质的胁迫对一个人可能"足以抑制反抗",而对另一个人则未必,所以在具体案件中,应以个案中"具体的人"为标准进行认定,而不能以"一般人"为标准,否则不利于实现个案的公正。在行为人当场实施暴力的情况下,如果足以抑制被害人的反抗,则应认定为抢劫,否则宜认定为敲诈勒索。

3. 获取的非法利益有可能不同

抢劫罪占有的只能是在场的财物,限于动产,且没有具体的数额要求。而敲诈勒索罪占有的既可以是动产,也可以是不动产,甚至可以是财产性利益,既可以是在场财物,也可以是不在场的财物,且必须数额较大,才构成犯罪。

4. 侵害付诸实施的时空跨度或紧迫性不同

笔者认为在实践中,不可因"当场"使用暴力手段而一概认定为抢劫。抢劫犯以"当场"实施暴力侵害相威胁,如果被害人不"当场"交出财物,行为人将"当场"把威胁的内容付诸实施,强调方法手段行为与目的结果行为的时空同一性,被害人受到侵犯是现实直接的。敲诈勒索罪的威胁不具有紧迫性,行为人往往扬言如不满足要求将把威胁内容变成现实,通常设定某种不利后果转为现实的时间间隔,时空跨度一般较大,在一定程度上为被害人遭受物质或精神上的伤害提供了缓冲的余地。"当场"的法律意义不仅指空间,关键更在于时间,而且要从抢劫的手段行为和目的行为的承接关系上去理解它。行为人胁迫被害人"当场"交付财物,否则"日后"将侵害被害人的,宜认定为敲诈勒索罪。行为人对被害人"当场"实施暴力或以"当场"实施暴力相威胁,其目的不在于对被害人造成人身伤害,而在于使被害人内心产生恐惧,利用其担心受到更为严重侵害的心理,使其确定地在将来某个时间交付财物的,这样的暴力应是敲诈勒索罪中要挟手段的强化,而非抢劫罪的暴力,应以敲诈勒索罪定罪处罚。

5. 被害人在受到侵害时的意思表示不同

抢劫罪的被害人不能充分表达自己的意思,丧失了意思表示的自由,处于极度紧迫的危险状态,除了当场交付财物之外,没有选择的余地,否则其生命、人身当场会遭受侵害。而敲诈勒索罪的被害人没有完全丧失自由意志,还可以采取权宜之计,尚有选择的余地,但由于精神上感到恐惧,有能力反抗而没有反抗,为了保护自己更大的利益不得已而处分数额较大的财产,意思表示上存在瑕疵。

本案中,李×等人都具有非法占有鞠×财物的故意,并且为此进行预谋。在实施犯罪的过程中,被告人虽然对鞠×实施暴力,但综观全案,这里的"暴力"其目的不在于对被害人造成人身伤害,而在于使被害人内心产生恐惧,特别是后来以到派出所报案并通知其妻子为由实施威胁、向鞠×索要现金的行为更表明,其主观上具有敲诈勒索的意图,其行为完全符合敲诈勒索罪的构成要件,应以敲诈勒索罪定罪量刑。

盗窃还是职务侵占

【案情介绍】

抗诉机关：湖南省人民检察院。

原审被告人：谌×。

谌×系安化县邮政局职工，担任该局邮政储蓄金库外勤出纳，负责东坪城区各储蓄点头寸箱的发放和回收。2014年12月3日下午6时，谌×将头寸箱归库后离开金库。因当时正值停电，金库内勤出纳李×收到上交的残币及用5号邮袋装的10万元现金后，就在邮政局办公大楼一楼的拉闸门内金库外走道上清点残币，李×将残币清点好后入库，却将10万元现金遗忘在走道上。同日下午至次日，有2名经警负责在金库值班室值班，当晚将拉闸门锁好。次日上午7时许，谌×上班，第一个打开拉闸门后，发现门内有一邮袋，内装10万元现金，就将此款提到走道内的值班室桌上，谌×同值班经警将头寸箱发放至城区各储蓄点后返回金库，见钱仍放在桌上，李×还未来上班，遂将钱连同邮袋拿走。案发后，赃款已全部追回。

安化县人民检察院指控，被告人谌×犯侵占罪。安化县人民法院一审认为，被告人谌×以非法占有为目的，秘密窃取公共财物，数额特别巨大，其行为构成盗窃罪。谌×利用熟悉环境、容易进入现场的工作之便，窃取属于本单位控制下的财物，其行为符合盗窃罪的构成要件。谌×已退回全部赃款，未给单位造成损失，可酌情从轻处罚。依照《刑法》第二百六十四条、第五十二条、第五十三条之规定，判决如下：被告人谌×犯盗窃罪，判处有期徒刑十年，并处罚金1万元。谌×不服，向益阳市中级人民法院提出上诉。益阳市中级人民法院二审认为，上诉人谌×系安化县邮政储蓄所外勤出纳，值班经警负责金库安全保卫，两者均对李×遗忘在楼梯间的10万元没有管理的职责。此10万元对能合法自由地进入楼梯间的人而言，处于一种失控状态，而对于非法进入现场的人来讲，这10万元在邮政局大楼的控制范围内。因此，进入大楼是否合法，以及现金所放地点直接影响案件的定性。谌×系邮政局职工，可以自由出入现场，他上班时捡到，并没有采取秘密窃取的手段，虽然他主观上具有非法占有的目的，但客观方面不符合盗窃犯罪的构成要件。因此，其行为不构成盗窃罪。安化县人民检察院指控上诉人谌×犯盗窃罪的罪名不能成立，安化县人民法院认定上诉人谌×犯盗窃罪错误。依法裁定：(1)撤销安化县人民法院(2005)安刑初字第69号刑事判决；(2)发回安化县人民法院重新审判。安化县人民检察院撤回起诉后又以谌×犯盗窃罪向安化县人民法院起诉，安化县人民法院重审后判决：被告人谌×犯盗窃罪，判处有期徒刑十年，并处罚金1万元。谌×又不服，向益阳市中级人民法院提出上诉。益阳市中级人民法院重审认为，检察机关在再审期间提交的证人证言、证词并不能否定李×遗忘的10万元现金在谌×捡到前是处于失控状态的属性，故其行为不构成盗窃罪。故判决：(1)撤销安化县人民法院(2005)安刑初字第235号刑事判决；(2)安化县人民检察院指控上诉人谌×犯盗窃罪的罪名不能成立，宣告上诉人(原审被告人)谌×无罪。该判决已发生法律效力。

湖南省人民检察院抗诉提出：(1)谌×非法占有的公共财物仍处于管理者的合法控制和管理范围内，不属于遗忘物。(2)谌×具有非法占有的故意并采取了秘密窃取的手段，其行为符合盗窃罪的特征。

湖南省高级人民法院再审决定：(1)指令益阳市中级人民法院另行组成合议庭对本案进行再审。(2)本案在再审期间不停止原判决的执行。益阳市中级人民法院再审后裁定：维持本院(2005)益中刑二终字第61号刑事判决。该判决已发生法律效力。湖南省人民检察院再次向湖南省高级人民法院提出抗诉。

湖南省高级人民法院再审后认为：被告人谌×以非法占有为目的，秘密窃取金融机构的公共财物，数额特别巨大，其行为构成盗窃罪。谌×非法占有的公共财物仍处于管理者的合法控制和管理范围内，不属于遗忘物，谌×的行为不构成侵占罪。

谌×具有非法占有的故意并采取了秘密窃取的手段，其行为符合盗窃罪的特征。虽然谌×不具有法定的减轻处罚情节，但是鉴于谌×犯意的产生是在发现本该入库的10万元现金被遗忘入库后，案发具有一定的偶然性，其行为与有预谋或者采取破坏手段盗窃金融机构的犯罪有所不同，谌×的主观恶性不是很大，且已退回全部赃款，未给单位造成损失等犯罪情节和对社会的危害程度不大等特殊情况，对谌×可在法定刑以下判处刑罚。依照《中华人民共和国刑法》第二百六十四条第(一)项、第六十三条第二款、第六十四条和最高人民法院《关于审理盗窃案件具体应用法律若干问题的解释》第三条、第八条的规定，判决如下：被告人谌×犯盗窃罪，判处有期徒刑三年，缓刑四年。本判决依法报请最高人民法院核准后生效。

最高人民法院经审查后认为：被告人谌×采取了秘密手段，秘密窃取公共财物数额特别巨大，其行为已构成盗窃罪。谌×虽不具有法定减轻处罚情节，但鉴于其系由客观原因引发犯意，案发后认罪、悔罪态度较好，赃款已全部追回等特殊情况，可以对其在法定刑以下判处刑罚。湖南省高级人民法院判决认定的犯罪事实清楚，证据确实、充分，定罪准确，量刑适当。审判程序合法。依照《中华人民共和国刑法》第六十三条第二款和《最高人民法院关于执行〈中华人民共和国刑事诉讼法〉若干问题的解释》第二百七十条的规定，于2009年7月14日裁定如下：核准湖南省高级人民法院(2008)湘高法刑再终字第2号以原审被告人谌×犯盗窃罪，在法定刑以下判处有期徒刑三年、缓刑四年的刑事判决。

【案件焦点】

利用担任邮政储蓄所外勤出纳的便利，将同事遗忘在金库外通道上的金融机构公共财物秘密占有的行为是否构成犯罪？如果构成犯罪，是定盗窃罪、职务侵占罪还是侵占罪？

【分析与结论】

行为人利用担任邮政储蓄金库外勤出纳的便利，窃取在邮政局特定的封闭场所之内款项的，其行为构成盗窃罪而非侵占罪。在本案的审理过程中，关于谌×的行为如何定性的问题有三种不同的意见：

第一种意见认为，谌×利用担任安化县邮政储蓄所外勤出纳这一职务上的便利，进入邮政局特定的封闭场所之内,拿走由其他工作人员保管的公共财物。谌×的行为已构成职务侵占罪。

第二种意见认为,谌×作为安化县邮政局的邮政储蓄外勤出纳,其职责是负责头寸箱的发放及回收,其对另一同事遗忘在楼梯间的10万元现金没有管理职责。虽然楼梯间(即金库外的走道)属邮政局值班经警控制范围,但邮政储蓄现金的指定存放的安全处所是金库,所以10万元现金在谌×捡到前是处于失控状态,是遗忘物。谌×在上班时捡到10万元现金,因未采取秘密窃取的手段,故其行为不构成盗窃罪,而是一般侵占行为。案发后,赃款已全部追回,谌×无罪。

第三种意见认为,侵占行为的特点是行为人将代为保管的他人财物或拾得的遗忘物、埋藏物非法占为己有。本案中的财物在行为人采取秘密手段盗离邮政局之前,仍在邮政局特定的封闭场所之内,并且没有脱离邮政局其他责任人,如保安、经警等的控制。因此,谌×的行为不符合侵占罪的特征,其采用秘密窃取的手段,将仍在邮政局尚未失去控制的款项盗取后非法占有的行为,应认定构成盗窃罪。

笔者同意第三种意见,原因在于:10万元现金不属于遗忘物。刑法意义上的遗忘物的本质特征是此财物实际失控,而并非只要财物所有人或持有人主观上对财物忘记。10万元现金是因为内勤出纳李×的疏忽而被遗忘在通道上,而此通道在邮政局特定的封闭场所之内,款项尚在安化县邮政局的控制范围内,故该10万元现金不属于遗忘物。因此,行为人的行为不符合侵占罪的特征。

在单位内部人员窃取本单位财物的情况下,行为人的主体身份和行为人实施窃取行为时是否"利用了职务上的便利"与"利用了工作上的便利"是确定罪名的关键。本案中,谌×系安化县邮政储蓄所外勤出纳,负责东坪城区头寸箱的发放及收缴,对李×遗忘在楼梯间的10万元既没有职务上的主管、管理职责,也没有经手此财物的便利。其利用担任外勤出纳可以进入现场的便利条件,窃取由其他工作人员保管的款项,故谌×不是利用职务上的便利,而是利用工作上的便利。其行为不构成职务侵占罪。

所谓秘密窃取,是指行为人采取自认为不为财物所有者、保管者或者经手者发觉的方法,暗中将财物取走的行为。其有三个特征:一是取得财物的过程未被发现,是在暗中进行的。二是秘密窃取是针对财物所有人、保管人、经手人而言的,即财物的所有人、保管人、经手人没有发觉。在窃取财物的过程中,只要财物所有人、保管人、经手人没有发觉,即使被他人发现,也应属秘密窃取。三是行为人自认为没有被财物所有人、保管人、经手人发觉。至于方式则多种多样,如撬锁破门、割包掏兜、顺手牵羊等,不论形式如何,只要本质上属于秘密窃取,即构成盗窃。谌×在给李×打电话确认李×未发现10万元遗忘在通道后,趁无人注意,将10万元提出办公楼,然后藏入摩托车尾箱后带离。其行为符合秘密窃取的特征。

综上所述,由于财物在行为人采取秘密手段盗离邮政局之前,仍在邮政局特定的封闭场所之内,并且没有脱离邮政局其他责任人,如保安、经警等的控制,谌×在本案中利用了其工作上的便利而非职务上的便利,因此其行为构成盗窃罪,而非职务侵占罪或者无罪。

尚未完全丧失辨认或者控制行为能力的精神病人应当负刑事责任
——蔡某娥故意杀人案

【案情介绍】

2019年9月24日凌晨,在某村85号二楼,被告人蔡某娥因精神分裂症发作,用一把剪刀捅向其女儿蔡某熙(殁年3岁)腹部,发现其尚有生命特征后,用双手掐住蔡某熙脖子,直至确认蔡某熙已无呼吸后松手,被害人蔡某熙因口鼻部及颈部受外力作用导致机械性窒息死亡,腹部被单刃尖刀刺伤,致左肾壁破裂出血为其辅助死因。当日8时许,蔡某娥主动报警并在家中等候公安机关处理。经某司法鉴定所鉴定:(1)蔡某娥医学诊断为精神分裂症;(2)蔡某娥对本案具有限定刑事责任能力;(3)蔡某娥目前有受审能力;(4)蔡某娥案发时具有部分性防卫能力。另经某市公安局物证鉴定所物证检验,蔡某熙的心腔血液中未检出敌敌畏成分。

【案件焦点】

有精神病的被告人实施故意杀人行为且造成被害人死亡的,是否需要承担刑事责任,以及承担多大的刑事责任?

【分析与结论】

人民法院经审理认为:蔡某娥故意杀害他人,致一人死亡,其行为已经触犯了《中华人民共和国刑法》第二百三十二条,构成故意杀人罪。公诉机关指控蔡某娥犯故意杀人罪成立。蔡某娥在案发后主动报警,报警后在现场等候,归案后又如实供述自己的主要犯罪事实,是自首,依法可以从轻或者减轻处罚。蔡某娥系限定刑事责任能力人,依法可以从轻或者减轻处罚。关于蔡某娥及其辩护人辩称蔡某娥不具有杀人故意,其发病时完全丧失意识,不具有刑事责任能力,故不构成故意杀人罪的辩护意见,法院认为蔡某娥患有精神分裂症,案发时发病,因为受不了女儿的重复话语而持剪刀插其女儿肚子,后又实施掐脖子等一系列行为,甚至将作案工具剪刀丢到厕所,还洗澡并主动报警等,均表明其尚未完全失去自我控制能力,故依法应该采信某司法鉴定所的鉴定结论,依法认定蔡某娥具有限定刑事责任能力,在此情形下,其持剪刀杀害女儿的行为,构成故意杀人罪,故对被告人及其辩护人的辩解不予采纳,对被告人及其辩护人关于蔡某娥重新做精神病鉴定的申请,因无确凿、相反的证据推翻现有鉴定,不予支持。综上,决定对蔡某娥适用减轻处罚。

人民法院按照《中华人民共和国刑法》第二百三十二条、第十八条、第六十一条、第六十四条、第六十七条第一款的规定,判决如下:(1)被告人蔡某娥犯故意杀人罪,判处有期徒刑四年。(2)将作案工具剪刀予以没收。

宣判后,蔡某娥服判息诉,判决已生效。

本案的争议焦点在于蔡某娥是否实施了故意杀人行为,是否需要承担故意杀人的刑事责任以及如何量刑。

首先,公诉机关认定蔡某娥犯故意杀人罪的主要证据:一是尸体检验报告单证实蔡某熙口鼻部及颈部受外力作用导致机械性窒息死亡,腹部被单刃尖刀刺伤、左肾脏破裂出血为其辅助死因;二是蔡某娥的有罪供述;三是证人蔡甲、陈某云等人的证言;四是物证作案工具。这些证据形成完整的证据链,足以证实蔡某娥实施了故意杀人的行为。

其次,蔡某娥是否需要承担刑事责任则是本案的关键。本案中,经过某司法鉴定所鉴定,蔡某娥医学诊断为精神分裂症发病期,蔡某娥对本案具有限定刑事责任能力,蔡某娥案发时具有部分性防卫能力。根据《中华人民共和国刑法》第十八条的规定,尚未完全丧失辨认或者控制自己行为能力的精神病人犯罪的,应当负刑事责任,但是可以从轻或者减轻处罚。经过鉴定,蔡某娥在本案中系尚未完全丧失辨认或者控制自己行为能力的精神病人,依法应当承担刑事责任。

再次,是否有必要对蔡某娥重新做精神病以及刑事责任能力鉴定？对于患有精神病的行为人的刑事责任能力评定标准是行为人作案时有无辨认、控制自己的能力,如何评定行为人作案时有无辨认、控制自己的能力,要以证据为依据,不能主观臆断。本案中,作案前,蔡某娥描述的场面清晰,表明其因为女儿的吵闹而导致其心情烦躁;作案时,其对作案的过程描述得也很真实;作案后,还选择了洗澡,被抓获后如实供述了作案的全过程。可见,作案时蔡某娥尚具有部分辨认、控制自己行为的能力,应该对其行为承担刑事责任。

最后,关于蔡某娥的量刑问题。一是本案中蔡某娥案发后在现场等待,归案后如实供述作案过程的犯罪事实,具有法定的从轻或者减轻处罚的自首情节。二是其属于限制刑事责任能力人。三是本案被害人系蔡某娥的未成年女儿,从情感、道德角度来说,案件的发生本来就对蔡某娥精神上造成了足够大的打击和摧残,蔡某娥的犯罪性质不同于其他故意杀人案件的性质,对其可以酌情从轻处罚。综合上述情节,对其量刑为有期徒刑四年,罚当其罪,既能维护法律权威,又能体现宽严相济的刑事政策。

张某某枪杀抢劫犯案

【案情介绍】

张某某在某村经营一养殖场,养有价值60余万元的多种犬类,该养殖场与乡养猪场紧邻,且养猪场的门房设在养狗场的院墙外,为了对狗进行饲养和保护,张某某雇用了3名工人与其在养殖场内共同工作。2009年11月初,张某某在狗市听说一养狗场遭人抢劫后,担心自己的狗场也出事,遂将长期私藏于家中的一枝双筒猎枪和一枝自制火枪拿到养狗场,以防不测。同年11月10日凌晨,张某某与工人们忽听到外面有狗叫声,起床到院内查看,隔着院门门缝发现一辆汽车,车头顶在狗场的大门前,同时听到院外有杂乱的脚步声,接着听到院外有砸门、砸玻璃的声音和人的叫嚷声。张某某遂让工人们回屋,并说:"可能是抢狗的。"回到屋内,张某某即给其父亲打电话,说:"狗场来了好多人,可能是抢狗的,你赶紧通知派出所。"这时屋内的工人告诉张某某外面有人翻墙了,张某某发现大门东西两侧的南墙上均有人影,于是取出双筒猎枪,捅碎窗户玻璃,向大门西侧墙上的人影开了一枪,致此人头部中弹,经抢救无效死亡。

经查,2009年11月9日,谭某等九人预谋到张某某的养殖场抢狗,并准备了铁棍、狗链等工具。10日凌晨,九人驾驶汽车来到该养殖场,将车头顶在养殖场的大门前,谭某等人下车后先来到养猪场的值班室,砸碎门窗进屋,将正在值班的王某毒打后捆绑,在问明狗场内的人数之后,谭某等人便开始翻墙,准备进入狗场实施抢劫,谭某在翻墙时遭到枪击死亡,其余人逃跑,后被抓获。

【案件焦点】

张某某是否构成故意杀人罪?

【分析与结论】

对张某某是否构成故意杀人罪存在分歧意见:

第一种意见:张某某应构成故意杀人罪。认为谭某等人虽翻墙,但并未着手实施具体的抢狗行为,更未危及张某某等人的人身安全。张某某明知双筒猎枪发射的子弹是霰弹,且距离目标近,命中面积大,仍开枪打死一人,主观上属直接故意杀人。

第二种意见:张某某应构成故意伤害(致死)罪。认为张某某已打电话,让其父通知派出所,但在有人翻墙的紧急情况下开枪,这时张某某的目的是想把来人吓走,对其使用的枪支、弹型来不及细致考虑,主观上只是伤害的故意。

第三种意见:张某某的行为属正当防卫。认为张某某实施防卫的背景是处于深夜,面对突发事件和人员的劣势,难以准确判断不法侵害的手段及程度,且抢劫人已经翻墙,公安人员尚未赶到,在危急时刻为了防止财产和人身安全遭受不法侵害,被迫采取了防卫措施。其行为符合《刑法》第二十条第三款的规定,属于正当防卫。同时,张某某非法持有枪支的行为已涉嫌非法持有枪支罪,应对此罪负刑事责任。

第四种意见:张某某的行为属防卫过当,应以故意杀人罪减轻处罚。认为张某某对养猪场王某遭殴打、绑架一事并不知晓,而谭某等人对养狗场及张某某本人实施的仅是翻墙的行为,既未开始抢狗,又未伤害张某某等人,此时开枪打死一人明显超过必要限度。对未危及人身安全的抢劫行为,不适用《刑法》第二十条第三款的规定。

笔者同意第三种意见,并试作分析如下:

四种意见分歧的焦点有两个:一个是防卫适时、不适时的问题,即对本案抢劫开始的认识;另一个是防卫是否明显超过必要限度造成重大损害的问题。本案中张某某开枪打死谭某的行为符合正当防卫的条件。

首先,张某某进行防卫时不法侵害已经开始且正在进行中。不法侵害的开始,就是不法侵害行为着手实施之时,但对于那些侵害严重且具有积极进攻性的不法侵害行为,虽然尚未着手实施,但由于其已使合法权益面临着遭受不法侵害的紧迫危险性,就应视为不法侵害的开始,允许实行正当防卫。如果等到侵害者已着手实施,被侵害者无法进行防卫时,保护合法权益也就成了一句空话。本案中,谭某等人从预谋抢狗并准备了铁棍、狗链等作案工具,到10日凌晨驾驶汽车到养狗场,将车头顶在养狗场大门前,把近邻养猪场值班室的门窗砸碎后进屋,毒打并捆绑值班人员王某,问明狗场内的人数,均为谭某等人实施抢劫的预备过程。当谭某等人翻墙准备进入狗场时,应视为抢劫行为已着手实施。在抢劫人已经翻墙、自己难以准确判断不法侵害的手段及程度的情况下,张某某面对突发事件和人员的劣势,为保护自己的合法权益不受现实的、正在进行的不法侵害而对侵害人进行打击,其主观上具有防卫的故意,而不是伤害的故意。第一、第二种意见只注意了张某某开枪的后果,忽视了谭某等人抢劫行为已经开始这一事实,没有考虑张某某在如此危急的情况下实施先发制人防卫的合法性,而将张某某的行为定为故意杀人罪或故意伤害(致死)罪,因此是不正确的。理解不法侵害的开始,不能过于机械、过于狭隘,应根据案件的情况,特别是要根据不法侵害的轻重缓急和对合法权益威胁的程度,灵活掌握。

其次,张某某开枪打死一人(谭某)的防卫行为没有超过必要限度。要正确界定防卫行为是否过当,要对不同的案件做具体分析。根据不法侵害行为侵害的权益性质、强度、缓急以及防卫人的防卫能力和客观条件等情况,进行综合认定。防卫人的防卫行为没有超过制止不法侵害行为所需的界限,虽造成过于悬殊的不必要重大损害,但都属于正当防卫。第四种意见认为"张某某对养猪场王某遭殴打、捆绑一事并不知晓,而谭某等人对养狗场来说既未抢狗又未伤人,此时开枪打死一人明显超过必要限度",这种意见是值得商榷的。谭某等人的抢劫目标是价值特别巨大的养殖犬。王某遭殴打、捆绑在张某某开枪前已成不以张某某的意志为转移的客观事实,谭某等人以抢劫巨额财产为目的的暴力行为已经开始。张某某在发现汽车、听到有杂乱脚步声以及砸门、砸玻璃和人的叫嚷声并发现有人翻墙后,判断有人要进养狗场抢劫是正常的。面对已经开始的抢劫暴力行为,张某某为保护自己价值60余万元的巨额合法财产而开枪,不论是从保护合法权益来说,还是从制止不法侵害行为的强度来说,张某某的行为都没有明显超过必要限度。况且,实施防卫行为不能明显超过必要限度,这是对一般不法侵害行为而言的。本案中,张某某面临的是抢劫这种严重危及人身安全的暴力犯罪。《刑法》第二十条第三款规定:"对正在进行行凶、杀人、抢劫、强奸、绑架以及其他严重危及人身安全的暴力犯罪,采取防卫行为,造成不法侵害人伤亡的,不属于防卫过当,不负刑事责任。"即对那些正在进行的严重危及人身安全的暴力犯罪,任何公民都有实行无限防卫的权利,无论采取何种防卫手段,也不论对不法侵害人造成何种严重的伤害,都不存在防卫过当的问题。

最后,张某某应对自己非法持有枪支的行为负刑事责任。本案中,张某某长期私藏枪支的行为符合非法持有枪支罪的构成要件:侵犯了公共安全,违反了国家对枪支的管理制度;客观方面具有长期非法持有枪支的行为;在主观方面是故意,即其明知是枪支而非法持有。《最高人民法院关于审理非法制造、买卖、运输枪支、弹药、爆炸物等刑事案件具体应用法律若干问题的解释》(以下简称《解释》)第五条规定:"具有下列情形之一的,依照《刑法》第一百二十八条第一款的规定以非法持有、私藏枪支、弹药罪定罪处罚:……(二)非法持有、私藏以火药为动力发射枪弹的非军用枪支一支或者以压缩气体等为动力的其他非军用枪支二支以上的。"张某某非法持有枪支二支,在数量上符合《解释》的规定,应以非法持有枪支罪对张某某定罪处罚。

【相关法规】

《最高人民法院关于审理非法制造、买卖、运输枪支、弹药、爆炸物等刑事案件具体应用法律若干问题的解释》第五条规定:"具有下列情形之一的,依照《刑法》第一百二十八条第一款的规定以非法持有、私藏枪支、弹药罪定罪处罚:……(二)非法持有、私藏以火药为动力发射枪弹的非军用枪支一支或者以压缩气体等为动力的其他非军用枪支二支以上的。"

《刑法》第二十条第三款规定:(1)为了使国家、公共利益、本人或者他人的人身、财产和其他权利免受正在进行的不法侵害,而采取的制止不法侵害的行为,对不法侵害人造成损害的,属于正当防卫,不负刑事责任。(2)正当防卫明显超过必要限度造成重大损害的,应当负刑事责任,但是应减轻或者免除处罚。(3)对正在进行行凶、杀人、抢劫、强奸、绑架以及其他严重危及人身安全的暴力犯罪,采取防卫行为,造成不法侵害人伤亡的,不属于防卫过当,不负刑事责任。

保安员监守自盗构成什么罪

【案情介绍】

2010年5月15日凌晨,被告人刘某在J市前进区"某歌厅"值班时,趁歌厅无人之机用锤子将歌厅经理室的门砸坏,将手机(2部)、三五香烟(5盒)、中华香烟(4盒)、云烟(7盒)及人民币3 400元盗走。经价格鉴定,被盗手机价值人民币500元,被盗香烟价值人民币359元,被盗财物总价值人民币4 259元。案发后,赃款已返还被害人。

【案情分析】

对被告人刘某的行为的认定有两种不同的意见。一种意见认为,刘某盗窃歌厅财物的行为是利用了对工作环境熟悉的便利,因此应构成盗窃罪。另一种意见认为,刘某是该歌厅的保安,对歌厅财物负有安全保卫的责任,是利用职务上的便利,因此这种监守自盗的行为属于职务侵占。

J市前进区人民法院认为,被告人刘某以非法占有为目的,盗窃他人财物,数额较大,其行为构成盗窃罪。公诉机关指控的罪名成立,适用法律意见正确,予以支持。鉴于被告人系初次犯罪、当庭认罪态度较好、已返还赃款等具体情节,依照《中华人民共和国刑法》第二百六十四条、第五十二条、第五十三条的规定,判决如下:被告人刘某犯盗窃罪,判处有期徒刑一年六个月,并处罚金人民币8 000元。

本案的争议焦点是,刘某盗窃财物的行为是利用了工作上的便利还是职务上的便利,两种不同的便利所产生的后果大不一样。盗窃罪数额较大的起点是1 000元,职务侵占的起刑点是5 000元。认定盗窃还是职务侵占是属于罪与非罪的界限。

《刑法》第二百七十一条规定,公司、企业或者其他单位的人员,利用职务上的便利,将本单位财物非法占为己有的行为,构成职务侵占罪。利用职务上的便利是指在本人的职权范围内或者因执行职务而产生的主管、经手、管理单位财物的便利条件。主管财物,主要是指领导人员在职务上具有对单位财物的购置、调配、流向等决定权力。经手财物,主要是指因职务而领取、使用、支配单位的财物等权力。管理财物,主要是指对单位财物的保管与管理。这种保管一般是指因工作需要单位将特定财物交付职工进行保管。

【案情结果】

本案中被告人刘某为该单位保安员,其工作职责是对该单位的财物负有看护、守护的责任,与职务侵占罪中的主管、经手、管理财物具有一定的区别。被告人刘某是利用了在该单位工作、对单位的环境熟悉的便利,故刘某的行为属盗窃。

【相关法规】

《刑法》第二百七十一条规定,公司、企业或者其他单位的人员,利用职务上的便利,将本单位财物非法占为己有的行为,构成职务侵占罪。利用职务上的便利是指在本人的职权范围内或者因执行职务而产生的主管、经手、管理单位财物的便利条件。

叶某信用卡诈骗案

【案情介绍】

公诉人:广东省丰顺县人民检察院。

被告人:叶某。

广东省丰顺县人民检察院经审理查明,2008年7月5日下午3时许,被告人叶某到中国农业银行丰顺县河滨支行自动柜员机取款时,窥视到被害人吴某在柜员机上取款时输入的密码,因被害人吴某取完款后忘记取出留在柜员机内的中国农业银行金穗卡,被告人叶某持该金穗卡到中国邮政储蓄银行丰顺三门凹支行和中国农业银行丰顺河滨支行自动柜员机上分别取走现金人民币2 500元、1 000元。2008年7月11日,被害人吴某的亲戚往该卡存入现金人民币69 000元。2008年7月13日至2008年7月21日,被告人叶某分别到广东省丰顺县、惠州市、广州市、江西省信丰县等地的银行自动柜员机上分27次取出该卡内的现金人民币68 800元,总计取款29次,共取出现金人民币72 300元。

公诉人认为被告人叶某的行为已构成信用卡诈骗罪,诉请法院依法惩处。

广东省丰顺县人民法院审理后认为,被告人叶某无视国家法律,以非法占有为目的,拾得他人信用卡并在自动柜员机上取款,数额巨大,其行为已构成信用卡诈骗罪。依照《中华人民共和国刑法》第一百九十六条、第五十二条、第五十三条、第六十四条和最高人民检察院《关于拾得他人信用卡并在自动柜员机(ATM机)上使用的行为如何定性问题的批复》之规定,判决如下:被告人叶某犯信用卡诈骗罪,判处有期徒刑五年六个月。

上诉人叶某提出,其从中国农业银行广东省丰顺县河滨支行自动柜员机上捡得信用卡,有权进行合理使用,并没有违反法律规定;被害人没有保管好自己的信用卡密码,并将卡遗留在柜员机内,因此上诉人的行为不构成信用卡诈骗罪。

广东省梅州市中级人民法院审理后认为,上诉人叶某无视国家法律,以非法占有为目的,拾得他人信用卡后,在自动柜员机内取款,数额较大,其行为已构成信用卡诈骗罪。叶某上诉提出,其从中国农业银行广东省丰顺县河滨支行自动柜员机上捡得信用卡,有权进行合理使用,并没有违反法律规定;被害人没有保管好自己的信用卡密码,将卡遗留在柜员机内,导致本案发生,有一定的过错。经查,上诉人叶某借被害人在取款时偷窥被害人信用卡密码,后又利用被害人遗忘在柜员机内的信用卡,在自动柜员机上取款,其行为属于冒用他人信用卡进行诈骗的行为,符合信用卡诈骗罪的构成要件;被害人没有保管好自己的信用卡密码及将卡遗留在柜员机内,不能成为上诉人实施诈骗的理由。判决:上诉人叶某犯信用卡诈骗罪,判处有期徒刑四年。

【案件焦点】

被害人取款时将信用卡遗忘在自动柜员机内,被告人偷窥被害人信用卡密码后,利用信用卡在自动柜员机上取款的行为,构成何罪?

【分析与结论】

关于被告人的行为构成何罪,存在两种意见。

第一种意见认为,其行为构成信用卡诈骗罪。主要理由是:信用卡诈骗罪是以非法占有为目的,利用信用卡虚构事实,隐瞒真相,骗取公私财物数额较大的行为。刑法规定有使用伪造的信用卡、作废的信用卡、冒用他人信用卡、恶意透支的情形之一,进行信用卡诈骗活动的,构成信用卡诈骗罪,其构成要件是:

(1)主观方面是故意。以非法占有他人财物为行为目的,即行为人明知利用信用卡侵占他人财物是非法的行为而故意实施。刑法条文中没有明确写出本罪的故意目的性,但是比照诈骗犯罪的本质属性和该罪侵犯的客体来看,除要求行为人主观上具有故意之外,还必须具有非法占有他人财物的目的。

(2)在客观方面要求符合下列情形之一。第一,使用伪造的信用卡。伪造信用卡,一是指从表现形式到具体内容,完全模仿真实的信用卡,按照真实信用卡的图案、版块、模式及磁条密码完全地非法制造新的信用卡;二是指在真实的信用卡基础上进行伪造,比如随意涂改真实信息,或在空白的信用卡上输入其他用户的真实信息或输入虚假信息。使用伪造的信用卡是信用卡诈骗的一个重要形式,在这里行为人必须有使用伪造信用卡的行为才构成本罪。第二,使用作废的信用卡。作废的信用卡是指因法定原因失去效用的真实信用卡。无论是哪一种失效原因,凡是利用作废的信用卡进行侵占他人公私财物的行为均属于信用卡诈骗罪。第三,冒用他人的信用卡。冒用他人的信用卡是指未经持卡人同意或者授权,非法持有信用卡并擅自以持卡人的名义使用该信用卡,实施信用卡法定功能的消费、提现等诈骗行为。冒用他人的信用卡,行为人必须是以非法占有为目的。冒用他人信用卡进行诈骗犯罪的行为人主观上必须具备骗取他人财物的目的。

本案的被告人叶某趁被害人在取款时偷窥被害人信用卡密码,后又利用被害人遗忘在柜员机内的信用卡,在自动柜员机上取款,不能认为信用卡持有人有将自己的信用卡借给被告人使用的行为,也不是经持卡人同意由被告人使用信用卡的行为。因此,被告人主观上以非法占有持卡人的财物为目的,客观上实施了冒用他人信用卡进行诈骗的行为,具备信用卡诈骗罪的本质特征,其行为构成信用卡诈骗罪。

第二种意见认为,本案应定为盗窃罪。理由是:盗窃罪是指以非法占有为目的,秘密窃取数额较大的公私财物或者多次盗窃公私财物的行为,主观方面由故意构成,并且具有非法占有的目的,在客观方面表现为行为人实施了秘密窃取数额较大的公私财物或者多次盗窃的行为。根据规定,盗窃信用卡并使用的,应以盗窃罪论处。所谓盗窃信用卡并使用,是指犯罪分子盗窃他人的信用卡并使用该信用卡诈骗财物的行为,包括犯罪分子盗窃信用卡后自己使用该信用卡,也包括犯罪分子的同伙或朋友明知是盗窃来的信用卡而使用该信用卡。信用卡是一种支付凭证,盗窃信用卡在很大程度上是占有了他人的财物,虽然盗窃信用卡后,行为人还要通过使用行为才能达到真正占有他人财物的目的,但使用信用卡的过程,是将信用卡不确定价值转化为具体财物的过程,实质上是盗窃犯罪的继续,因此应以盗窃罪论处,该种观点和有关司法解释与立法精神一致。在银行 ATM 机上取款,虽然 ATM 机不具有人的灵性,但是,其能为客户服务,是建立在人为设置的程序基础上的。只有持卡人本人才能使用此信用卡,ATM 机为客户服务,亦需验证身份后进行,对于 ATM 机,客户的密码即等于客户的身份,客户输入密码后进入程序,其实就是验证身份的过程,使用他人密码支取款项,属于秘密窃取他人财物的行为,符合盗窃罪的构成要件。

笔者同意上述第一种意见,认为一、二审法院认定被告人的行为构成信用卡诈骗罪恰当。从理论上说,信用卡诈骗罪是以非法占有为目的,利用信用卡虚构事实、隐瞒真相、骗取公私财物数额较大的行为。要求具有主、客观方面的表现特征,具体到本案,被告人叶某主观上以非法获取他人财物为目的,客观上趁被害人在取款时偷窥被害人信用卡密码,后又利用被害人遗忘在柜员机内的信用卡,在自动柜员机上取款,其行为属于冒用他人信用卡进行诈骗的行为,并不是盗窃信用卡后进行使用的行为,既不能认定为信用卡持有人将自己的信用卡借给被告人使用,也不能确定是持卡人同意由被告人使用信用卡。因此,被告人的行为具备信用卡诈骗罪的本质特征,其行为构成信用卡诈骗罪。

盗窃还是诈骗

【案情介绍】

公诉机关：上海市虹口区人民检察院。

被告人：周×。

被告人周×以非法占有为目的，在事先通过强光照射某超市发行的积点充值卡密码涂层、已知晓密码的情况下，于2009年1月8日上午，先后至本市瑞虹路某超市门口、曲阳商务中心门口，将200张面额均为1 000元人民币的"超市积点充值卡"分别出售给被害人曹×、张×。之后被告人周×利用事先已知晓的上述积点充值卡密码，通过电话转账方式将其中179张积点卡内合计179 000元人民币的资金秘密转移至其预先准备好的10张"联华超市会员卡"内，在此过程中被被害人发现。在审理中，公诉机关提供了被害人曹×、张×的陈述及辨认笔录，证人顾×、姜×的证言，上海市公安局虹口分局出具的《调取证据清单》及该超市电子商务有限公司出具的有关单据、资金转账明细等证据。公诉机关指控被告人周×以非法占有为目的，秘密窃取公民财物，数额特别巨大，其行为已构成盗窃罪。本案系犯罪未遂。据此，提请法院依照《中华人民共和国刑法》第二百六十四条、第二十三条之规定，对被告人定罪处罚。

被告人周×及其辩护人对公诉机关指控的犯罪事实及定性均无异议。

一审法院认为，被告人周×以非法占有为目的，秘密窃取公民财物，数额特别巨大，其行为已构成盗窃罪。上海市虹口区人民检察院指控被告人周×犯盗窃罪，罪名成立。被告人周×到案后认罪态度较好，可酌情从轻处罚。本案系犯罪未遂，应予以减轻处罚。故判决被告人周×犯盗窃罪，判处有期徒刑五年，并处罚金5 000元。

宣判后，被告人周×未提出上诉，检察机关亦未提出抗诉，一审判决已经发生法律效力。

【案件焦点】

行为人将已事先通过一定手段而知晓密码的超市充值卡出售给他人后，再通过该密码取回充值卡内资金的行为，应如何定性？

【分析与结论】

本案作为一种盗窃行为与诈骗行为交织在一起的新型经济犯罪案件，具有一定的典型性，值得做进一步的深入评析。

对于本案中被告人周×的行为该如何定性，司法实践中，存在两种不同意见：

第一种意见认为，本案应定性为盗窃罪。被告人周×通过技术手段事先获取密码，再在被害人完全不知情的情况下,秘密通过该密码将充值卡内的资金取回的行为完全符合盗窃罪的特征,应以盗窃罪追究其刑事责任。

第二种意见认为,本案应定性为诈骗罪。被告人周×在获知密码后,隐瞒自己已知晓超市充值卡密码的事实真相,编造公司内部低价处理充值卡的幌子,将已经知晓密码的充值卡出卖给被害人(黄牛),骗取被害人信任并支付相应对价。这种隐瞒事实真相、骗取对方财物的行为完全符合诈骗罪的特征。

对此,笔者赞同第一种意见。理由如下:

诈骗罪和盗窃罪是现实生活中很常见的两种侵犯他人财产权利的犯罪,这两种罪的区别主要体现在两个方面:一是行为人获取财物主要是采取了欺骗手法还是秘密窃取手法;二是真正的被害人是否具有处分其财产的自主意思表示或者行为。一般来说,我们判断一起案件究竟是诈骗犯罪,还是盗窃犯罪,都是比较好区分的。因为前者的行为人客观上都是使用隐瞒真相、虚构事实的欺诈方法获取被害人财物,而后者的行为人在客观方面则会采取秘密窃取手段取得被害人财物。可见,是采取骗术获取财产,还是采用窃取手段获取财产,是区别诈骗罪与盗窃罪的最本质的法律标准。但是在司法实践中处理一些具体个案时,我们也发现,如果仅仅将一个案件中是否使用了隐瞒真相、虚构事实的欺诈方法作为区分盗窃犯罪与诈骗犯罪的唯一标准,那么对有些案件还是难以做出正确的认定,比如在被告人取得财产的过程中,既采用了秘密窃取手法,又实施了隐瞒真相、虚构事实的欺诈行为,两种行为特征交织在一起,认定起来就比较复杂。我们认为,对这种情况,到底是定盗窃犯罪,还是定诈骗犯罪,除了要看最终获取被害人的钱财的手段主要是靠窃术还是骗术之外,最合理的做法就是要看财产所有人或持有人即真正的被害人是否有处分财产的意思和相应行为。也就是说,行为人最终取得财产,到底是在真正的被害人不知晓的情况下发生了财产转移占有,还是在真正的被害人"知晓"的情况下发生了"自愿"转移财产占有。行为人的一系列犯罪行为虽然混杂了秘密窃取行为和诈骗行为,但财产所有人或持有人即真正的被害人并无任何自愿转移财产占有的意思表示或者行为,该犯罪人的行为仍应定为盗窃犯罪而不能定为诈骗犯罪。

按照这种分析,我们来看被告人周×的犯罪过程:

第一,被告人通过强光照射某超市发行的积点充值卡密码涂层、获知并记录下密码的行为,是为实现犯罪目的而制造条件的行为,虽然属于一种犯罪预备行为,但产生不了任何实际犯罪后果,故还不具备独立犯罪评价的意义。因为该批 200 张超市充值卡属于被告人通过正常渠道购买,其不按常理刮开密码涂层获取密码,而采用强光照射密码涂层的方法来获取密码的行为属于其对卡的一种利用行为,别人无权干涉,由于该行为本身并没有产生实际的犯罪后果,故不做单独的犯罪评价。之后,被告人携带此批超市充值卡先后至瑞虹路某超市门口、曲阳商务中心门口,将 200 张面额均为 1 000 元人民币的"超市积点充值卡"分别兜售给被害人曹×、张×(均系黄牛)。该行为中,被告人周×是采取了一定的骗术,隐瞒自己已知晓超市充值卡密码的事实真相,编造其所在公司内部低价处理充值卡的幌子,将已经知晓密码的充值卡兜售给被害人(黄牛),骗取被害人信任并支付了相应对价。该行为毫无疑问属于典型的诈骗行为,但被告人的行为仍不能就此构成诈骗罪,因为在此行为中,被告人的兜售行为尽管带有一定的欺骗性,但因为这种诈骗行为本身并没有导致被害人财产损失,也没有实现非法占有充值卡内资金的目的,故还不属于获取卡内资金的行为,还不能认定其为诈骗罪。实际上从后面的整体行为来看,这种虚构事实、隐瞒真相的兜售行为还是属于一种正常的处理充值卡的商业行为,如果没有后面的窃取行为,从表面看到此一切还是正常的。由于该行为的顺利完成,实际上已为被告人之后秘密使用密码转移占有被害人卡内资金进一步制造了犯罪条件,与之前通过技术手段获取密码的行为,同系犯罪预备行为。最后被告人周×利用该密码,通过电话转账方式将其中 179 张充值卡内合计 179 000 元人民币的资金秘密转移至其预先准备好的 10 张"联华超市会员卡"内,由于该行为是在被害人完全不知道的情况下发生的,故而被告人的行为完全符合"秘密窃取"的行为特征,是一种盗窃行为。综上可以看出,被告人的行为过程中尽管一开始就有诈骗的手段,但其最终获得被害人的财物还是靠盗窃手段而非诈骗手段,前面的诈骗手段只是其为最终顺利获取财物的盗窃手段实施的一个铺垫行为,故本案应定为盗窃罪而非诈骗罪。

第二,从被害人交付财物的"自愿"性程度来看,我们知道,诈骗罪的被害人一般是在知情的情况下"自愿"交付其相关财物给犯罪人,而盗窃罪则是被害人在不知情的情况下被"不自愿"地转移了相关财产的占有。那么,在本案中,相对于曹×、张×这样的真正被害人而言,由于超市充值卡是其通过合法手段购得的并打算再行出售,被害人是不会想到充值卡的有关密码已被被告人事先获取,更不知道被告人已通过电话转账方式,秘密窃取了充值卡内的资金。所以,被告人周×最终转移财产占有的行为显然是在被害人毫不知情的情况下,"不自愿"发生的,符合盗窃罪的特征。

毒品犯罪死刑复核案

【案情介绍】

被告人张×梅,女,1950年出生,初中文化,下岗工人。2014年2月7日因涉嫌贩卖毒品罪被逮捕。

被告人刘×堂,男,1966年出生,小学文化,农民。2014年2月7日因涉嫌贩卖毒品罪被逮捕。

被告人李×生,男,1963年出生,汉族,文盲,农民。2014年2月7日因涉嫌贩卖毒品罪被逮捕。

安徽省蚌埠市人民检察院以被告人张×梅、刘×堂、李×生贩卖毒品罪,向蚌埠市中级人民法院提起公诉。

公诉机关认为:被告人张×梅、刘×堂、李×生贩卖海洛因600余克的行为已构成贩卖毒品罪,提请依法追究三被告人刑事责任。

被告人张×梅对起诉书指控其贩卖毒品的事实供认不讳。但辩称购买毒品是给其儿子吸食,目的是帮助儿子戒毒;毒品含量不对,要求重新鉴定。其辩护人提出了与张×梅相同的辩护意见。

被告人刘×堂对起诉书指控其贩卖毒品的事实供认不讳。但辩称,查获的毒品中掺入了配料,海洛因的实际重量只有100多克;自己既没有买毒品也没有卖毒品,毒资也不是自己的,不构成贩卖毒品罪。其辩护人提出了与刘×堂基本相同的辩护意见,并建议对刘×堂从轻处罚。

被告人李×生对起诉书指控其贩卖毒品的事实供认不讳。但辩称,毒品是刘×堂、刘×春带去的,自己只提供了掺入毒品中的配料。其辩护人对起诉书指控的罪名不持异议,但提出指控李×生提供毒品货源并实施加工的证据不足;毒品鉴定从形式到程序存在严重问题,请求重新鉴定。

【案情分析】

一审

蚌埠市中级人民法院经公开审理查明:

2013年12月,被告人张×梅通过电话与家住临泉县的刘×堂联系,欲从刘×堂处购买海洛因。同年12月30日,张×梅与孙×超从蚌埠市赶到临泉县,张×梅与刘×堂商定次日在××市进行交易,之后,刘×堂通过电话与李×生联系,要李×生准备毒品。次日上午,张×按照其姐张×梅的要求租车,将166 000元人民币送到××市交给张×梅。同日上午,刘×堂邀约刘×春一起从临泉县到××市李×生租住的房间内,刘×春到后去街上闲逛,刘×堂和李×生在房间内加工毒品,将掺入配料的毒品压成三个圆形块状,连同没有用完的配料装入一个纸袋中。随后,刘×堂携带两小包毒品样品到××市某茶楼一房间内,交给在此等候的张×梅、孙×超验货,张×梅用锡箔纸烤试后同意要货。刘×堂又返回李×生的租住处,将加工好的毒品交给在××市某茶楼等候的张×梅、孙×超,张×梅将68 800元人民币交给刘×堂。张×梅携带装有海洛因的红色纸袋来到新世纪广场,将海洛因交给其弟张×准备带回蚌埠时,被公安人员抓获。当场从张×梅、张×手中缴获海洛因657克及配料103.5克,刘×堂、李×生、孙×超、刘×春亦先后被公安人员抓获。

另查,2010年下半年至2011年初,吸毒人员顾×通过殷×红,以每克人民币300元的价格先后两次从被告人张×梅处购买了8克海洛因。

蚌埠市中级人民法院认为:被告人张×梅、刘×堂、李×生等人,共同贩卖海洛因657克,其行为均构成贩卖毒品罪。在共同犯罪中,张×梅起意贩毒,主动联系刘×堂,要其胞弟张×用出租车运送巨资购买海洛因,行为积极主动,系主犯,应依法惩处。其辩称购买毒品是给其儿子吸食,目的是帮助儿子戒毒的理由不能成立。此外,张×梅还向他人贩卖8克海洛因,其贩卖海洛因的总数应认定为665克。被告人刘×堂在贩卖毒品的共同犯罪中,行为积极主动,系主犯,应依法惩处。其辩护人提出,本案所涉毒品的数量是大量掺假后的数量,对其辩护意见不予采信。被告人李×生在共同犯罪中提供配料,掺配加工毒品,利用他人拎送毒品,行为积极主动,系主犯,对其辩护人提出的毒品含量的鉴定真实性存在问题的意见不予采信。依照《中华人民共和国刑法》第三百四十七条第二款的规定,判决如下:被告人张×梅、刘×堂、李×生犯贩卖毒品罪,分别判处死刑,剥夺政治权利终身,并没收个人全部财产。

二审

一审宣判后,张×梅、刘×堂、李×生不服,均向安徽省高级人民法院提出上诉。

被告人张×梅上诉提出:(1)购买毒品是给其儿子吸食,目的是帮助儿子戒毒,不是为了贩卖毒品;(2)购买毒品的数量应为130克,查获的657克毒品是掺了配料的重量;(3)没有通过殷×红向顾×贩卖8克海洛因;(4)蚌埠市公安局对毒品含量的鉴定不客观。其辩护人除提出与张×梅上诉理由相同的辩护意见外,还提出,张×梅购买海洛因的行为应是非法持有毒品;毒品含量的鉴定应以二审期间上海市毒品检验中心的鉴定为准;张×梅有检举他人盗窃、经查证属实的立功行为,要求对张×梅从轻处罚。

被告人刘×堂上诉提出:其在共同犯罪中处于次要地位,系从犯,要求从轻处罚。其辩护人除提出与刘×堂上诉理由相同的辩护意见外,还提出根据上海市毒品检验中心的鉴定,刘×堂参与贩卖的毒品大量掺假,且犯罪后能如实供述其犯罪事实,要求对刘×堂予以改判。

李×生上诉提出:毒品是刘×堂和刘×春带来的,其只提供了掺假的配料,在共同犯罪中是从犯,且查获的毒品数量是大量掺假后的数量,毒品未流入社会,要求对其从轻处罚。其辩护人除提出与李×生上诉理由相同的辩护意见外,还提出认定李×生提供毒品并加工的证据不足,要求对李×生从轻处罚。

人民法院经审理查明：

一审判决认定的事实清楚，证据确实充分，予以确认。对张×梅的上诉理由及其辩护人的辩护意见，经查，张×梅为贩卖而购买毒品一节，有同案上诉人刘×堂供述证明张×梅购买毒品是想挣点钱；证人殷×红、顾×、宫×峰、胡×萍证明张×梅多次贩毒，其辩称购买毒品是为了其儿子戒毒无证据证明，不予采信。公安人员抓获张×梅、张×时查获毒品海洛因657克，应予认定，其辩称只购买130克海洛因一节不予采信。关于张×梅通过殷×红向吸毒人员顾×贩卖8克海洛因一节，有殷×红、顾×的证言证实，且能相互印证，应予认定。关于其提出蚌埠市公安局对毒品含量鉴定不客观的理由，二审审理期间，上海市毒品检验中心对该毒品的含量重新鉴定，鉴定结论经二审庭审质证，其辩护人提出的毒品含量的鉴定应以上海市毒品检验中心的鉴定结论为准的辩护意见应予采纳，但该鉴定的毒品含量均不属于"毒品含量极少"的情形，且毒品的数量不以纯度折算，不能因此减轻其罪责。张×梅检举他人盗窃2辆电动车虽经查证属实，但不属于重大立功，不足以减轻其罪责，故对张×梅上诉及其辩护人要求对张×梅从轻处罚的意见不予采纳。

对刘×堂上诉理由及其辩护人提出的辩护意见，经查，刘×堂在共同犯罪中和张×梅商谈毒品买卖事宜，联系李×生共同贩卖海洛因，将毒品的样品和大量毒品分次交给张×梅，收取资金，其行为积极主动，应为主犯，其辩称是从犯的理由不能成立。根据上海市毒品检验中心的鉴定结论，刘×堂参与贩卖的毒品不属于"毒品含量极少"的情形，不足以影响对刘×堂的量刑，其犯罪后如实供述犯罪事实一节，亦不能因此减轻其罪责，故对刘×堂上诉及其辩护人要求对刘×堂予以改判的意见不予采纳。

对李×生上诉理由及其辩护人提出的辩护意见，经查，李×生辩称毒品是刘×堂、刘×春带来的一节无事实依据，不予采信。李×生在共同犯罪中提供毒品并进行加工一节，有刘×堂的供述予以证实，且李×生亦做过与刘×堂的供述相互印证的供述，应予认定，其在共同犯罪中的行为积极主动，系主犯，其辩称是从犯的理由不予采纳。虽然查获的毒品的数量是掺假后的数量，根据法律规定毒品的数量不以纯度计算，毒品未流入社会一节不足以减轻其罪责，故对李×生及其辩护人要求对李×生从轻处罚的理由不予采纳。

安徽省高级人民法院经审理认为：被告人张×梅、刘×堂、李×生贩卖海洛因的行为，均已构成贩卖毒品罪，且贩卖毒品数量大，在共同犯罪中，张×梅、刘×堂、李×生系主犯，均应从重处罚。一审判决认定的事实清楚，证据确实充分，定罪准确，量刑适当，审判程序合法。依照《中华人民共和国刑事诉讼法》第一百八十九条第（一）项的规定，于2015年7月25日裁定如下：驳回三被告人上诉，维持原判。人民法院依法将此案报请最高人民法院核准。

最高人民法院经复核确认：

2013年12月30日，被告人张×梅与孙×超（同案被告人，已判刑）从安徽省蚌埠市到临泉县，找被告人刘×堂联系购买海洛因，并商定次日在××市进行交易，随后，刘×堂给被告人李×生打电话，通知李×生准备好海洛因。次日上午，张×（同案被告人，已判刑）将16.6万元人民币送到××市交给张×梅。刘×堂邀约刘×春（另案处理）从临泉县赶到××市李×生的租住房处，刘×堂与李×生将130克海洛因掺入配料后压成三个圆块状。随后，刘×堂携带两小包海洛因样品到××市某茶楼张×梅、孙×超所在的房间内，让张×梅、孙×超验货。张×梅用锡箔纸烤试后同意要货。刘×堂返回李×生的租住处，将加工好的海洛因连同没有用完的配料装入一个红色纸袋中,带到某茶楼交给张×梅、孙×超,张×梅将6.88万元人民币交给刘×堂。之后,张×梅携带装有海洛因的红色纸袋来到新世纪广场,将纸袋交给张×准备带回蚌埠市时,被公安人员抓获。当场缴获海洛因657克及配料103.5克。随后,公安机关将刘×堂、李×生、孙×超、刘×春抓获归案。

另查明,2010年下半年至2011年初,被告人张×梅以每克人民币300元的价格,先后两次通过殷×红贩卖给吸毒人员顾×海洛因8克。

最高人民法院认为:被告人张×梅、刘×堂、李×生贩卖海洛因的行为,均已构成贩卖毒品罪。贩卖毒品数量大,应依法惩处。一审判决和二审判决认定的事实清楚,证据确实、充分,定罪准确,审判程序合法。鉴于本案的具体情况,对张×梅、刘×堂、李×生判处死刑,可不立即执行。依照《中华人民共和国刑事诉讼法》第一百九十九条和《最高人民法院关于执行〈中华人民共和国刑事诉讼法〉若干问题的解释》第二百八十五条第(三)项、《中华人民共和国刑法》第三百四十七条第二款第(一)项、第四十八条第一款、第五十七条第一款的规定,判决如下:

1. 撤销蚌埠市中级人民法院(2014)蚌刑初字第65号和安徽省高级人民法院(2015)皖刑终字第170号刑事判决中对被告人张×梅、刘×堂、李×生的量刑部分;

2. 被告人张×梅犯贩卖毒品罪,判处死刑,缓期二年执行,剥夺政治权利终身,并没收个人全部财产。

3. 被告人刘×堂犯贩卖毒品罪,判处死刑,缓期二年执行,剥夺政治权利终身,并没收个人全部财产。

4. 被告人李×生犯贩卖毒品罪,判处死刑,缓期二年执行,剥夺政治权利终身,并没收个人全部财产。

【案件结果】

最高人民法院认为:被告人张×梅、刘×堂、李×生贩卖海洛因的行为,均已构成贩卖毒品罪。贩卖毒品数量大,应依法惩处。一审判决和二审判决认定的事实清楚,证据确实、充分,定罪准确,审判程序合法。鉴于本案的具体情况,对张×梅、刘×堂、李×生判处死刑,可不立即执行。依照《中华人民共和国刑事诉讼法》第一百九十九条和《最高人民法院关于执行〈中华人民共和国刑事诉讼法〉若干问题的解释》第二百八十五条第(三)项以及《中华人民共和国刑法》第三百四十七条第二款第(一)项、第四十八条第一款、第五十七条第一款的规定,判决如下:

1. 撤销蚌埠市中级人民法院(2014)蚌刑初字第65号和安徽省高级人民法院(2015)皖刑终字第170号刑事判决中对被告人张×梅、刘×堂、李×生的量刑部分;

2. 被告人张×梅犯贩卖毒品罪,判处死刑,缓期二年执行,剥夺政治权利终身,并没收个人全部财产。

3. 被告人刘×堂犯贩卖毒品罪,判处死刑,缓期二年执行,剥夺政治权利终身,并没收个人全部财产。

4. 被告人李×生犯贩卖毒品罪,判处死刑,缓期二年执行,剥夺政治权利终身,并没收个人全部财产。

【相关法规】

1. 为了严厉打击毒品犯罪,《刑法》第三百五十七条第二款明确规定,毒品的数量以查证属实的走私、贩卖、运输、制造、非法持有毒品的数量计算,不以纯度折算。
2. 毒品犯罪往往是共同犯罪居多,具有一定的组织性。
3. 毒品犯罪的一个显著特点就是具有隐蔽性。

丁敏合同诈骗案

【案情介绍】

公诉机关:江苏省张家港市人民检察院。

被告单位:张家港市恒达纺织有限公司。

诉讼代表人:丁松华,张家港市恒达纺织有限公司董事长。

被告人:丁敏,原张家港市恒达纺织有限公司总经理。

2008年9月18日,被告人丁敏在担任被告单位张家港市恒达纺织有限公司(以下简称恒达公司)总经理期间,因被告单位急需资金归还到期欠款,即以个人做生意需要资金周转为名,隐瞒被告单位资不抵债的事实,由蒋铭明担保,与张家港市锦泰典当有限公司(以下简称锦泰公司)签订了借款人民币200万元的合同,扣除借款利息后实际骗得人民币194万元。借款到账后,被告人丁敏即将其中的180万元转至其妻赵碧霞的银行账户,令其归还被告单位恒达公司的欠款,自己则于当天下午携余款人民币14万元逃匿。被害单位报案后,公安机关于2008年10月6日在新疆库尔勒市将丁敏抓获,追缴人民币100.28万元,暂存于张家港市公安局。张家港市人民检察院以被告单位恒达公司、被告人丁敏犯合同诈骗罪于2009年7月22日向张家港市人民法院提起公诉。

被告单位的诉讼代表人丁松华、被告人丁敏及其辩护人的主要辩解、辩护意见是:被告单位恒达公司、被告人丁敏没有虚构事实、隐瞒真相,无非法占有的故意,不构成合同诈骗罪,本案只是一起普通的民事纠纷。

张家港市人民法院经公开审理认为:被告单位恒达公司、被告人丁敏目无法制,被告人丁敏作为被告单位直接负责的主管人员,为单位利益,以非法占有为目的,在签订、履行合同过程中,采用虚构事实、隐瞒真相的手段诈骗公司钱财,数额巨大,被告单位恒达公司、被告人丁敏均犯合同诈骗罪。关于被告单位、被告人丁敏及辩护人提出的没有虚构事实、隐瞒真相、无非法占有的故意的辩解、辩护意见,经查:被告人丁敏借款的目的是偿还公司债务而非用于个人做生意;借款时恒达公司连年亏损,处于停产的状态,已无履约能力;借款到账后被告人丁敏即将其中的180万元转至其妻赵碧霞的银行账户,令其归还被告单位恒达公司的欠款,自己则于当天下午携余款人民币14万元逃匿。从被告单位的履约能力、被告人丁敏的主观目的、订立和履行合同时采用的方法、获取款物的处置等方面综合分析,被告单位恒达公司、被告人丁敏均犯合同诈骗罪。公诉机关指控事实清楚,证据确凿充分。被告单位恒达公司、被告人丁敏及辩护人提出的辩解、辩护意见无证据证实,故不能成立,不予采纳。据此,依照《中华人民共和国刑法》第二百二十四条第(五)项、第二百三十一条、第六十四条之规定,做出如下判决:

1. 被告单位张家港市恒达纺织有限公司犯合同诈骗罪,判处罚金人民币30万元。
2. 被告人丁敏犯合同诈骗罪,判处有期徒刑九年,并处罚金人民币10万元。
3. 扣押的人民币100.28万元,予以发还被害单位张家港市锦泰典当有限公司。
4. 责令被告单位恒达公司退赔给被害单位张家港市锦泰典当有限公司尚未追缴的赃款人民币93.72万元。

一审宣判后,被告人丁敏以原判量刑过重为由提出上诉。

二审法院经审理认为,原审被告单位张家港市恒达纺织有限公司以非法占有为目的,在签订、履行合同过程中,采用虚构事实、隐瞒真相的手段诈骗公司钱财,数额巨大,其行为已构成合同诈骗罪;上诉人丁敏作为原审被告单位直接负责的主管人员,其行为亦已构成合同诈骗罪。上诉人丁敏及其辩护人关于原判量刑过重的上诉理由,经查,原审人民法院根据丁敏的犯罪事实和量刑情节所作量刑是适当的,故对该上诉理由及辩护意见不予采纳。原审人民法院认定事实清楚,证据确凿,定罪准确,量刑适当,审判程序合法。据此依法做出裁定:驳回上诉,维持原判。

【案件焦点】

单位主管人员为偿还公司债务而与他人签订借款合同借款的行为如何定性？如何判断合同诈骗罪与普通合同纠纷的区别及认定"非法占有为目的"？

【分析与结论】

本案被告单位和被告人均否认其具有非法占有的目的,辩护人则进一步辩护说本案只是普通的合同纠纷,不构成合同诈骗罪,而控诉机关则认为被告人具有非法占有的目的,构成合同诈骗罪。控辩双方争议的焦点即被告单位和被告人是否犯合同诈骗罪。围绕这一争议焦点,笔者拟从合同诈骗罪的概念及构成、它与普通合同纠纷的区别、"非法占有目的"的认定三个方面进行阐释。

一、合同诈骗罪的概念及构成

《刑法》第二百二十四条规定:有下列情形之一,以非法占有为目的,在签订、履行合同过程中,骗取对方当事人财物,数额较大的,处3年以下有期徒刑或者拘役,并处或者单处罚金;数额巨大或者有其他严重情节的,处3年以上10年以下有期徒刑,并处罚金;数额特别巨大或者有其他特别严重情节的,处10年以上有期徒刑或者无期徒刑,并处罚金或者没收财产:(1)以虚构的单位或者冒用他人名义签订合同的;(2)以伪造、变造、作废的票据或者其他虚假的产权证明作担保的;(3)没有实际履行能力,以先履行小额合同或者部分履行合同的方法,诱骗对方当事人继续签订和履行合同的;(4)收受对方当事人给付的货物、货款、预付款或者担保财产后逃匿的;(5)以其他方法骗取对方当事人财物的。从该条规定可以看出,合同诈骗罪即指以非法占有为目的,在签订、履行合同过程中,采取虚构事实或者隐瞒真相等欺骗手段,骗取对方当事人的财物,数额较大的行为。

对于合同诈骗罪的构成,可以从客体、客观方面、主体、主观方面来分析。从客体来看,该罪侵犯的客体是国家对合同的管理制度、诚实信用的市场经济秩序和合同当事人的财产所有权,因此合同诈骗罪的犯罪客体是复杂客体。它不仅直接侵害了合同当事人的财产所有权,同时,也妨害了国家对经济合同的管理及正常的、良好的社会主义市场经济秩序。从客观方面来看,该罪的客观方面,表现为在签订、履行合同过程中,以虚构事实或者隐瞒真相的方法,骗取对方当事人财物,数额较大的行为,具体体现为上述第二百二十四条列举的5种形式,行为人只要实施上述一种诈骗行为,便可构成该罪。该罪的主体为一般主体,包括单位和个人。该罪的主观方面,表现为直接故意,并且具有非法占有对方当事人财物的目的。

在本案中,丁敏与恒达公司为一般主体,丁敏作为被告单位直接负责的主管人员,为单位利益,主观上基于非法占有锦泰公司借款的目的,客观上隐瞒恒达公司此时已资不抵债的真相,虚构借款用于丁敏做生意等事实,以签订合同的方式实施了诈骗行为,且数额巨大,客观方面给锦泰公司造成巨大损失,极大地损害了诚实信用的社会主义市场经济秩序,妨害了国家对合同的管理,因此,从合同诈骗罪的犯罪构成来看,丁敏与恒达公司均犯合同诈骗罪。

二、合同诈骗罪与普通合同纠纷的区别

合同诈骗犯罪往往与合同纠纷交织在一起,罪与非罪的界限容易混淆,如何正确区分合同纠纷与合同诈骗罪,一直是司法实践中的难点。笔者认为,正确区分二者,应结合行为人签订合同时的主观目的、履约能力、履约行为、未履约的原因等方面综合予以考虑。

1. 从行为人的主观目的来看,普通的合同纠纷的行为人主观上没有非法占有他人财物的目的,合同诈骗犯罪的行为人则从签订合同时起主观上就具有非法占有公私财物的目的。

2. 从行为人的实际履约能力来看,由于合同纠纷的双方当事人是为了谋求合法经济利益而签约的,因此,他们在签约时,一般具有履行合同的实际能力或担保。而利用合同诈骗的行为人一般没有履行合同的条件或物质基础,他们为促使合同的签订往往采取隐瞒真相、夸大或虚构事实等方式以证明自己有履约能力。

3. 从行为人的履约行为来看,合同纠纷的当事人签订合同后往往会积极、主动地履行合同约定,以期尽快实现自己的利益。合同诈骗罪的行为人在合同签订后,往往没有积极履约行为,他们或者百般推诿拒不履约或者以"拆东墙补西墙"的办法消极履约,或者干脆逃匿。

4. 从行为人未履约的原因来看,合同纠纷当事人是由于客观上的原因诸如经营决策失误、不可抗力或第三人的原因导致当事人不能履行合同,而合同诈骗犯罪的行为人具有诈骗财物的故意,是主观方面的原因导致合同不能履行。

在本案中,丁敏的辩护人提出,丁敏的行为不属于犯罪行为,其与锦泰公司之间只是普通的合同纠纷。事实上,丁敏作为恒达公司的总经理,在明知公司已无实际履约能力的情况下,仍然采取欺骗手段与锦泰公司签订了借款合同,从其主观目的来看,其具有非法占有他人钱财的目的;从履约能力来看,恒达公司自2002年开始一直亏损,靠借款度日,且已处于停产的状态,根本没有履约能力;从履约行为来看,丁敏拿到借款后不是积极履行合同约定,将借款按约定用于做生意,而是将一部分借款用于还债,并携另一部分借款逃匿;从未能履约的原因来看,借款未能偿还的原因并不是客观原因,不是丁敏做生意亏本了不能偿还,而是其主观上不想偿还。显然,丁敏的行为不属于普通的合同行为,而是已构成合同诈骗罪,其辩护人的辩护意见是不正确的。

三、"非法占有目的"的认定

对于如何认定"非法占有目的"的问题,《最高人民法院关于审理诈骗案件具体应用法律的

若干问题的解释》第二条做了明确规定:行为人具有下列情形之一的,应认定其行为属于以非法占有为目的,利用经济合同进行诈骗:(1)明知没有履行合同的能力或者有效的担保,采取下列欺骗手段与他人签订合同,骗取财物数额较大并造成较大损失的:①虚构主体;②冒用他人名义;③使用伪造、变造或者无效的单据、介绍信、印章或者其他证明文件的;④隐瞒真相,使用明知不能兑现的票据或者其他结算凭证作为合同履行担保的;⑤隐瞒真相,使用明知不符合担保条件的抵押物、债权文书等作为合同履行担保的;⑥使用其他欺骗手段使对方交付款、物的。(2)合同签订后携带对方当事人交付的货物、货款、预付款或者定金、保证金等担保合同履行的财产逃跑的。(3)挥霍对方当事人交付的货物、货款、预付款或者定金、保证金等担保合同履行的财产,致使上述款物无法返还的。(4)使用对方当事人交付的货物、货款、预付款或者定金、保证金等担保合同履行的财产进行违法犯罪活动,致使上述款物无法返还的。(5)隐匿合同货物、货款、预付款或者定金、保证金等担保合同履行的财产,拒不返还的。(6)合同签订后,以支付部分货款,开始履行合同为诱饵,骗取全部货物后,在合同规定的期限内或者双方另行约定的付款期限内,无正当理由拒不支付其余货款的。以上规定是我们认定非法占有目的的依据。在本案中,丁敏为了偿还公司债务,在签订合同时明知公司已无还款能力,但仍谎称借钱是为了做生意,且10日内可归还,采取欺骗的手段与锦泰公司签订了200万元的借款合同。在签订借款合同时,为促使合同尽快订立,丁敏故意与陈照华等人通电话,大谈纸、煤生意,给他人造成自己做生意很赚钱的假象,借款到账后丁敏即留信和离婚协议给其妻子,让其妻将其中的180万元用于偿还公司债务,自己则携带剩余借款逃跑,其非法占有借款的意图已很明显。根据《最高人民法院关于审理诈骗案件具体应用法律的若干问题的解释》的上述规定,其行为无疑应认定为以非法占有为目的,利用经济合同进行诈骗。

综上所述,被告人丁敏作为被告单位直接负责的主管人员,为单位利益,以非法占有为目的,在签订、履行合同过程中,采用虚构事实、隐瞒真相的手段诈骗公司钱财,数额巨大,恒达公司与丁敏均已犯合同诈骗罪。

恐吓信未发　敲诈罪已成

【案情介绍】

"周老板,你老丈人的骨灰盒在我们手中,如果你想要回你老丈人的骨灰,请送五个大钱(意指5万元)到你老丈人放骨灰盒的房子北边的渠沟里,上边用草盖上,如果你不照办的话,当心你以后见不到你儿子和你自己的生命安全。如果你报警的话,我们也不怕,但是你要小心你们全家人都有危险!!!!!!

黑社会组织"

信的左下方画了一个骷髅头,旁边写了六个"杀"字。

这是周老板的邻居缪×伙同他人企图敲诈而密谋写的恐吓信。近日,法院对被告人缪×、小宝(系未成年人,化名)、金×以敲诈勒索罪(预备),分别判处有期徒刑一年缓刑二年,并处罚金2 500元;拘役三个月缓刑六个月,并处罚金1 000元;有期徒刑六个月缓刑一年,并处罚金2 000元。听到法院宣判,缪×耷拉着脑袋后悔地说:"我这真是偷鸡不成反蚀把米啊,幸好恐吓信还未发出,否则后果更严重,又得多蹲几年。"

家住如东县洋口镇W村的缪×,曾因盗窃罪于1997年11月4日被判处有期徒刑三年。见同村的周老板这几年经商发了财,心中很是羡慕。又听说周老板这几年几次被人敲诈过,于是他也想敲诈点钱。可他一人又不敢下手,只好等待时机。

2012年9月的一天,缪×去南通给儿子送粮油的时候,无意中来到一家中介所。该所的杨老板让缪帮助介绍些人来找工作,并许诺给一定比例的手续费。见这是个赚钱的机会,缪回家后便介绍数名邻居前往中介所找工作。有3人交了钱可工作没找到,便多次找缪要钱。缪无奈之下便于10月16日来到中介所找杨老板。杨不同意给钱,但同意安排三个人去缪家花3天时间对那些要钱的人讲清楚,退钱与缪无关系,同时让缪给这3人500元。这3人分别是外地来中介所打工的小亮(系未成年人,化名)、在南通某饭店打工的小宝、杨的朋友金×。

缪单独将小宝拉到一边,说:"我家那儿有个老板很有钱,已被人家敲诈过4次。他岳父的骨灰盒就埋在我家田头。只要把那骨灰盒藏起来,然后给老板写封信,那老板肯定会送钱。此事我想了很久,你是否敢弄?"小宝当时没吱声,然后将此情况告诉金×。

3人于当日跟随缪来到他家。吃晚饭的时候,缪×对他们说:"那个老板就住在我家东边三层楼房里,他老丈人的骨灰盒在我家前面田头。他家有辆汽车值50多万,平常身上带五六千元,老婆的手链很大,只要吓一下就有钱。"3人没吱声。

10月17日上午,有两人来缪家索要报名介绍费,他们3人进行一番解释后将两人打发走了。下午,因3人要提前回南通,缪×提议写完信再走。缪×又说那老板有钱,只要把骨灰盒移走就能搞到钱,并拿出信纸、手套和笔。由于小亮是外地人,听不懂当地话,便没参与。缪、小宝、金3人便商议,由金×戴手套执笔(以免留下指纹),以"黑社会组织"的名义,写封恐吓信,企图敲诈周某5万元,并商定由小宝、金回南通后确定好送信的时间再通知缪将信送出。金写完后,小宝接过去在信的左下方画了一个骷髅头,旁边写了六个"杀"字。信写好后用纸包起来,放在缪家饮水机底下。当晚,小宝、金向缪索要事先答应的500元费用,缪说不会少。

10月18日早晨,缪借口借钱出去了。在没有借到钱、回去又怕他们3人打他的情况下,到当地派出所,说有三个人到他家要500元钱,想通过派出所赶走3人,平息此事,同时还说这3人写了封敲诈信准备敲诈周某,但隐瞒了自己参与的情况。当日上午,缪带领公安人员去家中将恐吓信搜出。小宝、金×、小亮就这样"稀里糊涂"地被依法传唤至派出所。至此,一起以"黑社会组织"名义企图敲诈钱财案得以告破。

法院审理后认为,被告人缪×、小宝、金×的行为已构成敲诈勒索罪(预备),且属共同犯罪。被告人小宝犯罪时不满18周岁,依法应从轻处罚。三被告人系犯罪预备,依法可比照既遂犯减轻处罚。据此,依法做出前述判决。

【案情分析】

仅仅是预谋作案,怎么也是犯罪呢?也许有人对此不能理解。

我国《刑法》第二十二条规定,为了犯罪,准备工具、制造条件的,是犯罪预备。由于行为人在主观上有实施犯罪的直接故意,客观上有为犯罪而开始实施诸如准备犯罪工具、制造犯罪条件的预备行为,对社会存在着实际的威胁,具有社会危害性,因此法律规定为犯罪行为。但它又是一种不完整的犯罪形态,区别于犯意表示。犯意表示是指行为人在实施犯罪活动之前,以口头、书面等方式对犯罪意图所做的表露。犯意表示仅是一种犯罪意思的流露,虽然有错误,但没有也不可能对社会造成实际危害,不具有犯罪构成的内容,不是犯罪行为。而犯罪预备则是表现犯意的客观行为,属于犯罪行为。

本案中,犯意是由缪×提出,三人经过商议,由金×执笔,小宝在最后画了个骷髅头并写了六个"杀"字,且信的最终发出由金×和小宝决定。虽因种种原因信未发出,但3人已明确商定了实施犯罪的计划和方法,这已并非共同犯意表示,而是犯罪预备了。同时,综观本案,起初作案的酝酿、筹备、策划虽是由缪×牵头发动,但在参与预谋写信中,作用相当,因而不宜区分主从犯。但在量刑时,充分考虑到各被告人的主观恶性程度而区别量刑,因此本案的判决充分体现了罪、责、刑相适应的刑法原则。

缪×见邻居发财了,不是虚心学习其致富经验,而是图谋敲诈钱财,结果不但没敲到钱,反而触犯刑法,构成预备犯罪,被判处缓刑的同时,还被处以罚金2 500元,正如他自己所说,"偷鸡不成反蚀把米"。假如他将恐吓信发出,犯罪行为已完成,那肯定得蹲监几年。即使没敲诈到钱,也构成犯罪未遂,量刑也比犯罪预备重得多。此案再次告诫我们,歪念动不得,歪财发不得,唯有守法经营、辛勤付出,才能发家致富。

【案件结果】

法院对被告人缪×、小宝(系未成年人,化名)、金×以敲诈勒索罪(预备),分别判处有期徒刑一年缓刑二年,并处罚金2 500元;拘役三个月缓刑六个月,并处罚金1 000元;有期徒刑六个月缓刑一年,并处罚金2 000元。

【相关法规】

《刑法》第二十二条规定:"为了犯罪,准备工具、制造条件的,是犯罪预备。对于预备犯,可以比照既遂犯从轻、减轻处罚或者免除处罚。"第二百七十四条规定:"敲诈勒索公私财物,数额较大的,处三年以下有期徒刑、拘役或者管制;数额巨大或者有其他严重情节的,处三年以上十年以下有期徒刑。"

非为个人利益是否构成挪用公款罪

【案情介绍】

公诉机关:涟水县人民检察院。

被告人:王×。

2000年7月24日,被告人王×被中国共产党涟水县委员会任命为江苏今世缘酒业有限公司(以下简称今世缘公司)副总经理。2005年3月28日,涟水县人民政府发文改制今世缘公司为国有控股公司。2005年4月5日,今世缘公司表决通过被告人王×任今世缘公司党委委员、副总经理。

2006年3月,林×和姬×、朱×、韦×四人合伙承包酒精生产线,3月16日林×作为丙方与今世缘公司、破产企业职工安置办签订了合作协议,约定由乙方今世缘公司借资200万元用于项目建设,林×方不以法人资格对外,以自然人身份受聘管理酒精生产经营业务,对内实行独立核算、自主经营、自负盈亏,前两年每年上缴承包金等费用300万元,后三年每年400万元;合作期限为五年,协议期满后,技改投入形成的全部资产产权归甲方破产企业职工安置办所有;今世缘公司所用酒精按市场公允价全部从林×方采购,其富余酒精可对外销售,货款经公司账户。协议签订后,林×等人按约对酒精生产线进行了技术改造,今世缘公司亦按约借给其200万元。2006年7月下旬,林×找到被告人王×,表示技改结束,需流动资金启动生产,酒精车间无产权证,无法办理抵押贷款,请其帮助解决流动资金问题,被告人王×让林×将资产抵押给今世缘公司,同意借款300万元给其经营。后被告人王×和企管部孙×讲,林×要借300万元,让孙×拟订借款协议,并告诉孙×协议的主要内容:金额300万元,期限一年,用林×投入的资产抵押,利息按银行同期贷款年利息上浮5%计算,并在协议上注明"经董事长授权同意"的字样。孙×办好手续交给林×,经被告人王×审批后,将300万元借给了林×。2007年7月,被告人王×向董事长周×汇报工作时,说共借出了500万元,周×找孙×和林×了解300万元借款情况,才得知300万元是经王×手借出去的。孙×将周×追查300万元借款的事告诉了被告人王×,被告人王×便让林×尽快还款,至案发前,林×已归还1 406 430.88元。2003年10月至2005年6月,被告人王×在任江苏今世缘酒业有限公司副总经理期间,利用职务之便,非法收受周×送给的财物计人民币6.32万元。2007年9月、10月的一天,被告人王×收受姬×为感谢其在任今世缘公司副总经理期间对他们承包酒精车间给予关照以及挪用今世缘公司300万元公款帮该车间解决资金困难而送给的人民币2 000元。

一审法院认为被告人王×身为国家工作人员,利用职务之便,挪用公款供个人使用,数额

73

巨大；非法收受他人财物，为他人谋取利益，其行为已构成挪用公款罪、受贿罪。被告人王×在因涉嫌挪用公款罪被司法机关采取强制措施后，能如实供述司法机关尚未掌握的受贿犯罪事实，系自首，依法可以减轻处罚。其亲属代为退赃，酌情可从轻处罚。判决被告人王×犯挪用公款罪，判处有期徒刑十一年；犯受贿罪，判处有期徒刑三年，并没收人民币10 000元，决定执行有期徒刑十三年，并没收人民币10 000元。被告人王×所退的现存于涟水县人民检察院账户上的人民币64 700元，系受贿赃款，予以追缴，上缴国库。未退受贿赃款人民币500元，继续追缴，上交国库；未退挪用公款赃款人民币1 593 569.12元，继续追缴，发还被害单位。被告人王×不服一审判决，向淮安市中级人民法院提出上诉。上诉理由及辩护意见如下：(1)今世缘公司已于2005年改制为非国有公司，改制后该公司的国有投资主体并未委派上诉人作为国有投资主体的代表，对国有资产行使监督、管理职权，故上诉人不再具有国家工作人员的身份；(2)上诉人的行为不构成挪用公款罪；(3)受贿罪中一审判决认定的部分事实有误，林×等四人在上诉人母亲生病住院期间所送的人民币2 000元，送钱时上诉人已调离今世缘公司，故不属于受贿，而是礼尚往来；(4)上诉人有自首情节，归案后能积极退赃，认罪悔罪，请求二审法院对其所犯受贿罪给予较轻量刑。上诉人王×另外还提出了以下上诉理由：(1)周×所送的英纳格牌手表是送给上诉人的四十岁生日礼物，不属受贿；(2)其未收受周×的6万元人民币；(3)周×所送的空调是送到上诉人的老家，送给上诉人父母，而不是送给上诉人的。淮安市人民检察院出庭履行职务的检察人员认为，一审判决认定事实清楚，证据确实、充分，定罪准确，量刑适当，应予维持。

淮安市中级人民法院经审理认为：一审判决认定王×的行为构成挪用公款罪的证据不足，理由是：(1)上诉人王×是以单位名义将公款借出；(2)借款人林×等人是由今世缘公司招商引资作为酒精生产线技术改造的合作一方，受聘从事该公司的酒精生产经营业务，所借款项用于酒精生产，王×借款给林×也是希望酒精生产线能顺利投产，借款人林×不是与今世缘公司毫无关联的自然人，而是该公司的合作伙伴，双方存在着一定的利益关联，互有权利与义务，故现有证据不能排除王×的借款动机是为了本单位利益；(3)对王×于2007年9、10月在其母生病住院期间收受姬×代表林×等人所送的2 000元的事实，因该笔贿赂是在借款一年之后，因其母生病的特定事由而送，且王×所收该笔贿赂款的全额与其挪用300万元公款的风险责任相距甚远，故认定该2 000元是王×为挪用公款所谋取的个人利益依据不足，本案现有证据尚不足以证明王×借款给林×的动机是为谋取其个人利益。上诉人及其辩护人所提该条上诉及辩护意见成立，予以采纳。一审判决认定的受贿部分事实清楚，证据确凿，定性准确、量刑适当。上诉意见不能成立，不予采纳。判决维持涟水县人民法院(2008)涟刑初字第481号刑事判决第一项中对原审被告人王×受贿罪的定罪和量刑部分及第二项中对王×所退的现存于涟水县人民检察院账户上受贿赃款，予以追缴，上交国库，未退受贿赃款，继续追缴，上缴国库的判决部分；撤销该判决第一项中对王×挪用公款部分的定罪和量刑及第二项中对挪用公款未退赃款继续追缴的判决。

【案件焦点】

非为个人利益也不能排除是为单位的利益的情况下，将公款给个人使用的，是否构成挪用公款罪？

【分析与结论】

在本案审理过程中,对被告人王×是否犯受贿罪没有异议,但对被告人王×是否犯挪用公款罪则存在分歧:

第一种观点认为,被告人王×犯挪用公款罪,一是本案中被告人个人决定将公款借给自然人使用,符合《全国人民代表大会常委会关于〈中华人民共和国刑法〉第三百八十四条第一款的解释》(以下简称《人大解释》)中第(一)项的规定"将公款供本人、亲友或者其他自然人使用"的情形;二是本案中不能认定被告人借款的动机是为了单位利益,也就不符合《全国法院审理经济犯罪案件工作座谈会纪要》(以下简称《纪要》)中"单位负责人为了单位的利益,决定将公款给个人使用的,不以挪用公款罪定罪处罚"的规定。

第二种观点认为,被告人王×的行为不构成挪用公款罪,一是本案中被告人王×是个人决定以单位名义出借,未谋取个人利益,不应适用《人大解释》第(一)、(二)项的规定,也不符合第(三)项规定的"个人决定以单位名义将公款供其他单位使用,谋取个人利益的"的情形;二是本案不能完全排除借款是为了单位的利益,根据刑法的谦抑性原则和从有利于被告人的角度出发,不以挪用公款罪定罪处罚。自1988年全国人大常委会《关于惩治贪污罪贿赂罪的补充规定》规定挪用公款罪以来,挪用公款罪的认定标准随着我国市场经济的发展和各种新的挪用公款形式的出现逐步完善。挪用公款罪的主体、"归个人使用"、"为单位利益"与"谋取个人利益"等问题一直是理论和实践的争议焦点。本案认定被告人不构成挪用公款罪的缘由,笔者将逐一分析:第一,主体方面。今世缘公司改制后是国有控股公司,该公司的董事会、监事会成员全部是由县委、县政府建议、提名,被告人王×在该公司任职,也是由县委、县政府研究决定,并由县长亲自到会提名后,表决通过。根据《纪要》精神,委派形式包括任命、指派、提名、批准等,故王×的身份应当属于受国家机关委派到非国有公司从事公务的人员,具有国家工作人员的身份,符合挪用公款罪的主体要求。第二,"谋取个人利益"的界定。"谋取个人利益"既可以表现为一种主观意图,也可以表现为一种客观行为,且不以谋取利益行为之实施为必需,个人利益是否实现,不影响犯罪的成立。"谋取个人利益"既包括行为人与使用人事先约定谋取个人利益实际尚未获取的情况,也包括虽未事先约定但实际已获取了个人利益的情况。

就本案而言,从查明的事实看,被告人王×没有与林×方有任何谋取个人利益的事先约定。一审法院将受贿的2 000元作为被告虽未约定但已谋取的个人利益考虑。该个人利益如果从受贿罪看,有一定的道理,但是受贿罪的收受他人财物与挪用公款谋取的个人利益是不同的。受贿罪即使事前没有约定收受财物,过段时间后明知为了前面的谋利事项而收受的仍是受贿,其收受财物时才是受贿犯罪构成时,也即既遂时。而用最高人民法院于2003年做的《关于挪用公款犯罪如何计算追诉期限问题的批复》对照本案,王×将300万元挪给林×用于经营,其实已是挪用,如要认定其构成挪用公款罪,其谋取的个人利益这时即应存在,而不是挪用公款后一年多在被告母亲住院时送的2 000元,且从常理分析收受2 000元利益与挪用300万元公款的风险责任严重不对等。

另外,若谋取个人利益,则应有私密性,从本案中被告王×行为的客观表现看,签订了借款协议,并且经过总经理助理孙×办理,也没有逃避财物监管,有财务部门多人经手,被告王×后来还向董事长周×做了汇报,这些都与挪用公款罪所要求的谋取个人利益具有的特征不符。不可认定被告存在"谋取个人利益"。

第三,《人大解释》关于"归个人使用"中第(一)项规定的"将公款供本人、亲友或者其他自然人使用"的情形虽未明确包括谋取个人利益,但细分析可知其中有"谋取个人利益"之意:(1)挪用给本人和亲友使用必然包含着为个人谋取利益;(2)没有人会无缘无故地挪用公款给与自己没有任何利益关系的"其他自然人"。既然排除了被告存在"谋取个人利益",则不可适用该第(一)项之规定。故关于被告王×是否犯挪用公款罪的第一种观点不成立。

第四,本案"为单位的利益"的认定,是否在排除了被告王×存在"谋取个人利益"的情况下就推定是"为单位利益"?当然不可以,这种推定是不符合刑事诉讼的证明规则的,是否为单位利益和是否谋取个人利益是两个独立的事实,不存在"非此即彼"的关系。就本案而言,今世缘公司与借款方林×等人之间存在着一定的利益关联,例如,本案中借款方作为今世缘公司技改的合作一方,承包了酒精车间,借款是用于车间生产,其借款给林×方也是想让酒精车间能顺利投产;合作期满后技改投入的资产将全部归今世缘公司所有;合作协议要求在同等条件下优先聘用今世缘公司富余人员;虽约定按市场价收购酒精,但还存在着一经本厂车间生产出来就能直接用于勾兑成酒的便利,而外购的还存在运费、时间等投入。以上这些不能排除借款动机是"为了单位利益"。另外,本案被告王×在向董事长周×汇报工作时还汇报了林×借款的事情,从这点也侧面印证王×的挪用动机有为单位利益而非个人利益的成分,否则他不敢向董事长汇报。

综上所述,本案现有证据能排除被告王×挪用公款系为"谋取个人利益",排除适用《人大解释》"归个人使用"的第(二)、(三)项之规定。依刑法的谦抑性原则、刑事诉讼严格证明规则和从有利于被告人的角度出发,并根据《纪要》规定的"单位负责人为了单位的利益,决定将公款给个人使用的,不以挪用公款罪定罪处罚"立法精神,不以挪用公款罪定罪处罚。

汪某不作为是否构成偷税

【案情介绍】

被告人:汪某,男,35周岁,某私营服装企业总经理。

2008年12月14日,被告人汪某正在查看财务账簿,突然收到某市税务局的一封信,信中要求他于一周内去税务局进行纳税申报。看完该信后,汪某即亲自动手修改账簿,多列支出、少列收入,弄虚作假,最终少缴税款3万元(占其应纳税数额的20%)。

检察机关以偷税罪对被告人汪某提起公诉。一审法院经公开审理查明:被告人采取多列支出、少列收入等手段,逃避履行纳税义务,偷税数额占其应纳税数额的20%,共计8万元,构成偷税罪,根据现行刑法第201条的规定,对被告人汪某判处有期徒刑2年,并处罚金6万元。

【案件焦点】

对于本案的定性,理论上看法一致,但对于该案究竟属于作为犯,还是不作为犯,理论上存在着分歧。一种观点认为,被告人汪某为偷税而多列支出、少报收入,并造假账,因而汪某是以积极的作为形式实施偷税罪,应当属于作为犯。而另一种观点则认为,作为犯与不作为犯的区别并不在于行为人是否实施了积极的身体动作,而是在于行为人是否履行其应当履行的义务。本案被告人汪某是法定纳税人,负有法定的纳税义务,而汪某通过多列支出、少报收入等手段逃避履行纳税义务,应当是不作为犯。

【分析与结论】

我们认为,上述第二种看法是正确的,本案应当属于不作为犯。

由于犯罪现象的复杂性,危害行为在客观现实中的表现形式也千姿百态,但概括起来,仍然不外乎两种基本形式:作为与不作为。从司法实践看,大多数犯罪行为都只能或者可以以作为方式实施,而少数犯罪行为只能由不作为形式构成。

1. 作为

对于作为,理论界比较一致的看法是,作为是指行为人以积极的举动实施刑法所禁止实施的行为,具有以下两个特征:第一,作为首先表现为人的一系列积极的身体举动,对外界造成了一定的影响,引起了外界的某种变化。例如,持刀砍向他人等。第二,行为人实施的积极的身体举动是刑法所禁止的,即违反刑法的禁止性规范,不当为而为之。从其表现形式来看,作为通常有以下形式:(1)行为人利用自己身体动作的作为,如拳打脚踢等;(2)行为人利用物质工具的作为,如持枪杀人、驾车撞人等;(3)行为人利用无刑事责任能力人的作为,如诱骗未成年人放火烧毁他人财物等；(4)行为人利用动物的作为,如放狗追咬他人等；(5)行为人利用自然力的作为,如借雨决水等；(6)行为人利用自己职务的作为,如监守自盗等。

2. 不作为

不作为在理论上成为危害行为的表现形式,不如作为形式那样久远。19世纪初期的资本主义社会,经济上奉行的是亚当·斯密的"自由放任主义"学说,刑法上则以个人主义的自由主义为本位,犯罪被看成是对法益或者权利的侵害,因而在犯罪问题上考虑的只有作为,刑法上的所有问题几乎都是围绕着作为犯而展开,对不作为构成犯罪的问题几乎不予考虑,只有在涉及违反法律的规定或者由于违反契约的义务的问题时,才例外地认定其违法性。

自由竞争发展到一定程度,垄断随之出现,垄断的出现,又反过来限制着自由竞争,这在一定程度上阻碍了经济的进一步发展。为了反对垄断,保护自由竞争,资本主义国家纷纷放弃了"自由放任主义"学说,而将眼光转向了凯恩斯的"国家干预主义"理论,以期能够限制垄断。表现在刑事法律领域,集体主义或全体主义抬头,取代个人主义的自由主义成为刑法的本位。而随着全体主义在刑法上主导地位的确立,"因其重视社会生活之相互扶助,故对于不实行在社会生活上所期待之作为,皆视为违反公序良俗而成为违法行为。于是,犯罪之本质,已不限于侵害法益或权利,而扩及于违反人对于社会所应负之义务。刑法对于前者之情形(即侵害法益和权利),因其系积极侵害人的利益的行为之表现,故对之设立禁止规范,以维持社会的秩序;对于后者之情形(即违反对社会所负担之义务),因其侵害社会秩序之犯罪系消极的不实施法所期待之行为的表现,故对之设立命令规范,以维持社会秩序。禁止规范系以作为犯为其内容,命令规范则系以不作为犯为其内容,于是不作为犯之应构成犯罪,不特不成为问题,且已成为明文化矣",行为人负有实施某种行为的法律义务为前提。这样,上述观点因未将义务限定为法律义务,而可以被扩大解释为道德义务、宗教义务、习惯上的义务等,从而扩大了不作为的成立范围,不尽合理。此外,义务只要是法律义务即可,如果将其限制为刑法义务,则有相当一部分不作为又被排除在不作为的范围之外。

不作为是否都是消极行为？我国刑法学界绝大多数学者把人体的动静形式或者积极与消极表现,视为区分作为与不作为的标准,因而把不作为视为一种消极行为或者身体的静止。对此,有学者提出了异议,认为"如果把危害行为的身体动静形式或积极与消极的表现,同作为和不作为等同起来,就难以解释下列现象:遗弃罪被认为是'只能由不作为构成的犯罪',但能以积极的行为实施,比如父母出于遗弃的故意,将自己的婴儿抱往'容易为人发现的地方,丢弃……这就足以证明,危害行为在客观表现上的'动'与'静',或者'积极'与'消极',不是划分作为与不作为的主要标准"。我们认为,这种观点是有道理的。尽管在多数情况下,不作为是以消极的行为或者身体的静止表现出来,但也不能排除以一定的积极动作表现不作为的例外情况。例如,抗税罪、拒不执行判决与裁定罪等,都是刑法上的不作为犯罪,但其行为却是以积极对抗的形式甚至暴力形式表现出来的。

违反命令规范是否应当是不作为的特征？我们认为,将违反命令规范视为不作为的特征,对于那些只能以不作为的形式成立的犯罪即纯正不作为犯来说,是正确的,但对那些既可以由作为形式,也可以由不作为形式构成,实际上却是以不作为的形式构成的犯罪即不纯正不作为犯来说,则不尽然。例如,现行刑法第二百三十二条规定的故意杀人罪,其规范性质是禁止规范,这是毫无疑问的。但如果行为人以不作为的形式实施该罪,成立的是不作为的故意杀人罪,但这时,违反的仍然是禁止规范,而不是命令规范。所以,将"违反命令规范"作为不作为犯的基本特征,甚至以其作为区分作为与不作为的标准,不仅在司法实践中行不通,而且将造成理论上的混乱。

不作为是否以"应防止危害结果发生而不防止"为限？我们认为,在多数不作为构成的犯罪中,行为人由于其职务、业务或者其他法律关系,负有防止某种危害结果发生的义务,如消防人员负有扑灭火灾的义务,海关人员有缉私的义务,等等,如果能够履行这种义务而不履行,即应防止危害结果的发生而不防止,当然应当构成不作为犯罪,但在另一些不作为犯罪中,情况却不是这样。"例如向国家纳税,其积极意义在于要求公民以积极行为为国家做出贡献,而不在于防止发生某种危害结果的可能性或危险性。"

通过上述分析,我们认为,刑法上的不作为应当具有以下基本特征:第一,行为人系负有特定的法律义务的人,亦即特定的法律义务的存在,是不作为成立的前提;第二,行为人具有履行法定义务的能力;第三,行为人未履行法定义务。

本案中,被告人汪某作为法定的纳税人,负有法定的纳税义务,并且,汪某也能够履行这一义务,但其采取各种手段弄虚作假,不履行法定的义务,这完全符合不作为的基本特征,因此,我们认为,本案是一起由不作为形式构成的犯罪,属于不作为犯。

丁某交通肇事案

【案情介绍】

某日深夜 0 时许,被告人丁某驾驶汽车,沿一座拱桥下坡时,由于拱桥桥面的自然拱起遮挡视线,加之天黑,丁某未发现醉倒在拱桥另一侧下坡桥面的被害人李某,将李某碾压于车下。事后,丁下车查看,发现有一人躺在汽车下,想将被害人从车下拉出,但没有拉动,被告人就用千斤顶将车顶起,将被害人从车底拉出来丢弃在路边,驾车逃离现场。被害人李某后来被他人送到医院,经抢救无效于当日死亡。经法医鉴定,李某是由于内脏损伤、创伤性失血性休克死亡。交警大队对事故现场进行勘察,认定死者李某趴在桥下坡约 5 米(桥全长 14 米)处偏右位置,经开车试验,该位置在汽车上桥时是不能发现的,而在汽车从桥顶下坡时,如果是夜里,就较难发现,即使发现,也肯定来不及采取措施。

【案件焦点】

本案主要有两个争议:(1)丁某撞人行为的定性,是否属于意外事件?(2)丁某的逃逸行为应如何界定?

【分析与结论】

(一)丁某撞人的行为属于意外事件

《刑法》第十六条规定,行为在客观上虽然造成了损害后果,但不是出于故意或者过失,而是由于不能抗拒或者不能预见的原因所引起的,不是犯罪。

根据这一规定,所谓意外事件,就是指行为虽然在客观上造成了损害后果,但行为人不是出于故意或者过失,而是由于不能预见的原因所引起的情形。其最本质的特点就是行为人无罪过且损害结果的发生是由于不能抗拒或不能预见的原因所引起的。

虽然从法医的鉴定结论中可以认定,被害人李某的死亡和丁某的撞人行为有着直接的因果关系,但是,交警大队对事故现场进行勘察和试验的报告材料可认定,丁某撞人的主观状态既非故意也非过失,而是因为拱桥本身的构造和事故发生时天黑的客观原因以及被害人李某醉酒的主观过失造成的。这里有一个质疑:作为一个司机,在下坡的时候肯定应减缓速度,注意安全,若是司机尽到这个注意义务,那么即使撞人了,被害人李某也不至于由于内脏损伤、创伤性失血性休克导致死亡,是不是李某主观上也存在疏忽大意的过失呢?

被害人李某本身存在一定的过错,深夜醉酒倒在危险的地方。一般正常的人都不会选择在距离拱桥下坡处较近的位置躺着,那里是较为危险的地段。司机以自己的惯常思维,无法预料到桥下坡约5米处偏右位置会躺着一个人,尤其还是在深夜。法医的鉴定报告中说明了被害人李某并没有当场死亡。即使司机减缓速度(深夜,如果周围不安全,司机也不敢放太慢的速度),若撞的是要害部位,也不能避免给被害人李某造成严重伤势的后果。是被告人丁某对被害人的遗弃给本身受害的李某增加死亡的概率。而且法律不应当强人所难,实际情况中没有那么多的如果,并且依存疑时有利于被告的原则,没有断定被告人丁某造成损害的结果是故意或过失的证据,应当做出对被告人丁某有利的裁定和判决,不应当判定丁某在撞人行为上违反了交通运输法规。因此,在此案中,被告人丁某的撞人行为应当认定为意外事件。

(二)丁某的逃逸行为应当认定为间接故意杀人

(1)基于第一点的判断,由于被告人丁某的撞人行为是意外事件,因此,可以排除交通肇事罪的认定。交通肇事罪与交通事故中意外事件的区别关键在于行为人主观上是否具有过失和客观方面是否违法了交通运输管理法规。主观上有过失,违反了交通运输管理法规的,则构成交通肇事罪;如行为人没有违反交通运输管理法规,并且是由于不能预见、不能抗拒、不能避免的原因引起交通事故,则不存在罪过,不能认定为犯罪。

《刑法》第一百三十三条规定:违反交通运输管理法规,因而发生重大事故,致人重伤、死亡或者使公私财产遭受重大损失的,处三年以下有期徒刑或者拘役;肇事后逃逸或者有其他特别恶劣情节的,处三年以上七年以下有期徒刑;因逃逸致人死亡的,处七年以上有期徒刑。从法条中分析,交通肇事罪主要是指从事交通运输的人员,由于违反交通运输规章制度,发生重大事故,致人重伤、死亡或者使公私财产遭受重大损失的行为。本罪的主观方面只能是过失,即对事故后果的发生由于疏忽大意而没有预见或者因过于自信轻信能够避免。客观方面表现为违反交通运输管理法规,这是交通肇事的原因,同时违反交通运输管理法规的行为还必须造成重大事故,导致重伤、死亡或公私财产重大损失的严重后果。被告人丁某的撞人行为是由于不能抗拒或者不能预见的原因所引起的,不存在主观上的故意和过失,并且被告人丁某在客观方面并没有违反交通运输管理法规。是否构成交通肇事罪,主要看行为人有无违章行为,造成了多大的危害后果,主观上有无过失,这种过失与发生的重大事故有无必然联系。综上所述,被告人丁某逃逸的行为不构成交通肇事罪。

(2)被告人丁某的逃逸行为构成间接故意杀人。间接故意杀人是指行为人明知自己的行为可能会导致当事人死亡的后果,但主观上却放任这种危害行为的发生,从而导致当事人死亡,则行为人犯的是间接故意杀人罪。被告人丁某发现有一人被其撞伤后,想将被害人从车下拉出,但没有拉动,于是用千斤顶将车顶起,将被害人从车底拉出来丢弃在路边,驾车逃离现场。被告人丁某将被害人李某丢弃在路边是一种怎样的心理状态呢?是知道李某未死,害怕承担责任而逃离,还是心里觉得李某死了,害怕而逃离呢? 若是前者,被告人丁某显然是明知自己的丢弃也许会造成本已重伤的李某因未及时得到救助而死亡,却对这种危害结果的发生持放任、不作为态度,最终导致被害人李某因未及时得到救治而死亡,被告人丁某构成了间接故意杀人罪。如果是后者,那么被告人丁某构成的是过失致人死亡罪。过失致人死亡罪是指行为人因疏忽大意没有预见到或者已经预见到而轻信能够避免造成他人死亡,剥夺他人生命权的行为。

过失致人死亡罪和间接故意杀人罪的区别是:首先,前者对危害结果的心理状态是轻信可避免,并且希望死亡结果不要发生,也即行为人对死亡结果的发生是持否定态度的,死亡结果的发生是违背行为人的意志的;后者则对危害结果的发生与否,听之任之,持放任态度。其次,前者对死亡结果认为可以避免,是有所依据的轻信;而后者不希望危害结果发生是没有任何根据的。

被告人丁某对被害人李某是具有救助义务的,根据《中华人民共和国道路交通安全法》第七十六条第二款的规定,机动车与非机动车驾驶人、行人之间发生交通事故的,由机动车一方承担责任;但是,有证据证明非机动车驾驶人、行人违反道路交通安全法律、法规,机动车驾驶人已经采取必要处置措施的,减轻机动车一方的责任。而丁某却不对李某进行作为义务,对李某的现状听之任之,并不是过失致人死亡罪中对死亡结果的发生持否定态度的心理状态。即使被告人丁某主观上认为李某死了,害怕而逃离,但是,没有对李某判断是生是死而大意逃离仍然是被告人丁某的过错,即使李某死亡,丁某仍然不应当丢弃被害人李某,应当由医生对李某的生死进行评断。

存疑时有利于被告原则在这里不应当得到适用。存疑时有利于被告原则的含义是在对事实存在合理疑问时,应当做出有利于被告人的判决、裁定。张明楷教授认为此原则有以下几种适用界限:(1)只有对事实存在合理怀疑时,才能适用该原则;(2)对法律存在疑问时,应根据解释目标与规则进行解释,不能适用该原则;(3)在立法上就某种情形设置有利于被告的规定时,对被告人的有利程度,应当以刑法的明文规定为根据;(4)在对行为人的主观心理状态的认定存在疑问时,应进行合理推定,而不能适用该原则宣告无罪;(5)虽然不能确信被告人实施了某一特定犯罪行为,但能够确信被告人肯定实施了另一处罚较轻的犯罪行为时,应择一认定为轻罪,而不得适用该原则宣告无罪。

对当事人的听之任之的主观心理的推断是合理的,不论被告人丁某是认为李某已死还是未死,对于李某来说,最坏的结果就是死亡,而被告人丁某却放弃了给李某一丝生存的机会,选择了最坏的结果,那是法律不允许的,法律不能强人所难,但是也必须合理公正。

综上所述,被告人丁某的逃离行为构成间接故意杀人罪。

潘某等寻衅滋事案

【案情介绍】

被告人:潘×,男,1961年6月1日生,汉族,小学文化,吉林省东丰县人,个体业主。

被告人:王×,男,1958年3月12日生,汉族,初中文化,吉林省东丰县人,农民。

被告人:张×,男,1959年7月1日生,汉族,小学文化,吉林省东丰县人,个体业主。

被告人:刘×,男,1976年8月7日生,汉族,吉林省东丰县人,司机,住东丰县黄泥河镇洪岗村六组。

被告人潘×于2015年6月25日晚五时许,在东丰镇内"美国加州牛肉面"吃饭时,因哈尔滨啤酒业务员吴×无意间将菜盘子放在潘×经销的华丹啤酒箱上,而与之发生口角,被他人劝阻。潘×不甘罢休,打电话给张×,让其找人来"教训"吴×,张×随即找到王×,携带尖刀、水果刀(携刀情节潘不知情),乘坐刘×的出租车至东丰镇内的"美国加州牛肉面"饭店,与潘×会面后,潘暗中指认了吴×,并告之轻点整,别打出事,随后离开。张×、王×、刘×三人待吴×坐人力三轮车离开饭店后,乘坐刘×租来的一电动三轮车将其撑上拦住,张×用铁锁链猛击吴×的头部,吴跳下车后,王×用刀将吴×左腹部、左肩胛部、左股骨、右股骨等多处刺伤,刘×因付车费,而没有参加打斗,此后刘×因被他人追撵而逃至德客隆超市门口,然后回车将张×等人接回,送回东丰县黄泥河镇。经法医鉴定被害人吴×失血性休克,左股动、静脉破裂,属重伤。

【案件焦点】

(1)该案的总体定性,即潘指使王、张等人对吴进行泄愤报复,是寻衅滋事还是聚众斗殴或是故意伤害?

(2)各嫌疑人行为的性质。

【分析与结论】

关于总体定性:

第一种观点认为此案是一起寻衅滋事案。理由是:从动机上看,被告人潘×是出于逞强好胜,以打人取乐,从而寻求精神上的刺激;从案件特征上看,具有"随意性""临时性"及"寻求精神刺激性";从案件的起因看,潘×找人对吴×进行殴打是没有原因和理由的,他所说的原因和理由是对其殴打他人和违背社会公序良俗的"借口"。因此,此案从总体上看应视为一起寻衅滋事案。

第二种观点认为此案是一起聚众斗殴案。理由是:从主观方面看,被告人潘×经销东丰县华丹啤酒,与经销哈尔滨啤酒的吴×有积怨,二人在"美国加州牛肉面"所发生的口角,只是一个导火索,因此,被告人潘×是基于私仇旧怨,为争霸一方、报复一方这一不正当的目的,而召集人手对吴×进行殴打。从侵害对象上看,本案的侵害对象比较固定,主要矛头是针对吴×的。因此,此案系一起聚众斗殴案。

第三种观点认为此案是故意伤害案。理由是:被告人潘×的动机与目的明确,是为了泄愤报复;侵害对象明确,是被害人吴×。主观故意和客观行为完全符合故意伤害的行为特征,所以此案是一起出于直接故意而进行的伤害。

此案应为一起寻衅滋事案。本案中的张×、王×、刘×与被害人吴×在案发之前应当是素不相识,他们之所以会去打吴×,是受了潘×的指使,因此在本案中潘×的行为性质决定了本案的案件性质。被告人潘×与吴×二人在"美国加州牛肉面"所发生的口角,是本案的一个导火索,因此,这起斗殴的性质是一起流氓行为,所以本案应是一起寻衅滋事案。

综上,本案的总体定性应该是寻衅滋事。

关于各行为人行为的性质存在以下不同意见:

(一)被告人潘×的行为定性

(1)潘×的行为构成故意伤害罪。被告人潘×因琐事指使他人随意殴打他人身体,致人重伤,他在共同犯罪中起到了组织、策划、指挥的作用,系主犯,因此,潘×虽然未对吴×进行直接的伤害,但由于主要实行者造成了重伤后果,其行为性质转化为重伤,故潘的行为应随之转化。

(2)潘×的行为构成寻衅滋事罪。本案中潘×在打电话给张×、让其找人来"教训"吴×时,曾交代让其轻点,别打出事,并且潘×并不知道王×等人是带刀去的,由此,可以证明潘×只是想教训一下吴×,并不想让其出现重伤或是死亡的后果,王×等人带刀去打吴×并致其重伤,这一结果超出了潘×进行寻衅滋事的犯罪故意,因此,王×的行为是过限的行为,因此,只能认定潘×的行为构成寻衅滋事罪。

(二)被告人张×的行为定性

(1)张×的行为构成故意伤害罪。本案中张×用铁锁链猛击吴×的头部,并致吴×拇指受伤(轻微伤),因此,本案中张×也存在共同伤害的故意,行为人对其共同行为人的殴打行为所可能造成的危害后果是应当有所预见,但他不加以制止,任其自然发展,所以张×在主观上是对危害结果采取了放任的态度,在客观上他亦参加了殴斗,因此,张×与王×的行为是整体的行为,在案件的转化过程中,应当一同转化,以故意伤害罪追究其刑事责任。

(2)张×的行为构成寻衅滋事罪。张×的行为,不应当随着王×致吴×重伤结果而对此案进行全部的转化,在本案中,吴×受重伤这一结果有直接的、明确的伤害行为人即王×,因此,这一结果应当直接由王×来承担,张×虽然也参与了殴斗,但其与吴×受重伤这一结果无直接的、必然的联系,在刑法上无必然的因果关系的犯罪,就应以其所实施的行为追究其责任,即对张×以寻衅滋事罪追究其刑事责任。

(三)被告人王×的行为定性

对王×的行为定性无争议,均认为系故意伤害罪。

(四)被告人刘×的行为定性

(1)刘×的行为构成故意伤害罪。刘×在本案中的行为性质,应当随着本案的主犯即潘×、王×的行为性质一同转化。因为刘×与吴×并不相识,是受潘×之约而参与殴斗的,因此,刘×在此案中是从犯,那么他的行为性质就应当根据"主犯决定论"而一同由寻衅滋事罪转化为故意伤害罪。

(2)刘×的行为构成寻衅滋事罪。刘×的行为不应当随着王×的行为一同转化为故意伤害罪。刘×在此案中的故意应当说仅限于寻衅滋事的故意,他所能认识到的结果是吴×被殴打的后果,重伤这一结果已超出他的认识因素,且刘×未参加直接殴斗,吴×重伤的结果与刘×的行为之间无因果关系,因此他的行为不应当与王×的行为一同转化为故意伤害罪。

综合上述观点,笔者认为,被告人张×、王×的行为构成故意伤害罪,被告人潘×、刘×的行为构成寻衅滋事罪。

对于被告人潘×的行为是否构成故意伤害罪,争论的焦点就是潘×在打电话给张×,让其找人来"教训"吴×时,曾交代让其轻点别打出事,此后,王×用刀将吴×刺成重伤这一结果,是不是"过限"行为。一般情况下,只要参与滋事者实施的行为是其约定的一部分,不论行为性质、危害的范围及程序如何,都不违背其主观意志,首要分子都应对此承担刑事责任。只有对实行人的行为方式、规模、程序、后果做了明确的禁止性要求,而实行人的行为明显超出首要分子的故意范围,违背了上述禁止性要求,其行为才属于实行过限,行为后果也就只能由结果的直接实行人单独负责。本案中,潘×不知道张×等人是带刀过去的,并交代张×让其"轻点,别打出事",这句话充分证明了他所要求的结果不包括重伤、死亡这样的结果,因此潘×对张×这一交代应当说是明确的,因此,王×致吴×重伤这一结果,作为本案的指挥者潘×,不应对这一结果承担责任。

对于张×是否构成故意伤害罪,争论的焦点就是王×的行为是否超出了张×的认识范围,笔者认为没有超出。因为张×作为本案的第二个组织者,他明知王×是带刀过去的,并且张×亦用铁链击打吴×的头部,张×与王×是共同致害人,他对王×的殴打行为所可能造成的危害后果是应当有所预见的,但他不加以制止,任其自然发展,所以张×在主观上是对危害结果采取了放任的态度,在客观上他亦参加了殴斗,因此,张×与王×的行为是整体的行为,在案件的转化过程中,应当一同转化,应一同以故意伤害罪追究其刑事责任。

对于刘×的行为是构成故意伤害罪还是寻衅滋事罪,第一个争论的焦点是在寻衅滋事致人重伤后,是共同犯罪的每个人的行为都进行转化,还是区别地对待。本人认为应当有所区别,应当依照共犯构成理论及"实行过限行为""缺乏共同犯意的行为"加以区分。本案中,张×接到潘×的电话后,就伙同王×搭乘刘×的出租车找到了潘×,此时,刘×对张×等人的行为性质并不知情,在潘×指认吴×后,就帮助王×、张×二人租车找到吴×,案发后又将王×、张×接走,因此可见在整个案发过程中刘×仅起到中途运送及案发后的护送作用,因此对刘×的行为评价,应就刘×为张×等人雇车这一行为展开,对于其案发后的护送行为,应认为其是事后行为,不能在本案中一同评价。那么,被告人刘×仅有雇车这一行为,是无法认识到王×会用刀对吴×猛刺,从而致吴×重伤这一结果的,且刘×自身是没有持械行为的,因此,刘×对于王×的故意伤害行为是缺乏共同犯罪故意的,但仅对其三人进行寻衅滋事这一犯罪故意存在共同认识。因此,对刘×应以寻衅滋事罪追究其刑事责任。

经济法编

党的二十大报告第七部分"坚持全面依法治国,推进法治中国建设"强调"全面依法治国是国家治理的一场深刻革命,关系党执政兴国,关系人民幸福安康,关系党和国家长治久安,必须更好发挥法治固根本、稳预期、利长远的保障作用,在法治轨道上全面建设社会主义现代化国家"。报告中将法治建设单独作为一个部分进行专章论述、专门部署,充分体现了以习近平同志为核心的党中央对全面依法治国的高度重视,也体现了中国共产党人重视法治建设、矢志不渝推进法治国家建设的坚定决心。经济法是国家从整体经济发展的角度,对具有社会公共性的经济活动进行干预、管理和调控的法律规范的总称。它与其他法律相比非常有针对性,建设法治化国家需要安定的经济环境,经济法即是这个安定的经济环境的保障。

行业协会实施限制竞争行为纠纷案

【案情介绍】

2013年8月,国家发展和改革委员会针对黄金饰品行业开出首张反垄断罚单。按照国家发展和改革委员会的要求,上海市物价局对上海黄金饰品行业协会及老凤祥银楼等部分金店的价格垄断行为,做出了罚款总金额1 059.37万元的处罚决定。2013年3月15日,人民网连续刊发调查稿件,揭露上海市黄金零售行业存在的价格垄断现象。这引起了国家发展和改革委员会与上海市发展和改革委员会的高度关注。2013年5月至6月,国家发展和改革委员会与上海市发展和改革委员会两次约谈上海黄金饰品行业协会和13家主要金店负责人。2013年7月19日,老凤祥银楼等上海金店确认遭到国家发展和改革委员会反垄断调查。调查主要针对老凤祥银楼等上海金店通过上海黄金饰品行业协会平台,垄断上海黄金饰品零售价格。上海十余家黄金饰品企业提交《自认报告》,承认企业之间相互串通统一价格,损害消费者权益。国家发展和改革委员会称,经查实,上海黄金饰品行业协会分别于2007年7月、2009年1月、2009年10月、2010年2月、2011年11月21日,多次组织具有竞争关系的会员单位(包括老凤祥银楼、老庙、亚一、城隍珠宝、天宝龙凤等金店)召开会长办公会议,商议制定《上海黄金饰品行业黄金、铂金饰品价格自律实施细则》,约定了黄金、铂金饰品零售价格的测算方式、测算公式和价格浮动幅度。其中,老凤祥银楼、老庙、亚一、城隍珠宝、天宝龙凤五家金店依据上述细则规定的测算公式,在规定的浮动范围内制定公司黄金、铂金饰品零售牌价,操纵黄金、铂金饰品价格,损害了其他经营者和消费者的合法权益。国家发展和改革委员会称,《中华人民共和国反垄断法》(以下简称《反垄断法》)第十六条规定,行业协会不得组织本行业的经营者从事《反垄断法》禁止的垄断行为。鉴于行业协会在组织各金店达成、实施垄断协议中起到了主导作用,情节较重,社会影响较大,依法对其处以最高50万元罚款。同时,老凤祥银楼、老庙、亚一、城隍珠宝、天宝龙凤五家金店违反了《反垄断法》第十三条关于禁止具有竞争关系的经营者达成固定或者变更商品价格的垄断协议的规定。考虑到五家金店在调查前已主动停止了违法行为,在调查过程中能够积极配合,并承诺整改,依法对其处以上一年度相关销售额1%的罚款。

依据《反垄断法》,上海市物价局依法对上海黄金饰品行业协会组织本行业经营者达成价格垄断协议的行为进行了调查。经查,上海黄金饰品行业协会于2011年11月21日,于豫园商城凝晖阁会议室,组织具有竞争关系的会员单位召开会长办公会议,商议《上海黄金饰品行业黄金、铂金饰品价格自律实施细则》,该细则规定了黄金、铂金饰品零售价格的测算方式、测算公式和价格浮动幅度等内容。上述事实,有会长办公会会议通知、会议签到表、会议纪要、会议情况记录等证据。上海市物价局认定,上海黄金饰品行业协会的上述行为违反了《反垄断法》第十六条及《反价格垄断规定》(国家发展和改革委员会 2010 年 12 月颁布)第九条第二项的规定,属于组织本行业经营者达成价格垄断协议的违法行为,排除、限制了市场竞争,损害了消费者利益和社会公共利益。依据《反垄断法》第四十六条第三款和第四十九条的规定,考虑到上海黄金饰品行业协会在组织相关金店达成并实施垄断协议中起到了主导作用,情节较重,社会影响较大,以及违法行为的性质和程度等因素,上海物价局决定对上海黄金饰品行业协会处以罚款 50 万元。

【案件焦点】

本案是行业协会组织内部成员制定内部规则、实施限制竞争行为的典型。行业协会作为中介自律组织,在对市场主体进行管理的同时,也需要接受政府的管理。研习本案,能够让我们对行业协会的性质、职能、义务的认识更加清晰,明白行业协会组织实施的限制竞争行为危害之大,引发我们对如何更好地规制行业协会的思考。

【分析与结论】

(一)行业分析

1. 行业协会

有关行业协会的定义很多。美国《经济学百科全书》将行业协会定义为:一些为达到共同目标而自愿组织起来的同行或商人的团体。美国协会执行官组织对行业协会的定义为:单一行业内的竞争者所组成的非营利组织,其目的是为提高该行业产量、销量和雇佣率而提供各种互助性服务。日本经济界认为,行业协会是指事业者以增进共同利益为目标而自愿组织起来的同行或商人的团体。英国协会管理专家斯坦利·海曼认为,关于行业协会的权威性定义是:由独立的经营单位组成,保护和增进全体成员既定利益的非营利组织。《元照英美法词典》将行业协会定义为:相同或相近行业单位组成的行业团体,用以维护共同利益,确定各种产业标准、交换经营策略等;它可以由单一产业的成员组成,也可以由具有共同利益的各种成员组成;它通常代表其成员采取共同行动,如收集行业数据、发布广告、开拓市场,负责与公众及政府的关系等。

在我国,行业协会通常被归在社会团体的范畴之内。1997 年原国家经贸委办公厅印发的《关于选择若干城市进行行业协会试点的方案》指出:行业协会是社会中介组织和自律性行业管理组织。在社会主义市场经济条件下,行业协会应是行业管理的重要方面,是联系政府和企业的桥梁、纽带,在行业内发挥服务、自律、协调、监督的作用。同时,又是政府的参谋和助手。因此,我们可以将行业协会定义为:以同行业市场主体为主,自愿组成,提供行业服务,进行自律管理,谋求共同利益的非营利组织。它由具有同一、相似或相近市场地位的市场主体组织起来,以维护内部利益。在经济法基础理论中,通常将行业协会归为社会中间层主体。社会中间层主体,是指独立或相对独立于政府主体与市场主体,为政府干预市场、市场影响政府和市场主体之间相互联系起中介作用的主体,也被称为非政府公共组织或者机构、准公权力主体。

与中介服务机构不同,行业协会具有自律性、非营利性等特点,属于中介自律组织。一般情况下,我们将行业协会纳入经济法的管理,因为以行业协会为代表的中介自律组织是作为有利于调节市场失灵和政府失灵的手段而出现的,这类组织的出现既在一定程度上弥补了政府和市场双方的缺陷,如利用自身的组织优势为社会成员提供优质、高效的公共产品和服务,又使二者的关系保持在一种适度的平衡状态中。现代意义上的中介自律组织无疑已经成为联系政府和市场的纽带。作为市场的管理者,行业协会的职能主要体现为自律管理职能、授权管理行为和团体利益代理行为。自律管理职能是行业协会的内部管理职能。行业协会通过制定内部规章、行业标准,实现对成员的日常管理,辅以内部奖惩机制,可以实现对行业秩序的规范。行业协会对成员的管理权来自成员签署的内部契约,这是一种权利让渡。成员自愿签署内部契约,接受行业协会的管理。授权管理行为来自法律或有权机关的授权,行业协会在履行该职能时属于行政授权组织,实施的是行政管理行为。团体利益代理行为是行业协会为成员谋取利益所实施的行为,如为成员提供信息、政策咨询、技术支持等。同时,行业协会作为市场被管理者,又有着接受政府机关监督管理的义务。

2. 对行业协会的反垄断规制

虽然行业协会能够辅助国家管理市场主体,也能够帮助市场主体获取利益,但是由于行业协会由相同行业的经营者组成,他们以追求利益最大化为目标,因此行业协会在为其成员获取利益的时候往往会实施限制竞争的行为。这样的行为对于竞争秩序的损害程度比一般企业之间限制竞争的合谋行为更为严重。行业协会通常利用自身的组织优势和职能优势,使本行业的经营者"聚拢"起来,联合一致地实施固定价格、划分市场、限制产量、集体抵制等限制竞争行为。这是行业协会所代表的行业利益和竞争秩序背后的社会整体利益之间的冲突。反垄断法作为对竞争秩序进行保护的法律,需要对行业协会限制竞争的行为进行有效规制。

从2008年8月至2019年5月,我国反垄断执法机构处理的行业协会主导的垄断协议案件多达19起,在全部垄断协议案件中占比较高。造成这个结果的主要原因是行业协会的竞争意识淡薄,涉案主体大多意识不到垄断的危害,也没有反垄断合规意识,甚至不知道垄断行为的违法性。在这些垄断案件中,固定价格垄断协议、市场分割垄断协议和限制生产数量垄断协议的案件占据多数,这些违法行为严重损害了社会整体利益与消费者利益。由于行业协会是集体性组织,因此其组织和主导的垄断行为通常是整体性行为和集体行为,所造成的损害也会因规模效应而成倍放大。当行业协会组织抵制行为时,对被抵制的企业可能产生类似市场禁入的效果,危害程度远大于单个企业间的抵制行为。

《反垄断法》有关禁止行业协会实施垄断行为的规定是第十六条,"行业协会不得组织本行业的经营者从事本章禁止的垄断行为"。第四十六条第三款是关于行业协会达成垄断协议之法律责任的规定,"行业协会违反本法规定,组织本行业的经营者达成垄断协议的,反垄断执法机构可以处五十万元以下的罚款;情节严重的,社会团体登记管理机关可以依法撤销登记"。由此可以看出,虽然《反垄断法》对行业协会实施垄断行为有所规制,但是规则较为粗糙,具体表现为以下方面:

第一,责任主体不明确,对象缺乏针对性,无论是对行业协会还是经营者实施垄断行为,《反垄断法》均缺失处罚直接责任人的规定。在形式上,行业协会或经营者是从事垄断行为的主体,但是垄断行为的决策和实施最终是通过自然人实现的。作为真正决策者和实施者的行业协会负责人、企业高管等如果没有被处罚,那么反垄断法的立法目标就难以实现。

第二,经济处罚力度较小。根据《反垄断法》第四十六条,对行业协会的最高处罚也只有50万元,这对于一些规模较大的全国性行业协会以及有高利润回报的行业领域的行业协会来说是微乎其微的。所以,它们宁可被处罚,也要实施垄断行为,毕竟实施垄断行为所获得的利益是巨大的。以本案为例,执法机构最终对上海黄金饰品行业协会处以50万元的最高罚款,而涉案金额总计逾亿元。同时,行业协会在价格垄断行为中起到了最为关键和核心的作用,在反垄断执法机构做出处罚决定之前就长时间从事价格垄断行为,50万元最高额度的罚款犹如隔靴搔痒。《反垄断法》出台于2008年,就当时的经济发展水平而言,或许规定50万元的处罚是一个较大的数字。然而,将50万元放至现在的经济发展水平之下,该处罚力度是完全不够的。

(二)法律分析

上海黄金饰品行业协会成立于1996年12月,是以上海为主的用黄金、铂金等贵金属为主要原材料的饰品零售、批发、生产加工行业企事业单位自愿组成的跨部门、跨所有制的非营利性的行业性社会团体法人。协会现有各种所有制会员单位二百多家,老凤祥、豫园黄金珠宝集团(老庙黄金、亚一金店)、城隍珠宝等国内黄金珠宝的龙头企业和上海黄金交易所、上海钻石交易所、上海期货交易所、有贵金属交易的相关银行以及相关的大专院校均为其会员。根据协会内部章程,协会有为成员组织拓展、发布市场信息、开展行业培训以及提供咨询服务等职能,并且能够制定本行业的行规行约。当会员之间、会员与非会员之间或者会员与消费者之间就行业经营活动产生争议时,协会会进行协调。协会也可以代表本行业参与行业性集体谈判,提出涉及行业利益的意见和建议。根据法律、行政法规的规定,协会还可以代表行业内相关企业或者其他经济组织向政府有关工作部门提出反倾销调查、反补贴调查或者采取保障措施的申请,协助政府有关部门完成相关调查。由此可以看出,上海黄金饰品协会履行着行业协会作为中介自律组织应当履行的职能,并且是一个规模巨大且成熟的行业协会组织,具备组织内部成员实施限制竞争行为的能力。

在我国,行业协会作为一个独立的社会团体法人,其限制竞争的行为大多是以协会名义单独或者与其成员共同做出的,通过制定、发布协会章程、规则、决定、通知、宣言、标准等形式,或者组织协调成员企业达成协议、决议、纪要、备忘录等形式。本案中,上海黄金饰品行业协会组织具有竞争关系的会员单位召开会长办公会议,商议制定《上海黄金饰品行业黄金、铂金饰品价格自律实施细则》,约定了黄金、铂金饰品零售价格的测算方式、测算公式和价格浮动幅度等内容。该行为就是典型的行业协会组织成员实施限制竞争行为,以单个主体意思表示的形式执行行业内部规章,背后实际上是行业内竞争者的共同意志。

普通的经营者如果实施了限制竞争行为,根据行为主体和责任主体相一致的原则,由其承担相应的责任。虽然行业协会作为一个法人有独立承担责任的能力,但是在某些情况下,单纯地让行业协会承担责任是无法达到《反垄断法》的实施效果的。行业协会只是一个决议机关,具体提出并切实实施限制竞争行为的仍是经营者。在很多时候,让个别经营者承担责任是很有必要的。《反垄断法》第四十六条对经营者与行业协会达成垄断协议的违法责任进行了规定,规定二者责任的条款乃并列设置,故在立法层面对于行业协会限制竞争行为的违法责任提供了支持。本案中,上海黄金饰品行业协会组织内部成员召开会议实施限制竞争行为,而内部成员老凤祥银楼、老庙、亚一、城隍珠宝、天宝龙凤五家金店依据协会内部通过的《上海黄金饰品行业黄金、铂金饰品价格自律实施细则》规定的测算公式,在规定的浮动范围内制定公司黄金、铂金饰品零售牌价,操纵黄金、铂金饰品价格,损害了其他经营者和消费者的合法权益。这些金店违反了《反垄断法》第十三条关于禁止具有竞争关系的经营者达成固定或者变更商品价格的垄断协议的规定。反垄断执法机构对上海黄金饰品行业协会处以50万元罚款,并对老凤祥银楼、老庙、亚一等成员处以上一年度相关销售额1%的罚款,是完全合法合理的。

　　行业协会组织实施限制竞争行为,对竞争秩序以及其他经营者和消费者的损害极为严重。如上所述,行业协会对组织内部的成员具有管理权。也就是说,行业协会具有较强的组织拘束力,它通过的各项决议执行起来都是比较有效率的,限制竞争协议更是如此。有组织、有执行力的限制竞争协议比一般的限制竞争协议执行起来更彻底、更有效率,对竞争秩序的危害更大。除此之外,行业协会一般采用简单多数表决的议事方式做出决议,这就使得原本不愿意参与限制竞争行为的成员被迫按照协会的共同意志行事。行业协会对成员具有管理权,其中也包括惩罚权。虽然行业协会没有行政机关的行政处罚权,但是它能够通过类似"竞业禁止"的手段将成员开除出组织,这就迫使意见不同的成员慑于处罚而遵守决议。这不仅对这类不愿同流合污的经营者是一种损害,对那些行业组织之外的经营者更是一种损害,如果不加以制止,可能出现"劣币驱除良币"的现象。消费者是任何限制竞争行为的最终承受者。由于消费者有其天然的弱势地位——信息不对称,对于企业如何制定价格、商品的质量等信息是不了解的,再加上企业为其利益可能故意不告知消费者真实信息,就使得消费者在消费时更加处于信息弱势地位。此时,作为中介自律组织的行业协会应当站在消费者的立场,对成员企业进行监督与管理,要求成员企业公示真实信息,为消费者保驾护航,而非为牟取利益,实施限制竞争行为,帮助成员企业损害消费者利益。当出现这种情形时,作为保护弱者利益的经济法必然不能袖手旁观,应当对行业协会和经营者加以规制。

查良镛诉杨治、北京联合出版有限责任公司等著作权权属、侵权纠纷、不正当竞争纠纷案

【案情介绍】

本案原告是著名小说家查良镛,"金庸"是其笔名。原告以其武侠小说闻名于华语文化圈。本案涉及的四部金庸作品为《射雕英雄传》《天龙八部》《笑傲江湖》《神雕侠侣》(以下统称"原告作品")。四部作品均有极高的知名度,多次被改编为电影和电视剧。2015年,原告发现在内地出版发行的小说《此间的少年》所描写人物的名称均来源于原告作品《射雕英雄传》《天龙八部》《笑傲江湖》《神雕侠侣》等,且人物间的关系、人物的性格特征及故事情节与原告上述作品实质性相似。该小说由被告杨治署名"江南"发表,由被告北京联合出版有限责任公司(以下简称联合出版公司)出版统筹,由被告北京精典博维文化传播有限公司(以下简称精典博维公司)出版发行,在内地大量销售。

原告认为,原告作品中的人物名称、人物关系、人物形象、故事情节等元素,均系原告所独创,受著作权法的保护。被告杨治未经原告许可,照搬原告作品中的经典人物,包括人物名称、人物关系、性格特征等,在不同环境下量身定做与原告作品相似的情节,对原告作品进行改编后不标明改编来源,擅自篡改原告作品人物形象,严重侵害了原告的改编权、署名权、保护作品完整权以及应当由著作权人享有的其他权利(角色商业化使用权等)。同时,原告作品拥有很高的知名度,作品中人物名称、人物关系等独创性元素为广大读者耳熟能详。被告杨治通过盗用上述独创性元素吸引读者、谋取竞争优势,获利巨大,违背了诚实信用原则,严重妨害了原告对原创作品的利用,构成不正当竞争。

被告联合出版公司、精典博维公司对小说《此间的少年》存在的侵权情形未尽审查职责,应就其策划出版《此间的少年》十周年纪念版所造成的经济损失与被告杨治承担连带责任。被告广州购书中心有限公司(以下简称广州购书中心)销售侵权图书,也应承担停止侵权的法律责任。

原告查良镛向法院提出诉讼请求:(1)被告杨治、联合出版公司、精典博维公司、广州购书中心立即停止侵犯原告著作权及不正当竞争的行为,停止复制、发行小说《此间的少年》,封存并销毁库存图书;(2)被告杨治、联合出版公司、精典博维公司在《中国新闻出版广电报》、新浪网刊登经法院审核的致歉声明,向原告公开赔礼道歉,消除影响;(3)被告杨治赔偿原告经济损失人民币500万元,被告联合出版公司、精典博维公司就策划出版《此间的少年》十周年纪念版所造成的经济损失人民币1 003 420元承担连带责任;(4)被告杨治、联合出版公司、精典博维公司、广州购书中心共同赔偿原告为维权所支出的合理费用人民币20万元。

被告杨治辩称:(1)对《此间的少年》小说类型、主题、主要人物、主要情节、创作灵感和大众评价的说明;(2)《此间的少年》没有侵犯原告的改编权;(3)《此间的少年》并未侵犯原告的署名权、保护作品完整权;(4)被告在《此间的少年》中对原告作品要素的使用应属合理使用;(5)原告另主张角色商业化使用权,这一主张在《中华人民共和国著作权法》(以下简称《著作权法》)的条文、立法资料、司法实践中均没有任何依据;(6)被告创作和发表《此间的少年》,并未违背诚实信用原则和公认的商业道德,亦未对原告的合法权益造成实际损害,不构成不正当竞争行为;(7)原告所主张的责任承担方式没有合理依据;(8)本案中原告侵权损害赔偿请求的大部分已经超过诉讼时效。

被告联合出版公司、精典博维公司共同辩称:(1)两被告未侵犯原告的著作权,也不构成不正当竞争,理由与杨治的答辩意见相同;(2)两被告对《此间的少年》作品的来源、署名已尽到合理的审查义务,作品的出版获得了作者合法授权,两被告不应承担赔偿责任。被告广州购书中心辩称:(1)对于《此间的少年》是否构成著作权侵权及不正当竞争的答辩意见与杨治的答辩意见一致;(2)被告在采购和销售环节不违法,且已尽注意义务,无任何过错,不符合法律规定的侵权要件,不存在任何侵权行为;(3)被告不构成不正当竞争;(4)原告向被告主张与其他被告共同承担20万元的赔偿责任没有事实和法律依据。

【法院的观点】

(一)《此间的少年》没有侵害原告的著作权

杨治作为原告作品的读者,在创作之前即已接触原告作品,故判断《此间的少年》是否侵害原告的著作权,需要认定《此间的少年》与原告作品是否构成实质性相似。在最高人民法院发布的指导案例81号"张晓燕诉雷献和赵琪、山东爱书人音像图书有限公司著作权侵权纠纷案"中,最高人民法院在裁定书中指出:"在判断是否构成实质相似时,应比较作者在作品表达中的取舍、选择、安排、设计等是否相同或相似,不应从思想、情感、创意、对象等方面进行比较。"

经比对,《此间的少年》使用了数十个与原告作品中人物相同的名称,但同名人物的性格特征、人物关系及故事情节在具体表达的取舍、选择、安排、设计上并不一致。其中,部分人物与原告作品的同名人物简单性格特征相似;部分人物与原告作品中同名人物的性格不同,二者存在不同的安排与设计;部分人物仅简略提及,并无原告作品中同名人物的典型性格;部分人物与原告作品同名人物之间的简单人物关系相似;部分人物与原告作品同名人物的关系看似结果相同,但实质关系不同;部分情节与原告作品中特定人物之间的故事情节具有抽象的相似性,但故事的主要情节、一般情节在故事发展的起承转合、背景、具体描写方面都有很大不同;原告作品中反映人物关系与性格特征的部分典型故事情节在《此间的少年》中没有提及,二者对情节的取舍亦有不同。

从整体上看,虽然《此间的少年》使用了原告四部作品中的大部分人物名称、部分人物的简单性格特征、简单的人物关系以及部分抽象的故事情节,但是上述人物的简单性格特征、简单人物关系以及部分抽象的故事情节属于小说类文字作品中的惯常表达。《此间的少年》并没有将情节建立在原告作品的基础上,基本没有提及、重述或以其他方式利用原告作品的具体情节,而是在不同的时代与空间背景下,围绕人物角色展开故事的开端、发展、高潮、结局等全新的故事情节,创作出不同于原告作品的校园青春文学小说,且存在部分人物的性格特征缺失,部分人物的性格特征、人物关系及相应故事情节与原告作品截然不同,情节所展开的具体内容和表达的意义并不相同。在此情况下，《此间的少年》与原告作品的人物名称、人物关系、性格特征和故事情节在整体上仅存在抽象的形式相似性，不会导致读者产生相同或相似的欣赏体验，并不构成实质性相似。因此，《此间的少年》是杨治重新创作的文字作品，并非根据原告作品改编的作品，无须署上原告的名字。相关读者因故事情节、时空背景的设定不同，不会对原告作品中人物形象产生意识上的混乱。《此间的少年》并未侵害原告所享有的改编权、署名权、保护作品完整权。

原告另依据《著作权法》第十条第一款第十七项规定的应当由著作权人享有的其他权利，主张《此间的少年》侵害其角色商业化使用权。对此，法院认为，角色商业化使用权并非法定的权利，通过文字作品塑造而成的角色形象与通过美术作品、商标标识或其他形式表现出来的角色形象相比，缺乏形象性与具体性。原告主张以角色商业化使用权获得著作权法的保护并无法律依据，法院对此不予支持。

（二）被告杨治、联合出版公司、精典博维公司、广州购书中心的行为是否构成不正当竞争

原告作品中的人物名称、人物关系等元素虽然不构成具有独创性的表达，不能作为著作权的客体进行保护，但是并不意味着他人对上述元素可以自由、无偿、无限度地使用。本案中，原告作品及作品元素凝结了原告高度的智力劳动，具有极高的知名度和影响力。在读者群体中，这些元素与作品之间已经建立了稳定的联系，具备特定的指代和识别功能，具有较高的商业市场价值。原告作品元素在不受著作权法保护的情况下，在整体上仍可能受反不正当竞争法保护。

法院评析如下：

其一，杨治使用原告作品元素创作《此间的少年》并出版发行的行为不属于《中华人民共和国反不正当竞争法》（以下简称《反不正当竞争法》）第二章列举的不正当竞争行为，原告也并未依据该列举式规定主张权利，而是直接主张杨治的行为违反了《反不正当竞争法》第二条的规定。

其二，原告对作品中的人物名称、人物关系等元素创作付出了较多心血，这些元素贯穿于原告作品中，从人物名称的搜索结果数量可见其具有极高的知名度和影响力。在读者群体中，这些元素与作品之间已经建立了稳定的联系，具备特定的指代与识别功能。杨治利用这些元素创作新的作品《此间的少年》，借助原告作品整体已经形成的市场号召力与吸引力提高新作的声誉，可以轻而易举地吸引到大量熟知原告作品的读者，并通过联合出版公司、精典博维公司的出版发行行为获得经济利益，客观上增强了自己的竞争优势，同时挤占了原告使用其作品元素发展新作品的市场空间，夺取了本该由原告所享有的商业利益。

其三，诚实信用原则是民法的基本原则，是民事活动最为基本的行为准则，要求市场主体讲究信用、恪守诺言、诚实不欺，用善意的方式取得权利和履行义务，在不损害他人利益和社会公共利益的前提下追求自身的利益。在规范市场竞争秩序的反不正当竞争法意义上，诚实信用原则更多是以公认的商业道德的形式体现出来，即特定商业领域普遍认知和接受的行为标准，具有公认性和一般性。在文化产业领域，文学创作提倡题材、体裁、形式的多样化，鼓励不同学术观点和学派的自由讨论，使用他人作品的人物名称、人物关系等元素进行创作并出版发行时应当遵循行业规范。认定是否符合文化产业领域公认的商业道德，应考虑使用人的身份、使用的目的、原作的性质、出版发行对原作市场或价值的潜在影响等因素。一方面，应保障创作和评论的自由,促进文化传播;另一方面,也应充分尊重原作者的正当权益。"同人作品"一般是指使用既有作品中相同或近似的角色创作新的作品。若"同人作品"创作仅为满足个人创作愿望或原作读者的需求,不以营利为目的,新作具备新的信息、新的审美和新的洞见,能与原作形成良性互动,亦可作为思想的传播而丰富文化市场。但是,本案中,杨治作为读者"出于好玩的心理",使用原告大量作品元素,创作《此间的少年》供网友免费阅读,在利用读者对原告作品中武侠人物的喜爱提升自身作品的关注度后,以营利为目的多次出版且发行量巨大,其行为已超出了必要的限度,属于以不正当的手段攫取原告可以合理预期获得的商业利益,在损害原告利益的前提下追求自身利益的最大化。对此,杨治并非善意。特别需要指出的是,杨治于2002年首次出版时将书名副标题定为"射雕英雄的大学生涯",将自己的作品直接指向原告作品,其借助原告作品的影响力吸引读者以获取利益的意图尤为明显。因此,杨治的行为具有不正当性,与文化产业公认的商业道德相背离,应为反不正当竞争法所禁止。

综上,杨治未经原告许可在其作品《此间的少年》中使用原告作品人物名称、人物关系等作品元素并予以出版发行,其行为构成不正当竞争,依法应承担相应的侵权责任。杨治所称该行为仅由著作权法调整并无依据,法院对此不予采纳。

原告作品及作品元素有着极高的知名度,精典博维公司经北京九州天辰信息咨询有限公司转授权取得《此间的少年》出版、发行、销售的专有权利,与联合出版公司一同作为《此间的少年》纪念版的策划出版方,对该作品出版、发行是否侵权负有较高的注意义务。联合出版公司、精典博维公司理应知晓杨治出版、发行《此间的少年》并未经原告许可,若再次出版、发行,将进一步损害原告的合法权益,且在明河社出版有限公司发送律师函要求停止出版、发行后仍未停止,其对于策划出版《此间的少年》纪念版这一行为主观上存在过错,其行为已构成帮助侵权,亦应承担相应的民事责任。

广州购书中心作为《此间的少年》纪念版的销售者,该销售行为具有合法来源,且广州购书中心在应诉后停止销售,其主观上并无任何过错,原告诉请其停止侵权、赔偿合理支出缺乏依据,法院对此不予支持。

(三)四被告应如何承担侵权责任

杨治、联合出版公司、精典博维公司的行为已构成不正当竞争,理应承担停止侵害、赔偿损失的民事责任。杨治、联合出版公司、精典博维公司须立即停止涉案不正当竞争行为,停止出版、发行小说《此间的少年》,库存书籍亦应销毁。综合考虑原告作品元素具有极高的知名度和影响力,《此间的少年》一书亦具有一定的知名度,杨治实施侵权行为主观恶意明显,联合出版公司、精典博维公司主观过错较大,涉案侵权行为已造成较大的社会影响,亦对原告产生一定的负面影响。故法院对原告诉请赔礼道歉、消除影响予以支持,综合考虑杨治等侵权行为性质、情节及其主观过错等因素,酌情确定杨治、联合出版公司、精典博维公司在《中国新闻出版广电报》中缝以外版面刊登声明,同时在新浪新闻news.sina.com.cn首页显著位置连续72小时刊登声明,向原告公开赔礼道歉,并消除不正当竞争行为所造成的不良影响。

法院另指出,《此间的少年》与原告作品人物名称、人物关系等作品元素虽然相同或类似,但是在文学作品小说中分属于武侠小说、校园青春小说,二者的读者群有所区分,尚有共存空间,若杨治在取得原告谅解并经许可后再版发行,更能满足读者的多元需求,有利于文化繁荣。

(四)本案中的经济损失及合理开支数额如何确定

2017年《反不正当竞争法》第十七条规定:"经营者违反本法规定,给他人造成损害的,应当依法承担民事责任。经营者的合法权益受到不正当竞争行为损害的,可以向人民法院提起诉讼。因不正当竞争行为受到损害的经营者的赔偿数额,按照其因被侵权所受到的实际损失确定;实际损失难以计算的,按照侵权人因侵权所获得的利益确定。赔偿数额还应当包括经营者为制止侵权行为所支付的合理开支……"

鉴于原告未能举证其实际损失,对杨治、联合出版公司、精典博维公司因侵权所获得的利润也无足够证据予以证明,法院综合考虑以下因素:(1)原告作品及作品元素知名度极高,读者数量众多,未经许可使用作品元素致使《此间的少年》在经营、出版、发行中极易获得竞争优势;(2)《此间的少年》出版多个版本、发行上百万册,侵权行为从2002年持续至今,侵权时间长、发行数量大,杨治等获利较多;(3)杨治将《此间的少年》出版多次,主观恶意明显;(4)未经许可使用的作品元素涉及原告作品大部分人物名称、人物关系等。综合考虑原告作品元素在《此间的少年》中所占比例及重要性程度,法院酌情确定贡献率为30%;酌定杨治赔偿经济损失数额为168万元,联合出版公司、精典博维公司作为《此间的少年》纪念版的策划出版方,对其中30万元承担连带责任。对于超出数额部分,法院不予支持。

原告就本案主张的律师费20万元已提供相应的发票,鉴于本案证据较多、作品比对相对复杂,原告律师就本案诉讼付出的工作量较大,综合考虑本案标的金额及律师收费办法,该费用确系必要、数额尚属合理,法院对此予以全额支持,杨治应予赔偿,联合出版公司、精典博维公司对其中3万元承担连带责任。

【案件焦点】

本案是一起涉及同人作品著作权权属、侵权纠纷、不正当竞争纠纷的案件,主要涉及的知识点包括同人作品是否侵害原告的著作权、不正当竞争行为的界定、多个被告应如何承担侵权责任、经济损失及合理开支数额应如何确定,主要涉及的技能包括依据案件事实及相关法律法规的规定进行法律评析。本案对其他同人作品纠纷案件的审理具有参考意义。

【分析与结论】

1. 从著作权侵权角度分析

原告查良镛控告被告杨治侵犯其复制权、汇编权、改编权、署名权和保护作品完整权。

(1)复制权

复制权,即以印制、复印、拓印、录音、录像、翻录、翻拍等方式将作品制作一份或多份的权利。复制作品应当保留原作品的基本表达,并且没有通过发展原作品的表达而形成新的作品。本案中,《此间的少年》对于原告作品而言是不同风格的创作作品,背景、情节、人物性格都发生了改变,因此并没有侵犯原告的复制权。

(2)汇编权

汇编权,即将作品或者作品的片段通过选择或者编排,汇集成新作品的权利。被告杨治在《此间的少年》中投入自己的感情和创作,不同人物之间的脉络发展与原告作品都不相同,因此不算对原告作品进行简单的编排后整合成的新作品。

(3)改编权

改编权,即改编作品,创造出具有独创性的新作品的权利。改编权存在的核心目的是保持作品的独特性,是区分此作品与彼作品的标志。在为原作品添加新的创作表达形式的基础上保留原作品的基本表达是改编权的核心要素。《此间的少年》脱离了原作品的情节设定,将故事代入虚构的大学生活中,使故事本身得到了全新的发展。原告与被告杨治的作品分别拥有各自的创作元素和受众群体,不存在侵犯故事的独创性一说,因此被告杨治并没有侵犯原告的改编权。

(4) 署名权

署名权,即表明作者身份、在作品上署名的权利。著作权人可以主张署名权的对象是自己的作品。《此间的少年》不存在侵犯署名权一说。

(5) 保护作品完整权

保护作品完整权,即保护作品不受歪曲、篡改的权利。仅修改他人作品,不构成对他人保护作品完整权的侵害,只有歪曲、篡改、割裂他人作品达到有损作者声誉的程度,才构成对保护作品完整权的侵害。也就是说,对保护作品完整权有程度上的认定。《此间的少年》并没有对原告作品中的人物进行贬低,也没有胡乱篡改人物性格和故事情节而使受众群体误解原告作品,使得原告及其作品在业内的声誉受损,因此被告杨治未对原告的保护作品完整权造成损害。

2. 实质性相似分析

实质性相似是根据著作权法进行侵权认定的标准之一。对于文学作品而言,实质性相似是指两作品在人物、情节、环境、背景描写上存在较明显的相似性,达到抄袭、雷同的程度。判断是否构成实质性相似主要有以下几个步骤:其一,确定作品是否具有相似性;其二,明确相似点是否具有独创性;其三,判断相似点是否构成作品的基本表达;其四,分析相似点的功能;其五,利用欣赏体验原则进行分析。

一审法院援引了华东政法大学王迁教授在《同人作品著作权侵权问题初探》一文中的观点,"判断同人作品是否为侵权作品的关键,在于正确地划分思想与表达的界限。独创且细致到一定程度的情节属于表达,未经许可使用实质相似的表达就可能侵权。在同人小说中直接借用经充分描述的角色和复杂的关系,可能将以角色为中心的情节带入新作品,从而形成与原作品在表达上的实质性相似。但仅使用从具体情节中抽离的角色名称、简单的性格特征及角色之间的简单关系,更多的是起到识别符号的作用,难以构成与原作品的实质性相似"。据此,一审法院指出,从整体上看,虽然《此间的少年》使用了原告四部作品中的大部分人物名称、部分人物的简单性格特征、简单人物关系以及部分抽象的故事情节,但是上述人物的简单性格特征、简单人物关系以及部分抽象的故事情节属于小说类文字作品中的惯常表达。《此间的少年》并没有将情节建立在原告作品的基础上,基本没有提及、重述或以其他方式利用原告作品的具体情节,而是在不同的时代与空间背景下,围绕人物角色展开所撰写故事的开端、发展、高潮、结局等全新的故事情节,创作出不同于原告作品的校园青春小说,且存在部分人物的性格特征缺失。部分人物的性格特征、人物关系及相应的故事情节与原告作品截然不同,情节所展开的具体内容和表达的意义并不相同。在此情况下,《此间的少年》与原告作品中的人物名称、人物关系、性格特征和故事情节在整体上仅存在抽象的形式相似性,不会导致读者产生相同或相似的欣赏体验,二者并不构成实质性相似。

3. 从反不正当竞争角度分析

本案的一审判决将被告杨治的行为归纳为对原告小说作品中的"人物名称、人物关系等元素"的利用。我国《反不正当竞争法》并没有对这一行为是否构成不正当竞争做出明确规定,无法给这一行为是否构成侵权的判定提供法律依据,因此,我们只能依据制止不正当竞争的一般原则和构成要件进行分析。有学者指出,德国《反不正当竞争法》第四条第三项有关于"不正当模仿他人成果"构成不正当行为的明文规定。从德国《反不正当竞争法》有关禁止"不正当模仿他人成果"的规则和构成要件来看,虽然本案中基于原告作品以及原告作品中人物形象在我国读者中的知名度.被告杨治将原告作品中的人物名称、性格特征和人物关系等抽象元素用于其新创作的作品,确实存在利用原告作品的声誉问题,但是最多只是满足了模仿行为可以构成侵权的一个要件(造成了某种不利后果),而并非据此一定可以将其认定为侵权。被告杨治的这种利用只是涉及原告作品中人物的姓名等抽象元素,并不是直接照搬原告作品中的角色形象,并不符合"模仿他人成果"这一构成要件。即便这样的行为确实"利用"了原告作品的声誉,也难谓"不正当利用"。

瑕疵出资股东案

【案情介绍】

原告苏燕芬诉称:其与厦门华溢房地产开发有限公司(以下简称华溢公司)之间的债权、债务系多年累积而成。根据双方于2007年9月10日签订的经公证并赋予强制执行效力的还款协议,华溢公司截至2007年9月10日尚欠苏燕芬借款本金2 500万元及暂计至2007年8月份的利息600万元,并应于2007年12月31日返还。另外,华溢公司系由被告李明星与陈建平出资设立,其中李明星以厦门市湖滨南路皇达大厦第26层出资。直至今日,李明星未办理前述房产的过户手续,亦未以其他方式向华溢公司缴纳应认缴的200万元。故原审原告苏燕芬请求判令被告李明星在200万元范围内就华溢公司对其负有的债务承担连带清偿责任。被告李明星对原告苏燕芬陈述的事实及主张的诉请均无异议。

再审第三人厦门市嘉家置业代理有限公司(以下简称嘉家置业公司)认为:经公证确认的还款协议中,华溢公司的印章并非其真实印鉴,且代表华溢公司签字的陈建平并非其法定代表人,故苏燕芬对华溢公司享有的2 500万元公证债权的真实性值得怀疑,李明星明知厦门市中级人民法院已立案受理嘉家置业公司起诉要求李明星、陈建平承担股东瑕疵出资民事责任,还迅速与苏燕芬就此达成调解协议,损害了华溢公司债权人的合法权益。因此,嘉家置业公司请求撤销(2008)思民初字第10793号民事调解书。

法院审理查明:华溢公司的股东李明星以厦门市湖滨南路皇达大厦第26层办公房产出资,没有办理财产权转移登记手续,也没有将厦门市湖滨南路皇达大厦第26层房产交付给华溢公司使用。华溢公司的债权人苏燕芬就厦门市鹭江公证处做出的(2008)厦鹭证执字第10号《执行证书》向厦门市中级人民法院申请强制执行。在执行过程中,厦门市中级人民法院认为,"厦门华溢房地产开发有限公司系陈建平实际控制的企业之一,而陈建平已于2008年9月29日携款潜逃,目前公安机关已对其以涉嫌合同诈骗罪为由立案侦查。本案目前客观上无继续执行之可能",遂于2008年12月15日做出(2008)厦执行字第337号民事裁定书,裁定终结本次执行程序。

在本案起诉之前,嘉家置业公司已于2008年10月13日向本院起诉,以华溢公司的股东李明星以实物出资未到位为由要求股东陈建平、李明星在1 090.7万元范围内连带赔偿嘉家置业公司转让款。在本案再审期间李明星称,因嘉家置业公司在前案的诉讼请求多达1 000多万元,而本案苏燕芬的诉讼请求只有200万元,因此,其选择与苏燕芬调解履行200万元出资未到位责任。另外,李明星在原审调解后已将200万元款项支付给苏燕芬。

厦门市思明区人民法院于2008年12月4日做出(2008)思民初字第10793号民事调解,

即"被告李明星同意在未对厦门华溢房地产开发有限公司出资的200万元范围内就厦门华溢房地产开发有限公司对原告苏燕芬负有的债务承担连带清偿责任,于2008年12月15日前一次性向原告支付200万元"。调解书发生法律效力后,案外人嘉家置业公司以原审调解书损害其合法权益为由向一审法院提出申诉。厦门市思明区人民法院经复查,于2009年8月18日做出(2009)思民监字第1号民事裁定书,裁定对本案进行再审。再审过程中,经嘉家置业公司申请追加其作为无独立请求权第三人参加诉讼。厦门市思明区人民法院于2011年8月31日做出(2010)思民再初字第2号民事判决:"(1)撤销本院(2008)思民初字第10793号民事调解;(2)驳回原审原告苏燕芬的诉讼请求"。宣判后,苏燕芬不服,提出上诉。厦门市中级人民法院于2011年12月1日做出(2011)厦民再终字第40号民事判决:驳回上诉、维持原判。

法院生效的裁决认为:

1. 原审原告苏燕芬的诉讼请求缺乏事实和法律依据。苏燕芬起诉要求李明星在200万元范围内就华溢公司对其负有的债务承担连带清偿责任,在再审阶段称,其起诉的法律依据是《中华人民共和国公司法》以下简称《公司法》关于股东应当缴足认缴的出资额的规定,《最高人民法院关于适用〈中华人民共和国公司法〉若干问题的规定(二)》关于公司财产不足以清偿债务时,债务人主张未缴出资股东,以及公司设立时的其他股东或者发起人在未缴出资范围内对公司债务承担连带清偿责任的,人民法院应依法予以支持的规定。首先,《公司法》第28条确定股东出资应当到位的义务,注资对象是公司,而不是公司的债权人。其次,根据上述司法解释,公司的债权人要求瑕疵出资股东承担连带清偿责任,必须举证证明同时具备几个事实:公司债务真实存在,股东出资未缴足,公司进入解散和清算程序、公司财产不足以清偿债务等。而本案中,华溢公司还存在,虽然作为债务人被法院强制执行,但不等于进入解散和清算程序,执行程序尚未终结,其名下财产和债权、债务尚未查清,当事人仅凭华溢公司大量债务远超过其注册资本,就主观认为公司财产不足以清偿债务,理由不充分。尽管原、被告一致陈述公司债务真实存在、李明星作为股东出资未到位,但是原告诉求的必备要件不完整,事实依据不足,不能适用该司法解释。

2. 原审的调解协议违反法律基本原则和禁止性规定,应当予以撤销。(1)如前所述,原告苏燕芬的诉求缺乏事实和法律依据,而《民事诉讼法》第九条规定:"人民法院审理民事案件,应当根据自愿和合法的原则进行调解。"因此,对于当事人对自己权利不合法的处分,法院不应当加以确认。(2)调解协议侵害了华溢公司的财产权。公司股东应当将认缴的出资交给公司,由公司支配包括用于还债,而原审确认李明星将应交给公司的出资款支付给苏燕芬,客观上导致了公司可支配的财产减少、偿债能力下降;在华溢公司主体存在、具备法人正常的行为能力的情况下,股东超越公司意志擅自处分应支付给公司的款项,也侵害了公司的财产处分权。(3)在华溢公司被法院强制执行的情况下,李明星擅自处分应缴给公司的出资款,客观上侵害了包括第三人嘉家置业公司在内的其他华溢公司申请执行人的合法权益。(4)李明星认缴的出资分文未到位,本身对公司的权利已经受限,其以股东身份"放弃对债权人的抗辩,选择支付给债权人",从而欲抵消其股东出资义务,没有法律依据。《公司法》第二十条规定,"公司股东应当遵守法律、行政法规和公司章程,依法行使股东权利,不得滥用股东权利损害公司或其他股东的利益;不得滥用公司法人独立地位和股东有限责任损害公司债权人的利益。"综上,该调解协议违反了民法的合法、公平原则和《公司法》的禁止性规定,原审调解确有错误,应予撤销。

3. 对于第三人嘉家置业公司提出查明苏燕芬与华溢公司债务的真实性要求,法院不予审理。本案原告苏燕芬的诉讼请求是行使对公司股东的代位求偿权,嘉家置业公司在再审中以无独立请求权第三人参加诉讼,再审时主要审查本案对其权利的行使是否造成障碍,而其提出对苏燕芬与华溢公司债权、债务公证文书的质疑,与本案属不同法律关系,故不予审理。法院在认为原告的诉求缺乏基本事实要件和法律依据的情况下,对于原、被告双方当事人均无争议的债务真实性问题,本着"不告不理"的原则,无须再进行主动审查。综上所述,上诉人苏燕芬在原审的诉讼请求缺乏事实和法律依据,原审调解违反法律的基本原则和禁止性规定,依法应予以撤销。苏燕芬的上诉意见缺乏事实和法律依据,不予采纳。原审法院再审撤销调解、改判驳回原告诉讼请求,审判程序合法、认定事实和适用法律正确,应予以维持。

【案件焦点】

本案系股东瑕疵出资责任承担的典型案件。案件审理涉及两个问题:(1)股东瑕疵出资责任承担条件的认定;(2)在无证据表明公司财产不足以清偿债务、其他债权人先行主张的情况下,瑕疵出资股东可否单独向个别公司债权人承担股东瑕疵出资责任?

1. 股东瑕疵出资责任承担条件的认定

公司法人人格独立和股东有限责任是公司制度的基石。瑕疵出资股东对公司债权人承担清偿责任,则是公司法人人格独立的例外。关于此种责任的性质,学术界存在着不同观点。有学者认为,瑕疵出资股东应当对公司债权人承担补充赔偿责任,其法理依据为《合同法》规定的债权人的代位权。

2. 在无证据表明公司资不抵债、其他债权人又先行主张的情况下,瑕疵出资股东可否单独地向个别公司债权人承担股东瑕疵出资责任

从法理分析,股东瑕疵出资责任的性质是"补充责任""有限责任"和"一次性责任"。所谓补充责任,是指债权人只有在公司不能清偿其债务时,就不能清偿的部分请求承担赔偿责任;所谓有限责任,是指承担责任的范围是以股东未履行出资的本金及利息范围为限;所谓一次性责任,是指已赔偿的总金额达到责任限额时,其他债权人就不能再以相同事由向瑕疵出资股东提出赔偿请求。因股东瑕疵出资责任的性质属性,在无证据表明公司资不抵债、其他债权人又先行主张的情况下,瑕疵出资股东不得单独向个别债权人承担责任。

公司资不抵债并不能否认公司的独立法人人格。股东瑕疵出资实际上是其对公司负有债务,该债权应属公司财产。在无证据表明公司资不抵债时,瑕疵出资股东直接单独对个别债权人承担责任,是对公司财产的侵害及对公司独立法人人格的不当否定。同时基于债权平等和公平原则,个别公司债权人向瑕疵出资股东主张后,应将其所得利益归于债务人即公司,该所得应成为公司对全体债权人债务的担保,应与其他债权人以平等地位参与债务清偿,而不能由个别债权人直接优先受偿。

【分析与结论】

分析本案,首先,李明星作为瑕疵出资股东,在华溢公司被法院强制执行、仍有部分财产尚未处理的情况下,承担股东瑕疵出资责任,违反了法律相关规定。且李明星已明知其他公司债权人先行起诉主张股东瑕疵出资责任,却单独向个别债权人承担,虽然该行为履行了股东的出资义务、满足了个别债权人利益,却客观侵害了包括第三人嘉家置业公司在内的其他债权人的合法权益,有违公平原则。其次,瑕疵出资股东的个别清偿行为,侵害了公司财产权。瑕疵出

资股东对公司负有缴纳出资的义务,应由公司支配财产包括用于还债。李明星个别向苏燕芬承担责任,擅自处分应交给公司的出资款,客观上导致了公司可支配的财产减少、偿债能力下降。在华溢公司主体存在、具备法人正常的行为能力的情况下,瑕疵出资股东超越公司意志擅自处分应支付给公司的款项,侵害了公司的财产处分权。

因此,在无证据表明公司资不抵债、其他债权人又先行主张的情况下,瑕疵出资股东不得单独向个别公司债权人承担股东瑕疵出资责任。原审原告苏燕芬的主张证据不足,其诉讼请求缺乏事实和法律依据,不应支持。双方当事人在原审中达成的调解协议没有事实和法律基础,原审调解仅以当事人合意为依据,违背了公平原则,应予撤销。

本案是原告作为华溢公司的债权人,直接起诉华溢公司的瑕疵出资股东,要求对其债务承担连带清偿责任,而债务人华溢公司尚存在,且负有较多的其他债务,当时公司财产数额不清楚,已由法院查封。被告在明知另一债权人嘉家置业公司已起诉其出资不实、要求其赔偿1 000多万元的情况下,快速与原告达成调解协议并履行,之后以履行调解协议的情况证明其已完成出资义务,被告的行为损害了嘉家置业公司的合法权益。可是,在本案审理中,一审仅以债务纠纷为由进行了调解(调解书亦未写案件事实部分或事实的概括),未对调解协议内容的合法性进行审查,造成了该案调解书被提起再审并被改判的后果。

当前人民法院在"调解优先、调判结合"的工作原则指导下,在民事案件审理中,首先考虑用调解方式处理案件,充分发挥司法调解及时化解纠纷的积极作用。但在调解中,要始终坚持依法调解的理念,遵循调解的合法性原则。调解合法性原则即指法官在主持调解中,必须做到调解过程和调解结果符合法律规定,具体体现在两个方面:一方面是确保协议过程中各方当事人的地位平等,能自由表达真实意思;另一方面是通过参与调解,引导当事人依法调解,并审查调解协议内容的合法性。依法调解是诉讼调解的本质要求,也是"自愿、合法"调解原则的具体体现。在司法实践中,特别是对当事人快速达成的调解协议,务必要对调解协议内容的合法性予以审查,避免出现类似本案调解协议损害他人合法权益的情形。也正因为此,2010年6月,最高人民法院下发的《关于进一步贯彻"调解优先、调判结合"工作原则的若干意见》(法发〔2010〕16号)明确规定,对调解协议的内容是否违反法律、行政法规的禁止性规定,是否有损害当事人之外的他人合法权利、侵害国家利益、社会公共利益等违法情形,以及是否违反当事人自愿原则等,由法院负责审查,并对调解协议的合法性予以确认。这是选登本案例的另一层意义。

公司决议效力确认纠纷案

【案情介绍】

原告傅东明、朱毅军共同诉称：傅东明、朱毅军均系无锡新中润国际集团有限公司（以下简称新中润公司）的股东。新中润公司于2011年4月11日召开股东会临时会议，做出新中润股字（2011）第5号决议（以下简称5号决议），决议事项中包括以下内容：股东在履行本公司及本公司控股的子公司岗位职责时可能存在违反法律法规及公司章程、管理规定而给公司造成损失的，在损失及责任没有通过审计、诉讼等程序明确前，其转让或受让股权的登记、过户手续，公司暂停办理。为尊重本公司股权结构的历史沿革，维护本公司现有股权结构的相对稳定，保护股东利益不受侵害，公司自然人股东的个人持股份额上限不得超过公司注册资本的15%（包含15%）。并同意修改公司章程相关条款，在公司章程第17条增加上述内容。上述决议中关于暂停办理股权转让手续的内容，违反《公司法》第七十四条、《公司登记管理条例》第三十五条及《公司法解释》第二十四条的规定；上述决议中关于持股份额不得超过15%（包含15%）的内容，违反《公司法》第七十二条、第七十三条的规定。请求法院确认5号决议中的上述决议事项无效。

被告新中润公司辩称：5号决议与现行法律、行政法规不冲突，且关于暂停办理股权变更手续内容与新中润公司股东创立大会通过的公司章程的规定"股东对公司负有到期债务的，在其转让或受让股权时，应当先行向公司清偿其债务，否则，公司不予办理登记、过户手续"相符，应认定为有效。请求驳回傅东明、朱毅军的诉讼请求。

法院经审理查明：新中润公司系依法设立的有限责任公司，工商登记股东和股权比例为：李了（10%）、闻汉良（5%）、王曜（5%）、曹幸（4.5%）、苏坚（4.2%）、傅东明（4%）、黄捷逊（3.68%）、朱毅军（3.5%）、蒋雄兵（3.3%）、袁雪平（3%）、蔡建新（2.47%）、江亚丰（2%）、新中润公司工会（职工持股会）（49.35%）。新中润公司设有董事会，董事长为江亚丰。2004年1月30日新中润公司股东创立大会通过的公司章程规定：股东对公司负有到期债务的，在其转让或受让股权时，应当先行向公司清偿其债务，否则，公司不予办理登记、过户手续。2011年4月11日，新中润公司召开由董事会召集、董事长江亚丰主持的股东会临时会议，会议形成5号决议，其中决议事项包括如下内容：(1)同意修改公司章程相关条款，在公司章程第17条增加"股东在履行本公司及本公司控股的子公司岗位职责时可能存在违反法律法规及公司章程、管理规定而给公司造成损失的，在损失及责任没有通过审计、诉讼等程序明确前，公司暂停办理其转让或受让股权的登记、过户手续。为尊重本公司股权结构的历史沿革，维护本公司现有股权结构的相对稳定，保护股东利益不受侵害，公司自然人股东的个人持股份额上限不得超过公司注册资本的15%(包含15%)"。(2)同意做出"股东在履行本公司及本公司控股的子公司岗位职责时可能存在违反法律法规及公司章程、管理规定而给公司造成损失的,在损失及责任没有通过审计、诉讼等程序明确前,公司暂停办理其转让或受让股权的登记、过户手续。为尊重本公司股权结构的历史沿革,维护本公司现有股权结构的相对稳定,保护股东利益不受侵害,公司自然人股东的个人持股份额上限不得超过公司注册资本的15%(包含15%)"的决议,上述两项决议事项经代表70%表决权的股东同意通过。

江苏省无锡市××区人民法院于2012年3月7日做出(2012)崇商初字第0182号民事判决:(1)新中润公司于2011年4月11日召开的股东会临时会议形成的5号决议中关于暂停办理股权转让手续的决议及同意公司章程作相应修改的决议无效。(2)驳回傅东明、朱毅军的诉讼请求。宣判后,双方当事人均未提起上诉。

法院生效裁判认为:《公司法》第二十二条规定:"公司股东会或者股东大会、董事会的决议内容违反法律、行政法规的无效。"《公司法》第七十四条、《公司登记管理条例》第三十五条、《公司法解释》第二十四条均规定办理股权变更登记是公司的法定义务,故新中润公司不能通过股东会决议免除其应尽的法定义务或者为其应尽的法定义务设置前提。新中润公司股东创立大会通过的公司章程中规定,股东对公司负有到期债务的,在其转让或受让股权时,应当先行向公司清偿其债务,否则,公司不予办理登记、过户手续。该规定也与上述法律、行政法规、司法解释的规定相悖,且本案所涉决议内容的范围要宽于股东创立大会通过的公司章程规定的情形。傅东明、朱毅军主张5号决议中关于暂停办理股权转让手续的决议内容违反上述法律、行政法规、司法解释的规定,该院予以支持。《公司法》第七十二条规定:"有限责任公司的股东之间可以相互转让其全部或者部分股权。公司章程对股权转让另有规定的,从其规定。"《公司法》第七十三条的规定也未排除第七十二条中"公司章程对股权转让另有规定的,从其规定"的适用,故5号决议中对股东持股比例的限制并未违反《公司法》第七十二条、第七十三条的规定。傅东明、朱毅军以5号决议中关于持股份额不得超过15.0%(包含15.0%)的内容违反《公司法》第七十二条、第七十三条的规定为由,要求确认上述决议内容无效的主张,该院不予支持。

【案件焦点】

该案涉及公司决议效力的认定问题。

【分析与结论】

一、股东通过诉讼确认公司决议效力是我国公司法赋予股东的权利

公司作为自治组织,其通过自治机构(股东大会或股东会、董事会)做出处理公司事务的决议。公司股东会或者股东大会、董事会的决议属于意思表示,该意思表示也可能存在瑕疵,包括程序上的瑕疵和内容上的瑕疵。确定有瑕疵决议的效力,在法律上涉及两种相互冲突的利益需求。一方面,为了召集会议,公司付出了大量的人力和物力,已做出的决议产生了一定的影响,这些都要求维持决议的效力。另一方面,只有在决议是遵守法律、法规和公司章程规定的前提下做出的,相关的规定才能实现其保护目的。对决议采用相应的法律措施,是保护小股

东利益的重要手段。我国《公司法》第二十二条第二款规定:"公司股东会或者股东大会、董事会的决议内容违反法律、行政法规的无效。"该条规定赋予了公司股东通过诉讼确认公司决议效力的救济权利。

二、公司决议效力纠纷的审查重点

(一)审查股东应提起确认公司决议效力之诉还是公司决议撤销之诉

在民事诉讼理论中,根据原告诉讼请求的性质和内容,将诉分为给付之诉、确认之诉和形成之诉。确认之诉是原告请求人民法院确认其与被告间存在或不存在某种民事法律关系的诉。形成之诉是指当事人请求人民法院改变或消灭其与对方当事人之间现存的民事法律关系的诉。《公司法》第22条第1款规定的是确认决议效力的诉讼,即针对公司决议是否有效提起的诉讼,属确认之诉。《公司法》第22条第2款规定:"股东会或者股东大会、董事会的会议召集程序、表决方式违反法律、行政法规或者公司章程,或者决议内容违反公司章程的,股东可以自决议做出之日起六十日内,请求人民法院撤销。"该款规定的是公司决议撤销诉讼,即对公司决议行使撤销权提起的诉讼,属形成之诉。确认公司决议效力之诉和公司决议撤销之诉存在明显的区别。如果决议的内容违反法律、行政法规的,为无效决议,应提起确认之诉。如果会议召集程序违反法律、行政法规或公司章程的规定,或者表决方式违反法律、行政法规或公司章程的规定,或者决议内容违反公司章程规定,但不违反法律、行政法规的规定,只要存在上述三种情形之一,股东均可提起撤销诉讼,属形成之诉。另外,公司决议撤销之诉有期限限制,即只能自决议做出之日起60日内提起,而确认公司决议效力之诉则无此限制。在司法实践中,由于提起诉讼的股东自身对公司法缺乏理解能力,往往对上述两种诉讼不能进行正确区分,如果在审理中发现应当提起撤销之诉却提起了确认之诉,或者应当提起确认之诉却提起了撤销之诉,法官应就上述《公司法》的规定向原告进行法律释明,引导原告做出合适的选择。《最高人民法院关于民事诉讼证据的若干规定》第35条规定:"诉讼过程中,当事人主张的法律关系的性质或者民事行为的效力与人民法院根据案件事实做出认定一致的,不受本规定34条的限制,人民法院应当告知当事人可以变更诉讼请求。"如果经法官释明,原告不变更诉讼请求,根据"不告不理"原则应当驳回原告的诉讼请求。

(二)决议内容违反法律、行政法规的审查

法律有广义和狭义之分,广义的法律包括全国人大及其常委会制定的规范性文件,还包括行政法规、地方性法规、部门规章及地方性政府制定的各种规范性文件。《公司法》第22条规定同时包含有法律、行政法规,但该条规定中的法律应采狭义之意,即指全国人大及其常委会制定的规范性文件,行政法规则是指国务院制定并颁布的规章、命令、条例等行政规范。

根据法律理论,法律规范可划分为任意性规范和强行性规范。任意性规范是指当事人可以通过其约定排除其适用的法律规范。反之即为强行性规范。强行性规范可进一步划分为强制性规定和禁止性规定。强制性规定是指命令当事人应为一定行为的规定。禁止性规定是指命令当事人不为一定行为的规定。基于前述法律规范的分类,只有决议内容违反法律、行政法规强行性规范的,才能认定决议无效。

《公司法》第74条规定:"依照本法第72条、第73条转让股权后公司应当注销原股东的出资证明书,向新股东签发出资证明书,并相应修改公司章程和股东名册中有关股东及其出资额

的记载。对公司章程的该项修改不需再由股东会表决。"《公司登记管理条例》第 35 条规定："有限责任公司股东转让股权的,应当自转让股权之日起 30 日内申请变更登记,并应当提交新股东的主体资格证明或者自然人身份证明。"《公司法》属法律,《公司登记管理条例》属行政法规,上述规定均规定公司应履行办理股权变更登记的义务,属强行性规范。本案中,新中润通过的股东会决议明显与该规定相悖,应认定决议无效。

公司设立中发起人的法律责任问题

【案情介绍】

Z饮料有限责任公司成立于2013年7月2日,由X房地产开发有限责任公司与Y饮食有限责任公司共同发起设立。双方发起人按照《公司法》的规定,订立了有关协议,详细约定了出资、机构设置等,同时约定公司筹备与注册登记由X房地产开发有限责任公司负责。同年8月15日,Y饮食有限责任公司依约将105万元投资款汇入X房地产公司账户。此后双方制定了公司章程,设置了董事会机构,并召开了会议。

此后,房地产公司却一直未按约定进行公司注册登记,到2016年10月,已超过约定注册时间近2年,公司仍未注册,公司业务亦未开展。此时,Y饮食有限责任公司方面因业务变化,要求抽回出资。双方发生争执。

Y饮食有限责任公司诉至法院,以对方违约为由,要求X房地产公司退回投资款。X房地产公司则称:双方签订协议,缴纳出资款,制定了章程,成立了董事会,虽未按约定履行注册登记手续,但新公司在实质上已合法成立。Y饮食有限责任公司在新公司成立后要求抽回投资,违反法律规定,请求法院判决驳回原告的诉讼要求。

【案情分析】

法院经审理认为:X房地产公司与Y饮食有限责任公司订立的设立Z饮料有限责任公司的协议合法有效,双方本应依照合同约定,全部履行自己的义务。但是,依约负责办理公司注册登记的X房地产公司未办理注册登记,致使Z饮料有限责任公司无法开展业务。因此,X房地产公司应当返还对方的投资款。

至于X房地产公司所称新公司已成立、不允许抽回出资,与本案事实不符,因为Z饮料有限责任公司尚未按法律规定进行注册登记,因而公司尚未成立。最后法院判决X房地产公司返还Y饮食有限责任公司投资款105万元。

原《合同法》第九十四条规定:"有下列情形之一的,当事人可以解除合同:
(一)因不可抗力致使不能实现合同目的;
(二)在履行期限届满之前,当事人一方明确表示或者以自己的行为表明不履行主要债务;
(三)当事人一方迟延履行主要债务,经催告后在合理期限内仍未履行;
(四)当事人一方迟延履行债务或者有其他违约行为致使不能实现合同目的;
(五)法律规定的其他情形。"

本案涉及公司设立中发起人的法律责任问题。

在公司未登记前,发起人一方违约,他方可行使解除权。合同法赋予合同当事人一方在另一方迟延履行时享有合同解除权,可以参考原《合同法》第九十四条规定。

公司法有关于出资的规定,《公司法》第三十四条规定:"股东在公司登记后,不得抽回出资。"但如果公司未注册登记,则情形相反。公司注册登记除一些实质要件外,须具备形式要件,主要指进行公司注册登记,领取法人营业执照。Z饮料有限责任公司没有这些形式要件,因而尚未成立。股东由于特殊的原因,可以在公司登记之前抽回自己的出资。

【案件结果】

X房地产公司与Y饮食有限责任公司订立的设立Z饮料有限责任公司的协议合法有效,双方本应依照合同约定,全部履行自己的义务。但是,依约负责办理公司注册登记的X房地产公司未办理注册登记,致使Z饮料有限责任公司无法开展业务。因此,X房地产公司应当返还对方的投资款。

【相关法规】

原《合同法》第九十四条规定:"有下列情形之一的,当事人可以解除合同:

(一)因不可抗力致使不能实现合同目的;

(二)在履行期限届满之前,当事人一方明确表示或者以自己的行为表明不履行主要债务;

(三)当事人一方迟延履行主要债务,经催告后在合理期限内仍未履行;

(四)当事人一方迟延履行债务或者有其他违约行为致使不能实现合同目的;

(五)法律规定的其他情形。"

在公司未登记前,发起人一方违约,他方可行使解除权。合同当事人一方在另一方迟延履行时享有合同解除权,可以参考《中华人民共和国合同法》第九十四条规定。

公司法有关于出资的规定,《中华人民共和国公司法》第三十四条规定:"股东在公司登记后,不得抽回出资。"

股权转让纠纷案

【案情介绍】

原告赵某嘉诉被告诸某瑞、许某芬股权转让纠纷一案,依照《中华人民共和国民事诉讼法》第二百四十三条之规定,法院具有管辖权。法院于2010年3月11日立案受理后,深圳市久某华电子有限公司(以下简称久某华公司)以本案处理结果与其存在利害关系为由,申请作为第三人参加本案诉讼,法院予以准许,并依法组成合议庭,于2010年6月11日公开开庭进行审理。原告赵某嘉委托代理人戴某涛,被告诸某瑞、许某芬共同委托代理人郭某群,第三人久某华公司委托代理人刘某到庭参加诉讼。本案现已审理终结。

原告赵某嘉诉称:原、被告系多年的生意伙伴。2008年5月24日,原告与被告签订了《股权转让及新公司合作协议》,在协议第一条,两被告确认其为拥有第三人久某华公司100%股权的股东;第二条第一款约定两被告将其占有的久某华公司100%股权转让给原告,原告同意受让;第三条第二款第二项约定在协议签订当日,原告向被告支付转让款100万元;第三条第二款第三项约定在原、被告双方共同确认包括所有软硬件资产(如双方确定各固定设备资产、专利技术、文控文档等)清点造册并移交完毕后,原告再付被告人民币100万元;第五条约定在该协议签订后,为便于协议的履行,原告委派人员进入第三人久某华公司参与经营,同时做好移交前的各项准备工作,被告承诺予以全力协助。协议签订后,原告于2008年5月底向被告支付了100万元,两被告于2008年6月3日向原告出具了转让款收据。同月,原告委托人员依约进入久某华公司进行资产等的清点工作。后原告查询得知,被告诸某瑞并非久某华公司的股东,被告许某芬仅占70%的股权。原告立刻与被告沟通,质问被告隐瞒真实股权的状况,并提出在这种情况下,协议将无法履行,也无法通过工商部门的核准,原告的利益无法得到保护,要求重新签订协议。但在原告将新修改的协议交给被告协商时,被告又拒绝签订修正协议。原告的工作人员要求依约进行资产交接,被告非但拒绝对久某华公司资产进行全部清点交接工作,反而要求原告支付第二笔100万元的转让款,原告认为协议效力存在问题,且第二笔款付款条件不成就,因此要求原告完成资产清点交接后再进行支付。2008年7月8日,被告将原告的委托人员工卡收回,驱逐出久某华公司,并将委托人员的宿舍另外加锁,并通知保安不允许原告的工作人员使用。原告的工作人员在多次与被告沟通无果后,无奈之下,被迫离开。之后,原告多次通过电话、电子邮件等方式与被告沟通,也两次委托律师向被告发函,向被告申明《股权转让及新公司合作协议》的效力及被告违约的后果,并给定期限催促被告协商以解决纠纷,但被告均未在给定时间内答复,以其行为表明被告拒绝了原告的请求。原告认为,被告作为股权转让方,虚构股权构成与原告签订合同,在原告发现后,被告在原告要求的时间内未依公司法等规定履行相关手续,且该合同没有按照有关法律履行审批手续,违反了有关行政法规的规定而未生效,被告依据该合同收取原告转让款,没有法律依据,应予返还。请求法院判令:(1)解除原、被告于2008年5月24日签订的《股权转让及新公司合作协议》;(2)被告向原告返还股权转让款人民币100万元,并承担占用100万元期间的利息(以100万元为基数,从2008年5月31日起按照银行同期贷款利率计算至清偿日,先暂计至起诉日为11.2万元);(3)被告承担本案诉讼费用。

被告诸某瑞、许某芬共同辩称:第一,原、被告签订协议后,被告一直在积极按协议履行,而且要求原告履行,是原告不按协议履行,并不是被告不按协议履行。第二,该份股权转让协议是合法有效的,双方亦已实际履行了一部分,证明该协议是可履行的。原告曾经以该协议无效为由,于2008年提起过诉讼,但后来撤诉了。该行为充分证明原告主张协议无效是不成立的。第三,原告于2010年3月再次提起诉讼,要求解除该协议,现鉴于原告恶意违约,被告同意解除协议。但按协议约定及定金法则的规定,定金是不能退还的,超出定金之外的预付款,从事实角度上说应予退还,但由于原告违约造成被告及第三人的损失,被告主张该预付款用于赔偿被告及第三人的损失,因此原告的该项诉讼请求不成立。第四,关于利息的问题。本案是股权纠纷,是双方是否同意解除合作协议的问题,原告请求利息毫无根据,从2008年起算利息更无依据。综上所述,请求法院驳回原告的诉讼请求。

第三人久某华公司述称:2008年5月24日,原告与第三人股东兼(时任)法人代表许某芬签订了《股权转让及新公司合作协议》,协议约定被告收购第三人100%股权,2008年7月1日之前第三人所有债权、债务由第三人股东承担,2008年7月1日之后第三人所有债权、债务依公司法和相关法规执行,即由收购方被告承担。该协议签订后,原告于2010年3月11日向法院起诉,要求解除上述协议,因原告提出解除上述协议没有正当理由,属违约行为,客观上造成第三人半停产的损失不能归责于第三人的股东,依协议约定应由原告方承担。第三人自2008年7月1日至2009年12月31日期间,因处于半停产状态,共计亏损了358 683元,该损失系原告的违约行为造成,现鉴于原告已向法院提出诉讼,其诉请中的解除协议在法律上与第三人存在利害关系,故第三人作为有独立请求权的第三人向法院提出上诉请求,望合并审理,并支持第三人诉请。另,补充如下:从原、被告提供的证据可知,是原告未履行双方的合同义务,存在违约行为,委派的高级管理人员,大量采购原材料后就不告而别,导致第三人处于半停产的非正常经营状态,第三人的实际利益受到损害,出现较大亏损。根据双方的转让合同第7条的约定,2008年7月1日之前的盈亏是由卖方股东许某芬和诸某瑞承担的,相应的在其后是由股东赵某嘉承担的,因此,赵某嘉应承担第三人的赔偿责任,第三人也已向法庭提供了证据,证明公司存在实际亏损。

【案情分析】

经审理查明:

久某华公司成立于2005年8月3日,注册资本及实收资本均为人民币50万元,发起股东为许某芬和韦永英,出资额分别为35万元和15万元,出资比例分别为70%和30%。许某芬为该公司法定代表人兼总经理。

2008年5月24日,诸某瑞、许某芬(甲方、转让方)与赵某嘉(乙方、受让方)签订《股权转让及新公司合作协议》,主要内容为:1.甲方为拥有在深圳市投资设立的深圳市久某华电子有限公司100%股权的股东。乙方赵某嘉(受让方代表),居住地中国香港。乙方为本次收购方的代表,代表收购方与甲方签订本协议。2. 股权转让的范围:2.1 转让标的为:久某华公司100%的股权与其名下的全部机器设备以及诸某瑞名下的专利等资产。转让范围内的具体资产由甲乙双方清查造册予以确认,该书面文件为本协议的附件,具有同等法律效力。2.2 转让的资产包括:甲方持有的中国实用新型专利(可换插脚)(专利号 ZL200420015275.4);甲方持有的中国发明专利(防触电的可换插角)(专利号为 ZL20510035558.4);甲方持有的美国发明专利(可换插脚)(专利号为 USP7008246);甲方持有的美国发明专利(防触电的可换插脚)。上述专利在协议签订后,由甲方及诸某瑞本人协助变更登记到乙方收购后新久某华公司(指股东变更后的公司)名下(其中 2.2.2 及 2.2.4 所述专利,待甲方获得专利证书后办理过户手续)。3. 转让金额及支付:3.1 转让金额最终确定为 300 万元人民币。3.2 转让款的支付方式为银行转账及开支票方式。协议签订当日支付定金人民币 100 万元给甲方,其中 60 万元为股权转让的定金,该定金在协议履行后转为转让款,不须另行退回给乙方。在甲乙双方共同确认包括所有软硬件资产(如双方确定各固定设备资产、专利技术、文控文档等)清点造册并移交完毕后,乙方再付甲方人民币 100 万元。余款人民币 100 万元在股权变更获得工商等部门审核通过,拿到工商局变更登记回执之日,由乙方支付给甲方。4. 股权变更后的合作事宜:新公司发行 400 万股,每股价值 1 元人民币。新公司以 0.5 元折让 60 万股给甲方(甲方占有新公司总集资的 15%的股权)。甲方需在工商变更股东名册之前向公司出资人民币 30 万元(其余 30 万元由乙方替甲方出资),如甲方未按时支付,视甲方自动放弃新公司 15%的股权。……6. 股权转让实施计划:双方共同确认在 2008 年 7 月 1 日前开始转让的工商变更登记事宜。……8. 违约责任及义务:8.1 甲方承诺其移交给乙方的全部生产生活等机器设备及仪器仪表等固定资产的合法性及有效(使用)性,并确保在移交的同时将各机器设备、仪器仪表等的购买合同(或发票)、使用说明书、保修卡(全国联保联系手册等)进行移交。甲方必须保证本协议所定义的所有资产不存在任何被抵押或质押,若在乙方接管后发现存在任何抵押或质押情形的,甲方须赔偿乙方因之造成的一切损失。……8.3 乙方应按照本约定按时支付转让款,如在签订后反悔不进行股权收购的,60 万元定金甲方不予退还。造成损失的,甲方有权要求全部赔偿。8.4 甲方应按照协议的约定履行转让股份、配合乙方及有关部门履行相关股权转让的手续。如在本协议签订后反悔不进行股权转让的,应双倍返还乙方。……10. 其他约定:……10.3 转让所涉及的硬件,由于大部分是没有发票的,甲方提供发票难度较大,但甲方确保重要的机器都由厂家维护及维修,不存在无法正常使用的顾虑……

2008 年 6 月 3 日,诸某瑞、许某芬向赵某嘉出具收款证明,内容为:"兹有诸某瑞、许某芬于 2008 年 5 月 27 日,收到深圳久某华电子有限公司第一批股权转让款 100 万元人民币(含 60 万元人民币定金),其中 56 万元港币(等值于 50 万元人民币)由 SCEPTRE TECHNOLOGY(HK)LTD 支付,另外 50 万元人民币由惠州代某果(个人)支付,以上均有银行支票或转账凭据做凭证。此证明一式两份,SCEPTRE TECHNOLOGY(HK)LTD 一份,惠州代某果(个人)一份。"

其后,赵某嘉委托周某青、代某果参与股权转让及新公司合作事宜,并委托易某、明某林、杜某海、周某协助生产及交接,久某华公司为上述人员制作了工卡。后双方在对久某华公司资产进行登记造册过程中发生争议。赵某嘉称因发现诸某瑞、许某芬隐瞒真实股权状况,要求其变更合同主体、重新签订协议被拒绝而未能履行。诸某瑞、许某芬则称在交接过程中,因赵某嘉要求提供所有机器设备的原始发票而未能交接。2008年7月9日,赵某嘉委派的周某青、代某果等人离开久某华公司,双方遂终止了交接工作。

2008年7月30日,赵某嘉向诸某瑞、许某芬及久某华公司发出"律师函",对公司拒不发货的问题及诸某瑞的股东身份提出异议,要求其在24小时内对具体发货安排及是否同意继续协商书面回复,否则视为单方终止履行合同。

2008年7月31日,诸某瑞、许某芬回复赵某嘉"律师函":久某华公司另一股东韦某英在双方签订协议之前已出具委托许某芬全权处理股权转让事宜的书面证明,并保证届时到有关部门配合办理相关手续,并说明货物是否出货取决于协议是否履行。

其后,赵某嘉拟定另一份股权转让协议,股权的转让方变更为许某芬、韦某英,受让方变更为周某青、诸某瑞,协议对转让价格和转让条件等亦做了变更。诸某瑞、许某芬未在该协议上签字。

2008年8月8日,赵某嘉再次向诸某瑞、许某芬及久某华公司发出"律师函",重申股权主体问题导致协议不能履行,同时不满其拒绝签订新协议的行为,要求其48小时内对是否发货及是否同意继续协商书面回复,否则通过法律途径解决。

2008年8月10日,诸某瑞、许某芬回复赵某嘉"律师函":(1)同意出货,但须见款出货。(2)同意修正原协议主体不妥问题。(3)请于本月15日前明确回复,逾期视为不同意履行协议并将登报重新转让"久某华公司",届时定金将不予退还。

2008年10月10日,韦某英(转让方、甲方)与诸某瑞(受让方、乙方)签订《股权转让协议书》,约定甲方将其持有的久某华公司30%股权作价人民币15万元转让给乙方,并于10月13日进行了公证。久某华公司于10月28日就该股权变更向工商部门办理了股东变更登记。

另查,2008年9月27日,赵某嘉以诸某瑞、许某芬虚构股权构成及未依公司法等规定履行相关手续为由向法院提起诉讼【案号为(2008)深宝法民二初字第3658号】,请求法院判令双方于2008年5月24日所签的《股权转让及新公司合作协议》无效,并要求被告向原告返还股权转让款人民币100万元及利息损失。

在该案诉讼中,诸某瑞、许某芬提交韦某英的承诺书一份,内容为"本人韦某英系许某芬的母亲,许某芬、诸某瑞夫妇注册深圳市久某华电子有限公司时,其二人本注册为股东,因其是夫妻关系,以其二人名义注册久某华公司可能不妥,故借用我的名字与许某芬共同登记为久某华公司股东,本人实为借名未投入任何资金,真实投资人为许某芬、诸某瑞夫妇,现其二人决定将久某华公司转让给赵某嘉,本人无任何意见,本人已书面授权许某芬全权办理与赵某嘉关于久某华公司的转让事宜,本人现着重承诺对5月24日许某芬、诸某瑞与赵某嘉签订的《股权转让及新公司合作协议》表示认同,本人愿积极配合赵某嘉先生办理股权转让公证"。

2010年2月24日,赵某嘉向法院提出撤诉申请,法院于2010年2月25日做出(2008)深宝法民二初字第3658号民事裁定:准许赵某嘉撤回起诉。

2010年5月18日,久某华公司股权发生变更,变更前股东:诸某瑞15万元,30%;许某芬35万元,70%。变更后股东:陈某香10万元,20%;刘某佩1万元,2%;许某芬12.5万元,25%;付某庆2万元,4%;诸某瑞2.5万元,5%;周某2万元,4%;张某君20万元,40%。

以上事实,有当事人的庭审陈述与股权转让及新公司合作协议、收款证明、授权书、承诺书、股权转让协议书、公证书、民事裁定书、工商登记资料等书证相互佐证,并经庭审质证,应予认定。

法院认为:本案系涉港股权转让纠纷。因双方当事人没有在合同中约定处理争议所适用的法律,而纠纷发生于中国内地,根据最密切联系原则,本案纠纷适用中华人民共和国法律。

涉案股权转让协议牵涉公司性质由内资企业变更为外资企业,根据法律规定,设立外资企业,由国务院对外经济贸易主管部门或者国务院授权的机关审查批准。根据最高人民法院有关规定,法律、行政法规规定合同应当办理批准手续,或者办理批准、登记手续后才生效,在一审法庭辩论终结前当事人仍未办理批准手续的,或者仍未办理批准登记等手续的,人民法院应当认定该合同未生效。因本案当事人在法庭辩论终结前仍未办理相关审批手续,故涉案股权转让协议应当认定为成立但未生效。

涉案股权转让协议未发生法律效力,对双方当事人不产生法律约束力。行使合同解除权应针对有效合同而言,对于未生效的合同不存在解除权的问题。故对于原告要求解除涉案股权转让协议的主张,法院不予支持。未生效的合同不得强制履行,基于未生效合同取得的财产应当返还。因此,原告主张被告返还已收取的股权转让金 100 万元,法院予以支持。本案中,因双方当事人对于涉案股权转让协议未生效均负有过错,应各自承担因此而造成的损失,故对于原告要求被告赔偿股权转让款利息损失的诉请,以及被告以股权预付款 40 万元抵消原告违约给其造成损失的主张,法院均不予支持。此外,至于第三人以受让股东(即本案原告)违约解除合同造成其停产损失为由,要求原告赔偿损失的问题,因与本案股权转让纠纷非同一法律关系,本案不作处理,第三人可另案主张。

【案件结果】

依照原《中华人民共和国合同法》第四十二条第(三)项、第四十四条,原《最高人民法院关于适用〈中华人民共和国合同法〉若干问题的解释(一)》第九条,原《最高人民法院关于适用〈中华人民共和国合同法〉若干问题的解释(二)》第八条之规定,判决如下:

(1)被告诸某瑞、许某芬于判决生效后五日内退还原告赵某嘉股权转让款人民币 100 万元;

(2)驳回原告赵某嘉的其他诉讼请求。

如果被告未按本判决指定的期间履行给付金钱义务,应当依照《中华人民共和国民事诉讼法》第二百二十九条之规定,加倍支付迟延履行期间的债务利息。

案件受理费 14 808 元,保全费 5 000 元,合计人民币 19 808 元,由原告赵某嘉负担 1 995 元,被告诸某瑞、许某芬负担 17 813 元。

共同欺诈而免除其借款合同保证责任

【案情介绍】

原告:四川省医药工业公司(下称医药公司)。
被告:中国工商银行成都市芷泉支行(下称芷泉支行)。
被告:四川省化学矿山公司(下称化矿公司)。

1988年10月,芷泉支行因进行有奖储蓄业务,急需200台平价彩色电视机,遂以提供平价彩色电视机为条件,向其开户单位化矿公司表示,可向其提供半年期贷款500万元。化矿公司接受芷泉支行提出的条件,并将本公司与广汉公司(该公司未办理工商企业注册登记)签订的购铑粉合同(合同约定履行期限为1988年9月23日前,始终未履行),以及和深圳经济特区对外贸易集团与外商签订的铑粉外贸合同,充作自己公司的内、外贸易合同提交给芷泉支行。同年10月14日,化矿公司依据上述合同,以购铑粉出口为名,向芷泉支行提出贷款申请。同日,芷泉支行与化矿公司签订借款合同,约定芷泉支行向化矿公司出借250万元用于购铑粉出口,月息7.5‰;如借方不能按期还款,贷方有权在担保单位存款账户内扣收;借款期限自1988年10月14日至1989年4月14日止。合同还载明:化矿公司产品销售收入累计完成900万元,利润累计43万元,购买铑粉数量为4千克。化矿公司持填写上述内容的借款合同要求医药公司为其担保,医药公司同意担保,并在合同担保单位栏目内加盖印章。合同一式3份。合同签订后,芷泉支行单方将合同约定的借款数额改为230万元,将其中一份合同交化矿公司。为使借款金额与购货数量相符,又将其持有的另二份合同中写明的购进铑粉数量改为14千克。修改后的合同未交医药公司。同月17日至20日,化矿公司向芷泉支行购买彩色电视机的供方支付20万元,作为芷泉支行购进200台彩色电视机的差价补贴。同月19日,芷泉支行将230万元拨入化矿公司重新设立的账户。同月20日和21日,化矿公司将借款中的100万元用于归还中国工商银行成都市分行信托投资公司借款;91.98万元支付给成都振川商行用于非法倒卖生丝;5.7万元支付成都红光电视机厂彩色电视机差价;20万元划拨入本公司在芷泉支行原开立的账户,用于填补已为芷泉支行支出的彩色电视机差价款;10万元支付橡胶公司货款。借款到期后,化矿公司未归还借款,芷泉支行即致函医药公司要求代偿。医药公司复函称:不知道合同借款数额已更改,且借贷双方的行为违反信贷制度,借款合同已失效,拒绝承担保证责任。芷泉支行即按借款合同中的约定,从医药公司账户陆续扣收33万元。医药公司经多次致函芷泉支行,要求停止侵害未果,遂向成都市中级人民法院提起诉讼。

【案件焦点】

存在共同欺诈的情况下,如何保证合同效力?

【分析与结论】

原告医药公司起诉称:其为化矿公司与芷泉支行签订的借款合同作担保,借款期届满,借款人化矿公司未还款,出借人芷泉支行便在 1990 年 9 月 25 日至 1992 年 6 月 13 日内分别从本公司账户内扣收 33 万元。由于借贷双方恶意串通欺诈担保人,也不向担保人送达担保合同,故请求确认担保合同无效,本公司不承担担保责任,由芷泉支行返还扣收的 33 万元及利息 27 225 元。

被告芷泉支行答辩称:借款合同经担保人签字盖章即成立。原告自愿为借款人担保,不存在欺诈。直接扣收原告账户资金,是履行合同约定,原告应立即履行担保义务,代偿尚欠贷款 197 万元及逾期利息和罚息。

被告化矿公司答辩称:芷泉支行以解决 200 台平价彩电为条件,主动向我公司贷款 500 万元。对于原告担保的 230 万元,我公司只是为了完备借款手续,主观上没有与芷泉支行恶意串通欺诈原告的故意。贷款的结果使我公司陷入更深的危机,真正受益的是芷泉支行。原告侵权,与我公司无关。成都市中级人民法院经审理,认为:化矿公司与芷泉支行签订借款合同时,隐瞒借款的真实用途,以购铑粉出口为名,骗取医药公司为其担保,该行为属欺诈行为,担保无效,医药公司的担保责任免除。芷泉支行违反信贷管理和《借款合同条例》的有关规定,对由此造成的后果应承担法律责任。根据原《中华人民共和国民法通则》第五十八条第一款第三项,原《中华人民共和国经济合同法》第七条第一款第二项的规定,该院于 1994 年 5 月 17 日判决如下:

1. 原告为化矿公司所做的借款担保合同无效,担保责任予以免除。
2. 被告芷泉支行返还原告 33 万元和利息 2.7 万元。在本判决发生法律效力之日起 15 日内付清。

案件受理费 21 510 元,其他诉讼费 5 000 元,共计 26 510 元,由被告芷泉支行负担 13 255 元,被告化矿公司负担 13 255 元。

芷泉支行不服一审判决,向四川省高级人民法院上诉,称:"我支行与化矿公司签订的借款合同有效,医药公司为化矿公司提供担保亦有效。化矿公司虽然改变借款用途,但不影响借款合同和保证合同效力。医药公司自愿为化矿公司借款担保,双方之间不存在欺诈、胁迫。我支行扣取医药公司款项合法,请求撤销原判,确认保证合同有效,判令医药公司履行担保义务。"

被上诉人医药公司答辩称:"上诉人与化矿公司签订借款合同,采用欺诈手段共同虚构借款用途,编造化矿公司的经营及资信情况,使我公司在违背真实意思的情况下提供保证,该保证行为依法属于无效。原判认定事实清楚,适用法律正确。请求维持原判,并加判上诉人继续偿付资金利息。"

化矿公司述称:原审法院收集调查证据齐全,判决认定事实清楚,适用法律正确,请求维持原判决。

四川省高级人民法院经审理后查明:截至 1988 年 9 月底,化矿公司销售收入为 625 万元,已亏损 1.496 万元,欠银行贷款 370 万元,其中包括由芷泉支行代成都信托公司向化矿公司出借的 100 万元。化矿公司的经营及资信情况已通过财务报表告知芷泉支行。

四川省高级人民法院经审理,认为:化矿公司与芷泉支行为实现各自的利益,由化矿公司虚构借款用于购买铑粉供出口的事实,向芷泉支行提出借款申请;芷泉支行明知化矿公司申请借款的合同依据虚假,仍与其签订借款合同,同时,隐瞒化矿公司经营及资信的真实情况,致使医药公司在不明真相、违背其真实意思的情况下,为化矿公司提供担保。事后,芷泉支行又擅自改变借款金额及购货数量,且未将正式合同文本返回医药公司,继续使医药公司处于不知情的状况。因此,化矿公司与芷泉支行的行为已共同构成对医药公司的民事欺诈,医药公司的担保行为因受欺诈而无效,担保责任应予免除。芷泉支行依据无效保证合同扣划医药公司的款项,没有合法依据,应承担返还所扣款及相应利息的责任。据此,芷泉支行上诉理由不能成立,不予支持。原审判决认定事实清楚,审判程序合法,适用法律正确。但芷泉支行占用资金利息应计算至付清之日止。依照《中华人民共和国民事诉讼法》第一百五十三条第一款第(一)项、原《中华人民共和国民法通则》第六十一条第一款之规定,该院于 1995 年 2 月 15 日判决如下:

1. 维持成都市中级人民法院民事判决;
2. 加判芷泉支行继续向医药公司偿付 33 万元的资金利息,自 1992 年 12 月 24 日起按中国人民银行同期流动资金贷款利率计算至付清之日止,于本判决生效后 15 日内付清。

本案第二审案件受理费 21 510 元,其他诉讼费 2 000 元,共 23 150 元,由芷泉支行承担。

本案系保证合同纠纷。一、二审法院判决认定保证合同无效,保证人免除保证责任,是正确的。首先从本案事实看,借款合同无效。一、二审法院未确认借款合同的效力,主要是基于原告保证人的诉讼请求,因此法院着重审查保证合同效力及保证人的责任。本案借款合同借款方化矿公司以虚假购销合同作为申请借款的凭证,贷方芷泉支行明知此情仍予出借,双方显然属于恶意串通,借款合同当系无效。主合同无效,从合同也无效。因而医药公司所为之保证合同,亦属无效。

其次,保证合同无效,保证人的责任并非绝对免除,这还要视保证人对主合同无效在主观上有无过错,是否真实意思表示。医药公司是在化矿公司、芷泉支行双方的共同欺诈、不明真相的情况下提供担保的。化矿公司、芷泉支行共同欺诈的行为表现在以下方面:(1)借款人化矿公司虚构借款用途,并提供虚假的铑粉购销合同。(2)贷款方芷泉支行明知申请贷款合同依据虚假,但为非法谋取 20 万元彩电差价而予以确认,且因工商银行成都市分行贷款批准额度230 万元的限定,擅自将合同借款数额由 250 万元改为 230 万元,购货数量由 4 千克改为 14 千克,修改后的合同也未再交保证人医药公司。(3)借、贷双方共同隐瞒借方化矿公司的经营及资信情况,使保证人处于受蒙蔽和不知情的状态,从而做出违背自己意愿的保证行为。最高人民法院《关于审理经济合同纠纷案件有关保证的若干问题的规定》第十九条规定:"主合同债权人一方或者双方当事人采取欺诈、胁迫等手段,或者恶意串通,使保证人在违背真实意思情况下提供保证的,保证合同无效,保证人不承担责任。"据此,本案保证人不承担保证责任。

中银保险有限公司北京分公司保险合同纠纷案

【案情介绍】

原告周志成诉称：2010年8月23日16时，原告在北京标龙汽车销售公司购买了一辆标致轿车，并通过汽车销售公司（被告的保险代理机构）在被告处投保了机动车交通事故责任强制保险、第三者责任险和机动车损失险，其中第三者责任险的保险金额为30万元，机动车损失险的保险金额为151 900元，保险期间为1年。机动车损失保险条款约定："发生保险事故时保险机动车没有公安交通管理部门及其他相关管理部门核发的行驶证、号牌，或临时号牌或临时移动证，不论任何原因造成保险机动车的任何损失和费用，保险人均不负责赔偿。"原告在投保时签署了投保单并在投保单上声明："保险人已将投保险别对应的保险条款，特别是责任免除、投保人、被保险人义务、赔偿处理以及其他免除保险人责任的条款向本人做了明确说明，本人已充分理解；上述所填内容均属实，同意以此投保单作为订立保险合同的依据。"

2010年8月28日，原告驾驶被保险车辆在北京市朝阳区朝阳路与姚春海驾驶的电动三轮车发生交通事故，导致姚春海驾驶的电动三轮车又与行人陈雨竹、张喜鹏接触，造成两车受损，原告、姚春海、陈雨竹和张喜鹏四人不同程度地受伤。经交通管理部门认定，原告负全责，姚春海无责。原告因此次事故支付被保险车辆修理费9 135元，赔偿姚春海、陈雨竹、张喜鹏医疗费等损失共208 114.71元。事故发生时，被保险车辆尚未办理车辆登记，在诉讼中取得了车牌号；事故发生后，被告赔偿原告交强险保险金67 550元，但拒绝赔偿剩余损失。原告提起诉讼，要求被告赔偿车损险和三者险保险金，共149 697元。

被告中银保险有限公司北京分公司辩称：被告对双方订立保险合同及事故发生无异议，但提出，原告在投保时签订了投保单，声明已充分理解了免责条款。根据车损险条款和三者险条款的约定，被保险车辆在事故发生时没有悬挂任何号牌，属于免责范围，故不同意原告的诉讼请求。

在庭审过程中，原告称投保时虽然签署了投保单，但被告在投保时并未向原告送达保险条款，亦未提示和解释、说明免责条款，并向法庭提交了汽车销售公司销售顾问丛子涵的证人证言予以证明。丛子涵证实投保时确实没有向原告送达条款，也没有对免责条款进行解释、说明。被告对丛子涵的证人证言无异议，但认为原告既然签署了投保书，就应当适用免责条款。本案的焦点为免责条款是否生效。

北京市东城区人民法院于2012年6月1日做出东民初字第03609号民事判决：判决被告赔偿原告车辆损失、保险金9 133元及商业第三者责任保险金98 395元，驳回原告其他诉讼请求。被告不服一审判决，提起上诉。在北京市第二中级人民法院的主持下，双方达成调解协议,如被告能在指定日期前向原告赔偿,则只需赔偿原告商业第三者责任保险金 98 395 元,否则按照一审判决确定的金额进行赔偿。

法院生效裁判认为:原告在投保时虽然签署了投保单并声明被告已对免责条款做了明确说明,但是,证人丛子涵证实,在投保时未向原告送达保险条款,亦未对免责条款进行提示和说明,而被告对丛子涵的证人证言未提出异议。事实上,原告在买车当日 17 时即离开了汽车销售公司,而保险条款是在 17 时 53 分才打印出来,并且一直放在丛子涵处,直到保险事故发生时,原告才取得了保险条款。而丛子涵在向原告销售汽车和保险时,刚上岗 1 个月,自己对免责条款的内容和含义还不清楚,根本无法向原告解释和说明免责条款。

因此,丛子涵的证人证言具有较高的证明力,一审法院对被告在投保时没有向原告送达保险条款,也没有对免责条款进行解释、说明的事实予以确认。根据《中华人民共和国保险法》(以下简称《保险法》)第十七条的规定,订立保险合同,采用保险人提供的格式条款的,保险人向投保人提供的投保单应当附格式条款,保险人应当向投保人说明合同的内容。对保险合同中免除保险人责任的条款,保险人在订立合同时应当在投保单、保险单或者其他保险凭证上做出足以引起投保人注意的提示,并对该条款的内容以书面或者口头形式向投保人做出明确说明;未作提示或者明确说明的,该条款不产生效力。在被告确实没有履行免责条款的提示、解释和说明的情况下,即使原告签署了投保书并声明理解了免责条款,免责条款也不能生效。

但是,原告在购买新车后 4 个工作日的时间内,没有正当理由不办牌照上路行驶,违反了《道路交通安全法》的强制性规定,对造成免除责任条款的无效和保险事故的发生也有一定的过错,可适当减轻被告的赔偿责任,关于减轻的责任比例,一审法院酌情裁量为 30%。对于交强险已经赔付的部分,应予扣除。

【案件焦点】

在保险人确实没有履行免责条款的提示、解释和说明义务的情况下,即使投保人签署了投保书并在投保书上声明已经理解了免责条款,该免责条款也不产生效力。

【分析与结论】

本案中,被告是否能够依据免责条款对原告的损失拒赔?要回答这个问题,首先要明确免责条款生效的法律要件。

《保险法》第十七条规定:订立保险合同,采用保险人提供的格式条款的,保险人向投保人提供的投保单应当附格式条款,保险人应当向投保人说明合同的内容。对保险合同中免除保险人责任的条款,保险人在订立合同时应当在投保单、保险单或者其他保险凭证上做出足以引起投保人注意的提示,并对该条款的内容以书面或者口头形式向投保人做出明确说明;未作提示或者明确说明的,该条款不产生效力。根据该条规定,保险人必须在投保时向投保人送达保险条款,并对其中的免责条款进行提示、解释和说明,免责条款才能具有法律效力。当发生了免责条款约定的事由时,保险人才能依据免责条款不予赔偿。而免责条款生效的法定条件是保险人确实在投保时履行了免责条款的提示、解释和说明义务,而不是投保人签署了投保单,或者声明其理解了免责条款。签署投保单和声明理解免责条款,都是对被告履行了免责条款的提示、解释和说明义务的记录,在诉讼中可以作为被告履行相应义务的证明。当有相反证据证明被告确实没有履行免责条款的提醒、解释和说明义务时,投保书的记录内容即不是案件事实,投保书自然也不能作为认定案件事实的依据,保险人也不能依据投保书免予赔偿。

保险人因从事保险业务的经营,精通保险合同条款,且保险合同条款通常为保险人预先做成的格式条款,大多经过保险业专门人士的字斟句酌。而投保人由于受到专业知识的限制,对保险业务和保险条款都不甚熟悉,对合同条款内容的理解也可能存在偏差、误解,这些情况都可能导致被保险人、受益人在保险事故发生后,无法得到预期的保险保障。因此,保险人在订立保险合同时应当按照最大诚信原则的要求,对保险合同条款,尤其是免责条款的内容、含义做出明确的解释和说明,使投保人能够正确理解合同,自愿投保。

在审理案件中发现,一些保险人在展业过程中,缺乏服务意识和诚信意识,存在不向投保人送达保险条款、不提示免责条款、不履行免责条款的解释和说明、保险代理人代签投保单等不规范的承保行为。这些行为不仅侵害了投保人的知情权,对自愿投保造成妨害,还容易引发理赔纠纷,增加保险人的经营风险和诉讼风险,应当加以纠正。

有限公司保险代位求偿权案

【案情介绍】

原告中华联合财产保险股份有限公司绍兴中心支公司（以下简称联合财保绍兴公司）诉称：湖南金昌房地产开发有限公司隶属于浙江金昌房地产集团有限公司。2008年3月13日，湖南金昌房地产开发有限公司与被告长沙时代帝景大酒店有限公司（以下简称时代帝景大酒店）签订办公用房租赁合同，租赁期间为2008年3月28日至2011年3月27日，其中约定由时代帝景大酒店提供车位。2008年6月8日，被告地下停车库因暴雨积水，导致浙江金昌房地产集团有限公司绍兴分公司的浙D××××88号车被水淹，该车受损。该车损失险投保于原告处，保险金额为2 680 000元。车辆经原告与浙江金昌房地产有限公司绍兴分公司共同定损，确定车损为890 753元，原告支付了该理赔款，并签订机动车辆保险权益转让书，约定由原告向被告追偿已支付的理赔款。被告作为事故发生地的经营单位，对该车具有保管义务，应对停放在其地下车库的浙D××××88号车辆损失承担最终赔偿责任。故请求法院判令：被告支付原告追偿款890 753元。

被告时代帝景大酒店辩称：(1)被保险人在酒店地下车库的车位由被告免费提供，未收取任何费用，在被告不存在重大过失的前提下，不应对被保险人车辆的损失承担赔偿责任。本案中，根据谁主张、谁举证的原则，应由原告提供证据证明被告在此次事故中存在重大过失，否则被告不应对被保险车辆的毁损承担赔偿责任；(2)本案中保险事故的发生是因洪水进入市政管道，倾入被告酒店地下车库导致被保险车辆毁损。洪水倾入酒店地下车库这一事件已经人民法院生效判决书确认为不可抗力事件。故被告对此保险事故的发生不应承担任何责任。(3)保险代位求偿权是从属于被保险人对第三者的赔偿请求权，其诉讼时效应当与被保险人向第三者要求赔偿的时效一致，即需以被保险人仍能行使其民事赔偿权利为前提。本案中，被保险人向第三者行使民事赔偿权利的诉讼时效应从保险事故发生之日起算，即2008年6月8日洪水倾入被告地下车库之日起计算。根据我国法律规定，保管责任适用1年的特别诉讼时效，故被保管人及原告未在2009年6月8日诉讼时效期内向被告索赔或主张权利，已超过诉讼时效。综上，请求法院驳回原告的诉讼请求。

法院经审理查明：2008年3月，湖南金昌房地产开发有限公司与被告时代帝景大酒店签订《办公用房租赁合同》，约定租用被告酒店第8层作为办公用房，并由被告免费为其提供停车位，租赁期至2011年3月27日。合同签订后，该公司遂将控股公司浙江金昌房地产集团有限公司名下浙D××××88奔驰牌小轿车停放于被告地下车库内。2008年6月8日晚，因天降暴雨，湘江水位上涨，洪水倒流进入市政排水管道，导致时代帝景大酒店地下车库被淹。被告当即电话通知车辆使用人,并采取在车库口放置挡板、沙袋等抗洪措施,但停放于该车库的浙D××××88奔驰牌小轿车未能幸免遭水淹没。该车被淹后,浙江金昌房地产集团有限公司绍兴分公司及时联系原告联合财保绍兴公司,协商车辆损失险赔偿事宜,经双方共同定损后,确定车辆损失为890 753元,原告先行赔付,并签订《机动车辆保险权益转让书》,约定将保险理赔的一切权益转让给原告,原告有权以自己名义向责任方追偿或诉讼。2010年5月26日,原告向被告发函称该车损失由于被告原因造成,要求被告履行赔偿责任。次月7日,被告回函称原告行使代位求偿权缺乏事实证据,对该车不承担保管责任,车辆被淹系不可抗力事件所致。原告遂诉诸法院,请求法院判决被告支付原告追偿款890 753元。

湖南省长沙市岳麓区人民法院于2012年7月30日做出(2012)岳民初字第01304号民事判决:驳回原告中华联合财产保险股份有限公司绍兴中心支公司的诉讼请求。宣判后,双方均未上诉,一审判决已发生法律效力。

法院生效裁决认为:(1)关于本案诉讼时效问题。保险代位求偿权是一种法定的请求权转移,从属于被保险人对第三者的赔偿请求权,属于债权请求权的范畴。在《保险法》未就保险代位权设置独立的诉讼时效制度时,诉讼时效应与被保险人对第三者的求偿权一致,适用民法中关于债权请求权的规定,即诉讼时效应自被保险人知道或应当知道权利被第三者侵害时起计算。具体到本案中,依涉案被保险车辆使用人与被告间的合同约定,"被告免费提供停车位",从其文意及合同履行来看,双方未形成车辆寄存关系,仅形成停车位借用关系。该车受损发生于2008年6月8日,当日被保险人即知道了受损的原因及事实,因此,本案的诉讼时效应自此日起至2010年6月7日止。在该期间内,本案原告在给付了保险赔偿金后与被保险人就保险标的的代位求偿权进行约定,于2010年5月26日向原告提出主张,那么自该日起诉讼时效中断,诉讼时效应重新计算。因此,原告在2012年5月17日向法院提起诉讼,并未超过诉讼时效。(2)关于原告保险代位求偿权的认定。基于"谁主张、谁举证"原则,原告联合财保绍兴公司主张保险代位求偿权,诉请被告给付车辆损失赔偿金,根据我国《保险法》第六十条之规定,其应举证证明原告向被保险人赔偿了保险金,被告对保险标的的损害存在过错。经查明:(1)涉案车辆受损的根本原因是暴雨导致洪水倒流进入市政排水管道,致使车库积水,是不可抗力,被告对此损失并无主观上的故意;(2)原告在诉讼中提交的证据不足以证明涉案车损是因被告过错,因此,原告承担举证不能的不利后果;(3)基于权利与义务相一致和公平原则,被告在本案中应承担有限注意义务。本案中,被告提交的证人证言证明被告在事发当晚通知了车辆使用人,并采取了抗洪措施。那么在原告未提供相反证据证明的情况下,应推定被告已履行了必要之注意义务,主观上无过错。综上,现有证据不能证明被告对保险标的的损害发生存在过错,原告不享有保险代位求偿权。

【案件焦点】

保险代位求偿权是一种法定的请求权转移,其从属于被保险人对第三者的赔偿请求权,属于债权请求权的范畴。因此,在《保险法》未就保险代位权设置独立的诉讼时效制度时,其诉讼时效应与被保险人对第三者的求偿权一致。

寄存关系的根本属性在于合同标的是受寄托人的保管行为,即受寄托人对动产享有排他占有和部分控制权,进行保存和管理,应与借用关系区分。

【分析与结论】

　　该案是一起免费停车受损引发的保险代位求偿权纠纷。随着车辆使用的普及,在超市、酒店等免费提供停车场所发生的盗窃、水淹等非因车位所有人自身过错造成的纠纷时有发生,如何界定这一法律关系,是判定车位所有人或管理人责任承担的基础,也是认定此类纠纷引发的保险代位求偿权中第三者责任的基础。与此同时,由于保险代位求偿权系债权请求权,从属于被保险人对第三者的赔偿请求权。因此,在法律未对保险代位求偿权的诉讼时效做明确规定的情况下,辨析保险代位求偿权的性质,确定诉讼时效的起算时间,也是正确判定第三者的前提。该案以双方当事人争议焦点为切入点,通过对比寄存与借用两种法律关系,对本案免费使用第三者车位的性质、第三者应尽之义务进行了分析。并从保险代位求偿权的法律属性入手,对保险代位求偿权诉讼时效认定原则、起算时间进行了阐述。

　　本案中,无论原告是否超过诉讼时效,还是被告是否承担赔偿责任的判定,均涉及被保险人、第三者、本案被告之间基础法律关系的界定。即双方在租赁合同中约定第三者无偿提供停车位给被保险人,双方就停车位使用是否形成寄存法律关系。

　　所谓寄存又称为保管。在法国民法中,寄托分为通常寄托和讼争物寄托两类。通常寄托,是指寄托合同期满后保管人将保管物原物返还寄托人的寄托。讼争物寄托,是指将相互争执的物品在判决生效前进行保管,于判决生效或当事人和解后将物交付给取得所有权的人的寄托。《德国民法典》没有对寄托合同的类型进行划分,但规定了旅店主人对旅客旅游中物品的责任。日本民法中将寄托分为一般寄托和消费寄托,消费寄托是指保管人取得保管物的所有权,于合同期限届满,只负返还种类、品质、数量相同的物品义务的寄托类型。原《苏联民法典》中称"寄托"为"保管"。我国亦沿用苏联的称呼,也使用"保管"的称呼。根据我国的法律规定,寄存是指当事人一方以物交付他方,他方妥为保管之契约。其根本属性在于合同标的是受寄托人的保管行为,即受寄托人对动产享有排他占有和部分控制权,进行保存和管理。

　　就本案而言,被保险人的涉案车辆因使用人与被告间的《办公用房租赁合同》而停放在被告的地下车库内。(1)依合同条款,约定"被告免费提供停车位",首先从文意上理解,被告只是将停车位的使用权让渡给承租人(车辆使用人),实为出借停车位给承租人,并未包含由被告保管车辆之意;其次从合同整体内容上看,合同的根本目的是承租人租赁被告的楼房以办公。由此可知被告免费提供停车位只是为承租人提供办公方便,以促成房屋租赁的实现,亦未包含将车辆交由被告保管之目的。(2)就合同实际履行而言,诉讼中原、被告双方未举证证明被告对涉案车辆具有排他占有和控制的保管行为。因此双方也未形成事实上的保管关系。综上所述,根据现有证据和事实,被告与车辆使用人没有形成车辆寄存关系,仅形成停车位借用关系。车辆所有权人即被保险人基于此合同与被告亦形成停车位借用关系。

　　在保险代位求偿权纠纷中,保险人应举证证明第三者对保险标的的损害存在过错。因此,分析基础关系中第三者的注意义务尤为重要。

　　民法上的注意义务源于对过错的判定,作为过失判断的一种主要理论和学说,流行于英美法系,也为许多大陆国家的立法和司法实践所采纳。我国司法实践中,在界定责任人的过错时,也往往是推定责任人是否尽到应尽之注意义务。关于注意义务的程度,国外的学说和实践一般有三种:一是普通人的注意,即在正常情况下一般人即可尽到的注意程度;二是行为人平日处理自己的事务时所用到的注意程度;三是原《中华人民共和国合同法》第十九章专门规定了保管合同。善良管理人的注意，它与罗马法上的"善良家父之注意"和德国法上的"交易上必要之注意"相当，即依据交易上的一般观念，具有相当知识与经验的人对于一定事件所用到的注意程度。由此，我们在推定责任人应尽之注意义务时，应以诚信、公平与权利相一致为基础，考虑不同法律关系中不同义务主体的职业或行业特性，综合判定。

在停车位借用法律关系中，出借人所应承担的注意义务应为一般车位所有人或管理人对车位的日常维护，及车位上所泊车辆的必要管理，系一般、有限注意义务。具体到本案而言，被告应尽的注意义务应为是否采取了通知车主、采取力所能及之抗洪措施。在原告未举证证明被告违反该注意义务的情况下，应推定被告已履行了必要之注意义务，主观上无过错。

在保险意识日益普及的当代，保险纠纷也在不断增加，保险公司先行赔付再代位追偿已成为我国保险事故对外赔付的主要方式与一般程序。但永远滞后于现实的立法并未对保险代位求偿权的诉讼时效等问题做出明确详细的规定，这就导致实践认定不一。笔者认为，保险代位求偿权的诉讼时效期间应基于被保险人与第三者间的基础法律关系确定。其诉讼时效的计算，应基于被保险人能够向致害第三者行使索赔请求权之时开始计算，即从涉案财产受损发生之日起计算。理由如下：

（1）保险代位求偿权属于债权请求权范畴，其从属于被保险人对第三者的赔偿请求权，而非一种独立请求权。因此，在《保险法》未就保险代位权设置独立的诉讼时效制度时，其诉讼时效应与被保险人对第三者的求偿权一致，即保险人向第三者行使赔偿请求权的诉讼时效期间与被保险人向第三者行使赔偿请求的诉讼时效期间相同，适用民法关于债权请求权的规定。

（2）关于保险代位求偿权诉讼时效的起算时间，理论上存在争议。一种观点认为诉讼时效的起算点为保险人知道有赔偿义务人时。该观点的学者认为，若保险人不知道存在有赔偿义务人，则无法代位行使求偿权利。另一种观点认为，诉讼时效的起算点为被保险人知有赔偿义务人时。即保险代位求偿权的诉讼时效应从被保险人能够向致害第三者行使索赔请求权之时开始计算。笔者倾向于第二种观点。理由是：①如前所述，保险代位求偿权从性质上来说是一种债权的转移，根据"任何人不得将大于自己所有之权利让与他人"的法理可知，保险代位求偿权的行使理应受被保险人对第三者原有索赔请求权的制约，当然包括权利行使时效的制约。因此，保险代位求偿权的诉讼时效的起算点应为被保险人能够向第三者行使索赔请求权时。②从第三者抗辩权益看，第三者对造成的保险事故应向被保险人负损害赔偿责任的，则其所享有的诉讼时效方面的利益，不因存在保险代位求偿权而有所改变。③从社会效益看，依被保险人确定诉讼时效起算点，将促使保险人加快向被保险人支付保险赔偿金的理赔速度，以尽早行使代位求偿权，避免超过诉讼时效，更利于保险业的完善及被保险人权益的及时补偿。

有限责任公司票据追索权案

【案情介绍】

原告袁占友诉称：2010年12月29日，原、被告双方结算，被告尚欠原告木材款8万元人民币。后被告支付原告中国建设银行转账支票1张（支票号07640093），原告于2010年12月31日到银行承兑，结果存款不足，支票被退回。经多次向被告催讨，至今未果。现请求判令被告支付原告材料款8万元并承担本案诉讼费。

被告北京市紫阳福源建筑装饰有限责任公司（以下简称福源公司）辩称：2009年4、5月份，我公司从原告处购买木材。当时应原告要求押给其1张我公司的空白转账支票。原告所供货物扣除退货以及我公司支付的货款外，仅欠2万余元。支票上的金额是原告私自填写的，与实际完全不符。因此，不同意原告的请求。法院经审理查明：2009年，福源公司陆续从袁占友经营的加工部购买木材。在履行过程中，福源公司交付给袁占友中国建设银行转账支票1张，该支票上记载的出票日期为2010年12月29日，出票人为福源公司，票据金额为8万元。2010年12月31日，袁占友将支票存入银行。因存款不足，该支票被银行退回。

北京市房山区人民法院于2011年5月3日做出(2011)房民初字第01941号民事判决：驳回原告袁占友的诉讼请求。宣判后，袁占友向北京市第一中级人民法院提起上诉。北京市第一中级人民法院于2011年9月16日做出(2011)中民终字第10563号民事判决：驳回上诉，维持原判。

法院生效判决认为：根据法律规定，票据的签发、取得和转让，应当遵循诚实信用的原则，具有真实的交易关系和债权债务关系。票据债务人可以对不履行约定义务的与自己有直接债权债务关系的持票人，进行抗辩。本案双方之间存在买卖合同关系。袁占友虽持有福源公司出具的转账支票，但福源公司对票据金额的真实性提出异议。对此，袁占友作为供货方，应当对其供货事实承担举证责任，以便确定双方之间真实的债权债务关系。现袁占友未履行相应的举证责任，应当承担不利后果。依照《中华人民共和国票据法》（以下简称《票据法》）第十条的规定，判决如下：驳回原告袁占友的诉讼请求。

【案件焦点】

票据关系中的持票人在行使票据权利时，其直接前手可以以基础原因关系进行抗辩。票据的无因性是相对的，不及于票据直接前后手关系；在举证责任的分配上，持票人应对自己一方履行了基础关系中约定的义务承担举证责任。

【分析与结论】

本案的裁判要旨为：票据关系中的持票人在行使票据权利时对其直接前手可以以基础的原因关系进行抗辩。票据的无因性是相对的，不及于票据直接前后手关系；在举证责任的分配上，持票人应对自己一方履行了基础关系中约定的义务承担举证责任。

《票据法》上存在票据无因性的理论，即票据关系一经形成就与票据原因关系、票据预约关系、票据资金关系互相分离、互相独立。形成这一理论的原因是便利票据的流通，防止因票据的基础关系存在瑕疵导致票据的流通受限制，影响民商事活动的效率，又兼顾了保证涉及不特定第三人的合法持票人的票据权利的实现。这体现了商事法的重要精神内涵——效率优先、注重保护交易安全。

但同时，我国《票据法》又明确规定：票据的签发、取得和转让，应当遵循诚实信用的原则，具有真实的交易关系和债权债务关系。票据债务人可以对不履行约定义务的与自己有直接债权债务关系的持票人，进行抗辩。可见，从立法精神来看，在坚持票据行为无因性的同时，坚持在票据当事人的直接前后手之间应当存在真实的民事基础关系，构成票据行为无因性的例外。这是因为在票据关系和原因关系平行共存于票据债务人和持票人之间、票据尚未流转至第三人的场合，交易公平和诚信理应得到优先保护，因为这种情况下承认票据关系和原因关系的关联性无碍于交易安全，有利于促进公平。

关于基础原因关系中的举证责任分配，《最高人民法院关于审理票据纠纷案件若干问题的规定》第十条规定："票据债务人依照票据法第十三条的规定，对与其有直接债权债务关系的持票人提出抗辩，人民法院合并审理票据关系和基础关系的，持票人应当提供相应证据，证明已经履行了约定义务。"据此，若直接前手提出持票人未履行基础关系中的约定义务，应由持票人提供相应的证据，证明已经履行了约定义务。本案中持票人即原告袁占友作为基础买卖合同中的供货方，不能提供自己供货的证据以证明已经按照约定履行了义务，因此，应当承担不利后果，该举证责任的分配，是在人民法院合并审理票据关系和基础关系时的分配方式。谁主张、谁举证是分配举证责任的基本原则，为避免责任分配的不公，法律确定举证能力原则予以补充。在此类纠纷中要求票据债务人举证证明持票人没有履行基础关系的约定义务，会使票据债务人陷入举证客观不能的境地，有悖于法律的公平正义。实践中还有可能出现的情况是，直接前手否认其与持票人存在基础关系或者提出持票人未完全履行基础关系中的约定义务，在此一并分析。若直接否认基础关系的存在，根据《票据法》第十条"票据的签发、取得和转让，应当遵循诚实信用的原则，具有真实的交易关系和债权债务关系"的规定，直接前手票据行为的行使，应当基于真实的基础关系，因此应由直接前手对双方之间存在基础关系承担初步的举证责任；如果直接前手提出，持票人未完全履行基础关系中的约定义务，实际直接前手对于持票人履行约定义务并无异议，只是认为其履行有瑕疵，所以仍应当依据谁主张、谁举证的原则，由直接前手对持票人未完全履行约定义务承担举证责任。

涉外摄影作品权属及网络下载使用侵权认定案

【案情介绍】

原告诉称：被告快科电梯公司未经原告华盖公司许可，擅自在其《电梯产品导购手册》中使用了 Photodisc 品牌 1 幅图片，图片编号为 AA005993，图片内容是人物。在《激情超越、喜悦共享》宣传册中使用了 Photodisc 品牌的 2 张图片，图片编号为 BU011334，图片内容是齿轮；图片编号为 DV227001，图片内容是建筑。使用了 Digital Vision 品牌的 1 张图片：图片编号为 DV050009，图片内容为仓库。上述图片作品的著作权属于美国 Getty Images, Inc. 所有，而原告华盖公司是 Getty Images, Inc. 在中国的授权代表，在中国境内享有对上述图片作品展示、推销、许可他人使用、对侵权行为主张索赔等权利。原告华盖公司发现被告快科电梯公司侵害其著作权财产权后，曾多次致函，要求被告依法承担停止侵权、赔偿损失等责任，但被告均未予理会。根据《著作权法》及相关法律规定，被告未经原告授权，擅自使用上述图片作品，已构成著作权侵权，依法应承担停止侵害、赔偿损失等在内的法律责任。为维护自身合法权益，原告特向法院提起诉讼，依法请求：(1)判令被告立即停止侵权，支付侵权赔偿金 4 万元，支付原告律师费及其他为制止侵权行为所支付的合理开支 2 050 元；(2)判令被告承担本案的诉讼费用。

被告快科电梯公司辩称：(1)原告没有充分出具著作权人的身份和权属证明，无法确定其为著作权人。著作权登记证书是证明著作权属的有力证明，原告应该拿出讼争四张图片的原始底片或原始数码文件来证明这些图片的版权归属。(2)《激情超越、喜悦共享》和《电梯产品导购手册》是学校合理使用的教科辅导资料，讼争图片在教材中也仅仅起着辅助阅读的次要作用。教材的合理使用是法律许可的使用，不是侵权行为。(3)教材资料中的讼争图片分别来自"天堂图片网"的命名为《施工现场图片 061》《齿轮图片 082》及"图行天下网"的命名为《家庭人物 0002》及"红动中国网"的命名为《堆满物品的仓库货架》的图片名称及编号，而并非原告宣称的"AA005993、DV050009、BU011334、DV227001"。被告从未上过原告网站，也从未接触过原告的网络图片。况且原告也无法证明其网络刊登 4 张讼争图片的时间一定早于其他网络刊登的时间。被告已极尽"注意"义务，如果在这种情况下使用作品要指明作者姓名、作品名称的话，也一定是指明图片来自"天堂图片网"的命名为《施工现场图片 061》《齿轮图片 082》及"图行天下网"的命名为《家庭人物 0002》及"红动中国网"的命名为《堆满物品的仓库货架》的图片名称及编号。被告恳请法院维护被告合法权益，公正判决，驳回原告所有请求。

法院经审理查明：原告华盖公司系盖帝图像有限公司，按照关键词"原创"，未搜索到涉案内容为仓库的摄影作品，而按照关键词"非原创"，则可以搜索到涉案内容为仓库的摄影作品。原告、被告对上述过程均予以确认；被告快科电梯公司在《电梯产品导购手册》中使用了与编号为 AA005993(家庭)讼争作品相同的图片。在《激情超越、喜悦共享》手册中使用编号为BU011334(齿轮)、编号为DV227001(建筑)、编号为DV050009(仓库)3 张图片,其中内容为建筑的图片,与原告诉称享有著作权的内容为建筑的摄影作品基本一致,略有区别,区别在于被告使用的图片上没有建筑工人。

2008 年 10 月 28 日,原告华盖公司与昆明杰奇广告有限公司就 Photodisc 品牌的 DetailofanAirplane 作品签订了《图片使用许可合同》,使用费为人民币 1 万元。2008 年 11 月 21 日,原告华盖公司与浙江永康力士达铝业有限公司就 Digital Vision 品牌的 Underside of breakingwave 作品签订了《图片使用许可合同》,使用费为人民币 8000 元。

被告快科电梯公司于 2009 年 11 月份在"天堂图片网""红动中国网""图行天下网"下载了涉案的 4 张图片,分别使用在《电梯产品导购手册》与《激情超越、喜悦共享》中。2009 年 9 月14 日,《关于确认福建省学习型组织创建单位、福建省社区教育实验单位的通知》记载被告为"福建省学习型组织创建单位"。2009 年 10 月 22 日,被告快科电梯公司与福州市建筑工程职业中专学校签订《校企合作冠名班级协议书》。2011 年 10 月 18 日,福州建筑工程职业中专学校出具"证明",内容为"《激情超越、喜悦共享》《电梯产品导购手册》为'快科班'教学辅导资料,供学校学生个人学习、课堂教学实践及培训科研人员使用"。

另查:为本案诉讼,原告支付档案查询打印费 50 元,律师费 2 000 元。

上述事实,由《公证书》《激情超越、喜悦共享》《电梯产品导购手册》《使用许可合同》《关于确认福建省学习型组织创建单位、福建省社区教育实验单位的通知》《校企合作冠名班级协议书》、"证明"及收款回单、律师费发票、委托合同以及庭前会议和开庭笔录等予以佐证。福州市中级人民法院于 2011 年 12 月 1 日做出榕民初字第 400 号民事判决:(1)被告福州快科电梯工业有限公司自本判决书生效之日起立即停止侵犯原告华盖创意(北京)图像技术有限公司涉案四幅摄影作品的著作权;被告福州快科电梯工业有限公司自本判决书生效之日起十日内赔偿原告华盖创意(北京)图像技术有限公司经济损失及合理费用共计人民币 14 050 元;(2)驳回原告华盖创意(北京)图像技术有限公司的其他诉讼请求。

一审宣判后,双方均未上诉,判决生效。法院生效判决认为:

根据《著作权法》的规定,如无相反证据,在作品上署名者为作者,并享有著作权。根据原告提交的(2008)京方圆内经证字第 21711 号《公证书》以及 www.gettyimages.cn 网站关于涉案摄影作品的版权说明,被告快科电梯公司未提供相反证据,因此可以认定 Getty Images, Inc. 为涉案摄影作品的著作权人。本案原告经 Getty Imags, Inc. 授权获得在中国境内进行相关作品的使用许可,同时有权以自己的名义对侵权行为提起诉讼。因此,华盖公司是本案适格原告。

被告快科电梯公司在《电梯产品导购手册》与《激情超越、喜悦共享》中使用的 4 张图片中3 张与原告涉案作品相同,内容为建筑的图片略有区别,由于对在建建筑物的拍摄,除非巧合,否则难以拍摄出建设进度、角度完全相同的图片,且被告诉称来源的网站上的图片也与原告涉案作品相同,在被告未举证证明图片出于不同作者的情况下,可以推定被诉图片系经技术处理后所得,认定被告被诉图片与原告涉案作品属于相同作品。未经原告许可,被告在《电梯产品导购手册》与《激情超越、喜悦共享》中使用涉案 4 张图片的行为侵犯了原告涉案摄影作品的著作权。理由:(1)被告辩称两份手册是以教学为目的未公开出版发行的少量的用于福州市建筑工程职业中专学校"快科班"专用教学辅导资料。为学校课堂教学或者科学研究,少量复制已发表作品,不向其支付报酬,是法律许可的使用,不属于侵权行为。法院认为,从上述两份手册看,不属于教学辅导资料。从《电梯产品导购手册》的名称来看,"导购"手册是属于购买的指导手册,另外,从该手册的内容来看,内容属于对"威丽尔·斯"私家电梯的广告宣传,未见适合教学使用的内容,如"不同的内饰、质地、造型能与您的室内装修风格自然融合""为了提高您的生活环境和质量……特推出威丽尔·斯私家电梯,以满足高质量生活的需求"等。从《激情超越、喜悦共享》手册的内容来看,属于公司的宣传手册,也未见适合教学实践的内容,如"快科为您准备了最优秀的城市垂直运输专家,随时恭候您的垂询"、"快科为您提供特种电梯的量身定做,以满足您不同的要求,确保每个客户都能购买到适合他们的最佳电梯"等。虽然不能排除上述 2 份手册有可能会提供给"快科班"的学生作为参考,但从手册的内容来看,其受众群体并不是学生,而是电梯的消费者。因此,被告辩称手册属于教学使用,不构成侵权的主张,法律依据不足。(2)被告辩称讼争 4 张图片来源于天堂图片网、红动中国网和图行天下网。由于上述网站其中两个已声明对网站图片不享有著作权,一个网站查询到的涉案图片属于非原创,说明 3 个网站对涉案图片均没有著作权,被告以来源于上述 3 个网站为由认为不侵权的主张,不予支持。

综上所述,被告未经原告许可,也未支付报酬,在其公司的产品宣传册上使用了原告享有著作权的摄影作品,该行为系商业使用,不属于著作权合理使用的范围,其行为已侵犯了原告享有的涉案作品的著作权,依法应承担停止侵权、赔偿损失的民事责任。由于双方均未提供侵权损失或违法所得的证据,故综合考虑本案著作权的类型、侵权情节、侵权持续的时间等因素,酌定赔偿数额为人民币 12 000 元,原告诉请的合理费用律师费 2 000 元和工商查档费 50 元,法院予以支持。

【案件焦点】

根据我国《著作权法》的规定,如无相反证据,在作品上署名者为作者,并享有著作权。在福州快科电梯工业有限公司(以下简称快科电梯公司)无相反证据的情况下,Getty Images,Inc. 是在涉案摄影作品上署名的人,应当认定为涉案图片的著作权人。未经著作权人或相关权利人许可,通过网络下载其他网站的境外著作权人的摄影作品进行商业性使用,且无法提供摄影作品的作者的授权,也无证据证明来源网站对相关作品享有著作权,即使有证据证明该商业广告手册不排除用作课堂教学辅导资料的可能性,但通过对商业广告手册的内容和用途的分析,从性质上看主要用于广告、宣传,不能认定是对他人摄影作品的合理使用。这种未经许可使用他人摄影作品的行为侵害了境外权利人对涉案作品享有的著作权。

【分析与结论】

近几年来,通过互联网随意下载他人的摄影作品用于广告、宣传册或者商品上,导致侵犯他人摄影著作权、引发侵权纠纷的案件逐年增多,以华盖公司为代表,每年以著作权受到侵害为由向国内一些法院提起为数不少的侵权案件。国内一些企业和个人著作权保护意识较为淡薄,随意下载并使用他人享有著作权的摄影作品的行为泛滥。如果不加以约束和规范,会严重损害著作权人的权益,扰乱正常的市场交易秩序。就本案而言,案件的审理关键是要厘清两个问题:一是如何证明涉外摄影作品的著作权归属;二是被告通过网络下载没有署名的境外著作权人的摄影作品,使用在广告、宣传册中,并用于课堂教学,此种行为是否侵犯著作权?是否属于对他人作品的合理使用?

一、涉案境外摄影作品的著作权权属问题

在涉外摄影作品或图片著作权侵权纠纷案件中,对于如何证明涉外作品的权属是一个焦点问题。涉案摄影作品来源于境外,在本案中,原告华盖创意公司提供如下证据证明著作权:境外著作权人 Getty Images,Inc. 在其境外网站 www. gettyimages. com 刊载的图片内容、所附的版权声明、Getty Images,Inc. 许可给原告的授权书、原告在境内 www. gettyimages. cn 网站上登载的图片内容以及版权声明。被告以原告对图片著作权归属举证不充分进行抗辩:(1)原告对 Getty Images,Inc. 境外网站刊载的图片内容进行公证的时间,是原告关于讼争图片所能证明最早的发表时间,原告未举证证明在该日期之前 Getty Images,Inc. 以及原告是否发表涉案图片,即被告使用讼争图片的时间早于原告发表时间。(2)被告所使用图片来源于其他网站,这些网站发表讼争图片的时间早于被告下载时间以及原告发表时间。因此,根据《最高人民法院关于审理著作权民事纠纷案件适用法律若干问题的解释》第七条的规定,无法证明讼争图片的著作权属于 Getty Images,Inc.;在 Getty Images,Inc. 摄影作品著作权侵权纠纷系列案件中,原告是在发现被告使用讼争作品后,才对 Getty Images,Inc. 境外网站的摄影作品和原告网站上的摄影作品进行公证,以证明其是摄影作品著作权人,而被告所使用的讼争摄影作品往往下载于其他网站,且在下载和使用时间上早于原告公证的时间。原告没有提交作品原始创作人的身份或作品底稿,也无法提供创作人授权给著作权人的相关资料,以及涉案作品在境外网站或原告网站登载或者发表的初始时间。那么,本案中原告对讼争作品的著作权归属的证明是否到位呢?根据《最高人民法院关于审理著作权民事纠纷案件适用法律若干问题的解释》第七条的规定,当事人提供的涉及著作权的底稿、原件、合法出版物、著作权登记证书、认证机构出具的证明、取得权利的合同等,可以作为证据。在作品或者制品上署名的自然人、法人或者其他组织视为著作权、与著作权有关权益的权利人,但有相反证明的除外。本案中,Getty Images,Inc. 在美国的网站 www. gettyimages. com 登载的涉案作品均有版权声明,原告网站 www. gettyinages. cn 登载的涉案作品也附有版权声明,虽然原告无法提供作者的具体信息以及作者对著作权人授权材料或著作权转让合同,在公证的时间上也晚于被告使用图片的时间,但根据上述法律规定,在作品上署名的法人可视为著作权人。由于被告承认自身对涉案图片不享有著作权,其提供作品的来源网站"红动中国网""天堂图片网"和"图行天下网",网站在页面上声明对讼争作品不享有版权,经查实对涉案作品也不享有著作权,被告无法证明其使用的图片有合法来源,在没有相反证据的情况下,根据现有证据可以认定 Getty Images,Inc. 对产生于境外的涉案作品依据当地法律享有著作权。我国和美国都是《保护文学艺术作品伯尔尼公约》的成员国,根据该公约的规定,著作权作品在成员国均受保护。因此,Getty Images,Inc. 享有著作权的涉案作品受我国法律保护,本案原告经 Getty Images,Inc. 授权对本案享有诉权。

二、本案被告下载涉案摄影作品并使用的行为是对作品的合理使用还是侵犯著作权人对摄影作品享有的著作权

被告快科电梯公司在《电梯产品导购手册》《激情超越、喜悦共享》中使用了 4 幅涉案图片作品,其中 3 幅与原告涉案作品完全相同,内容为建筑的图片略有区别,区别点在于被告使用

的作品中没有建筑工人。由于对在建建筑物的拍摄，除非巧合，否则难以拍摄出建设进度、角度完全相同的图片，且被告诉称来源的网站上所登载的图片与原告涉案作品完全相同，在被告不能举证证明摄影作品出于不同作者的情况下，可以推定被诉图片系由网站登载的图片经技术处理后所得，认定被告被诉图片与原告涉案作品属于相同作品。

被告辩称两份手册是以教学为目的未公开出版发行的少量的用于福州市建筑工程职业中专学校"快科班"专用教学辅导资料。为学校课堂教学或者科学研究，少量复制已发表的作品，不向其支付报酬，是法律许可的使用，不属于侵权行为。但是，被告未经许可在《电梯产品导购手册》《激情超越、喜悦共享》上使用了4幅涉案图片作品。

合理使用是对著作权人权利的限制，不属于侵权行为，是指在一些情况下使用作品，可以不经著作权人许可，不向其支付报酬，但应当指明作者姓名、作品名称，并且不得侵犯著作权人依照本法享有的其他权利。根据《著作权法》关于权利限制的规定，为学校课堂教学或者科学研究，翻译或者少量复制已经发表的作品，供教学或者科研人员使用，没有出版发行，这种程度的使用属于合理使用行为。本案中，被告提供的证据，虽然从形式上看，环环相扣形成证据链，不能排除两份手册作为课堂教学辅导资料的可能性。但是从上述两份手册内容看，应不属于教学辅导资料。从《电梯产品导购手册》的名称来看，"导购"手册是属于购买的指导手册；从该手册的内容来看，内容属于对"威丽尔·斯"私家电梯的广告宣传，未见适合教学使用的内容，如"不同的内饰、质地、造型能与您的室内装修风格自然融合""为了提高您的生活环境和质量……特推出威丽尔·斯私家电梯，以满足高质量生活的需求"等。从《激情超越、喜悦共享》手册的内容看，属于被告公司的宣传手册，也未见适合教学实践的内容，如"快科为您准备了最优秀的城市垂直运输专家，随时恭候您的垂询""快科为您提供特种电梯的量身定做，以满足您不同的要求，确保每个客户都能购买到适合他们的最佳电梯"等。从手册的内容来看，其受众群体并不是学生，而是电梯的消费者。并且被告快科电梯公司作为一个经营性商业企业，被告辩称手册属于教学使用，系对他人作品的合理使用，不构成侵权的主张，事实依据不足。被告未经许可随意下载他人享有著作权的摄影作品并用于商业的行为已构成侵权，应对其侵权行为承担相应的民事责任。

美心食品有限公司注册商标知名度的地域性限制案

【案情介绍】

原告美心食品有限公司(以下简称美心公司)诉称：原告于1956年成立于中国香港，是香港最大、最多元化的优质餐饮集团，目前拥有70多个品牌，600多间分店，经营业务包括西饼、餐饮等。在内地，原告于1988年8月15日通过受让取得第185943号"美心＋MEIXIN及图"商标，第30类，核定商品为"糖果、糕点、饼干"。原告是"美心"系列商标的商标权人，分别于1992年11月20日获得第618233号"美心＋MEDON"商标专用权，于1997年5月7日获得第999786号"美心"商标、第999787号"美心"商标、第999788号"美心"商标、第999822号"美心"商标和第999724号"美心"商标专用权，均为第30类，核定商品相同，均包括"面包、糕点、月饼、点心、茶、咖啡"等。2009年原告发现浙江新美心食品工业有限公司(以下简称浙江新美心)、舟山新美心食品有限公司(以下简称舟山新美心公司)在其经营的产品外包装上、经营门店上、VIP贵宾卡及网站上突出使用"新美心"标识。浙江新美心公司和舟山新美心公司的法定代表人罗子光，系中国香港籍，具有多年香港生活经历，对原告的"美心"品牌及"美心"商标非常熟悉，浙江新美心公司还在香港注册成立了"新美心(香港)食品企业"并在其产品的外包装上使用该企业名称。原告认为，两被告的上述行为已构成商标侵权和不正当竞争，遂于2011年2月23日向宁波市中级人民法院提起诉讼，请求判令浙江新美心公司、舟山新美心公司停止侵害注册商标权的行为(停止侵害其第999786号注册商标专用权)，即停止在其店面招牌上、在其生产或销售的产品外包装上及其经营网站上突出使用"新美心"字样；请求浙江新美心公司、舟山新美心公司立即停止不正当竞争行为，即停止在其产品外包装上使用"新美心(香港)食品企业"字样，并停止使用含有"新美心"的企业名称；请求赔偿美心公司经济损失500万元，并在宁波发行的报纸上消除影响等。

被告浙江新美心公司辩称：(1)浙江新美心公司并未侵犯原告的注册商标权。浙江新美心公司自1992年6月4日始就以"宁波新美心食品工业有限公司"(以下简称宁波新美心公司)为企业名称，并经工商行政管理机关核准成立。从时间上看，原告申请注册"美心"商标、在中国内地开设美心系列食品商店实际是在宁波新美心公司成立之后。宁波新美心公司自2000年以来就陆续申请注册了"红锣""绿姿""绿姿生活""宇宙甜心"等20多个商标，并针对不同的消费者使用不同的商标进行商品的归类划分，经过多年宣传与使用，这些商标如今都已得到广大消费者的认可。因此，宁波新美心公司在商品上使用的是自己申请注册的商标，且企业名称核准使用已近20年，系依商业惯例在法律规定的限度内正当使用商号，并未侵犯原告的注册商标专用权。(2)宁波新美心公司没有违反诚实信用原则进行不正当竞争。截至2010年底,宁波新美心公司直营连锁店已达160多家,拥有员工1 600多人,经营范围遍布宁波市各县(市)区及舟山、绍兴等地区,获得广大消费者的高度认可,并先后获得中国食品工业协会、中国焙烤食品糖制品工业协会、中国轻工业联合会等单位授予的"全国十佳饼店""中国名饼""杰出饼店""全国优秀月饼加工企业""全国优秀饼店"等多个荣誉称号及金奖、银奖,成为宁波第一家全国著名的专业烘焙连锁企业。原告从未在宁波、舟山、绍兴等地区开设商店或销售商品,其所注册的"美心"商标也非全国驰名或省市著名,在内地各类媒体广告上也极少见到原告企业及其商标产品的身影。就宁波地区消费者而言,对宁波新美心公司的认知程度与对原告及其商标的认知程度不可同日而语,宁波新美心公司根本没必要去傍原告不知名的品牌,更没有所谓的"便车"可搭。宁波新美心公司为建立自己的品牌而申请注册商标,因扩大投资经营需要而在中国香港注册公司,这些都是正当合法的企业行为,原告诉称不正当竞争毫无事实依据。(3)宁波新美心公司对其企业名称依法享有专用权。宁波新美心公司的企业名称经工商行政管理机关核准并依法登记和依法享有专用权。经过近20年的苦心经营,如今在宁波及附近地区被告企业已具有较高的知名度和美誉度,企业名称也已成为被告重要的无形资产。宁波新美心公司的企业名称登记注册时间早于原告商标注册时间,且二者也不完全相同;原告要求停止使用企业名称于法无据。综上,被告没有侵害原告的注册商标专用权,也没有"傍名牌"进行不正当竞争,原告无权要求浙江新美心公司赔偿其经济损失,更无权要求浙江新美心公司停止使用已核准的企业名称。请求法院依法判决驳回原告诉讼请求。被告舟山新美心公司的辩称意见与浙江新美心公司一致。

  法院经审理查明:美心公司于1956年成立于中国香港,经营范围包括西饼、餐饮等。1988年8月15日,美心公司通过受让取得第185943号"美心+MEIXIN及图"商标,核定使用的商品为第30类,包括"糖果、糕点、饼干",该商标注册有效期限截止日为1993年7月4日。1993年2月15日,美心公司向国家商标局申请续展,续展注册有效期届满后,因美心公司未再申请续展,该注册商标专用权自2003年7月5日起失效。

  1992年11月20日,国家商标局核准美心公司在第30类上注册"美心+MEDON"商标,并颁发了第618233号商标注册证,核定使用的商品包括"面包、糕点"等,注册有效期限为1992年11月20日至2002年11月19日,注册有效期限届满后,美心公司申请续展并经核准,续展注册有效期自2002年11月20日至2012年11月19日。1997年5月7日,国家商标局核准美心公司在第30类上注册"美心"文字商标,并同时颁发了第999786号、999787号、999788号、999822号、999724号商标注册证,各注册证上的商标均为"美心"商标,只是文字字体不同,核定使用商品亦相同,均包括"面包、糕点、月饼、点心、茶、咖啡"等,注册有效期限均为1997年5月7日至2007年5月6日,注册有效期限届满后,美心公司对这些商标均申请续展并经核准,续展注册有效期均自2007年5月7日至2017年5月6日止。2004年10月28日,美心公司独资成立美心西饼(广州)有限公司,同年10月29日独资成立美心食品(广州)有限公司,2007年8月20日独资成立美心食品(深圳)有限公司,经营西饼、面包、糕点等。自2005年2月起美心公司陆续在广州、佛山设立了40余家分店。

  美心公司成立后所获得的各项荣誉主要有香港工业总会颁发给美心公司"美心双黄莲蓉月饼"的优质资格奖项,香港超级品牌委员会授予的香港超级品牌荣誉证书,香港旅游发展局颁发的美心快餐符合优质旅游服务计划评审准则的证明书,美心月饼、美心西饼荣获第44届比利时 MONDESLECTION"世界精选"优质食品荣誉,"美心"荣获"2006 我最喜爱的香港名牌"——美心快餐之金奖、美心大酒楼之金奖,香港美心集团荣获"粤港澳十佳餐饮品牌""粤港澳十佳品牌月饼"等荣誉。

1992 年 5 月 6 日,宁波市工商局核准宁波新美心食品工业有限公司名称,同年 6 月 4 日,宁波新美心公司正式成立,注册资本 412 万美元,经营范围为糕点、糖果生产、预包装食品的批发、零售等;公司法定代表人为罗子光,香港籍,1973 年毕业于香港中文大学。宁波新美心公司成立后,自 1992 年至 2011 年期间在宁波地区陆续成立了 210 家分店,各分店均使用"新美心西饼"作为店面招牌。自 2001 年以来,宁波新美心公司获得 70 余项宁波市级以上荣誉,其中 2001 年 6 月获得"全国优秀饼店"荣誉称号,2002 年其绿姿牌老公老婆饼获得"中华名点"荣誉称号,并于 2002 年 5 月获得"全国十佳饼店"荣誉称号,2009 年 6 月获得"2008～2009 最佳广式月饼"、"2008～2009 中国月饼十佳品牌企业"荣誉称号,并于 2010 年 10 月再获"全国十佳饼店"荣誉称号。

舟山新美心公司于 2010 年 4 月 14 日由宁波新美心公司独资设立,法定代表人为罗子光。2010 年 11 月 24 日,宁波新美心公司更名为浙江新美心公司。

浙江新美心公司经营网站的页面左上方有花体"新美心"三个字,在花体"新美心"三个字的下方注明"全国十佳饼店",花体"新美心"三个字的字号明显大于"全国十佳饼店"的字号。宁波新美心公司、舟山新美心公司在其生产、销售的食品"丹麦提子酥"包装左上方有"OK 新美心"字样,"瓜仁脆片"礼盒左右两侧均有"新美心西饼"字样、背面右下方有加黑字体"总代理:新美心(香港)食品企业"字样,在其生产、销售的食品"瑞士卷蛋糕"及"泰式一口酥"外包装正面左上方有花体"新美心＋全国十佳饼店"字样,背面则印有"总代理:新美心(香港)食品企业"字样。

宁波市中级人民法院于 2011 年 9 月 1 日做出(2011)浙甬知初字第 72 号民事判决:(1)被告浙江新美心食品工业有限公司、舟山新美心食品有限公司立即停止不正当竞争行为,即立即停止在其产品外包装上使用"新美心(香港)食品企业"字样;(2)被告浙江新美心食品工业有限公司、舟山新美心食品有限公司立即停止侵害原告美心食品有限公司享有的第 999786 号注册商标专用权的行为,即立即停止在其店面招牌上、在其生产或销售的产品外包装上及在其经营网站上突出使用"新美心"字样;(3)被告浙江新美心食品工业有限公司、舟山新美心食品有限公司应于本判决生效之日起三十日内在《东南商报》上刊登声明,消除影响;(4)被告浙江新美心食品工业有限公司于本判决生效之日起七日内赔偿原告美心食品有限公司损失(包含合理费用支出)30 万元人民币;(5)被告舟山新美心食品有限公司于本判决生效之日起七日内赔偿原告美心食品有限公司损失(包含合理费用支出)3 万元人民币,被告浙江新美心食品工业有限公司承担连带责任;(6)驳回美心食品有限公司的其他诉讼请求。

一审宣判后,美心公司不服一审判决,上诉至浙江省高级人民法院,要求改判浙江新美心公司、舟山新美心公司停止使用"新美心"企业字号。

2012 年 4 月 23 日,浙江省高级人民法院做出(2011)浙甬知终字第 230 号民事判决:驳回上诉,维持原判。

一审裁判认为:美心公司虽于 1988 年 8 月 15 日通过受让取得第 185943 号"美心＋MEIXIN 及图"注册商标专用权,但未提供证据证明宁波新美心公司注册登记企业名称时(1992 年 5 月 6 日),其"美心＋MEIXIN 及图"注册商标已具有较高知名度,美心公司提供的有关"美心"商标在内地实际使用的有效证据均在宁波新美心公司注册登记之后,且仅局限在上海市、广东省广州市。除了第185943号"美心+MEIXIN及图"商标外,美心公司的其他"美心"注册商标均在宁波新美心公司注册登记之后才被核准,故宁波新美心公司注册登记企业名称时,美心公司的"美心"商标在内地市场还不具有较高的知名度,当然也就谈不上已建立良好的商誉,从而也不能以宁波新美心公司的法定代表人罗子光系香港人,应当知道"美心"商标在香港的知名度,就推定其在内地注册成立宁波新美心公司具有攀附原告商誉的恶意。企业名称,特别是字号,不同于一般意义上的人身权,是区别于不同市场主体的商业标识,本质上属于一种财产权益。由于舟山新美心公司作为浙江新美心公司全资成立的子公司,舟山新美心公司以"新美心"为字号注册其企业名称,具有一定合理性。如果浙江新美心公司、舟山新美心公司在经营活动中规范使用其企业名称,则不足以导致相关公众的混淆误认。故原告诉称浙江新美心公司、舟山新美心公司将"新美心"作为字号注册企业名称构成不正当竞争的理由不能成立,不予支持。

因浙江新美心公司、舟山新美心公司在与美心公司同类别的产品的包装袋的右下方使用"总代理:新美心(香港)食品企业"字样,"总代理:新美心(香港)食品企业"的字体相比包装袋右下方的其他字体更大且系加黑字体,新美心(香港)食品企业虽经合法注册成立,但该企业名称中"新美心"与原告"美心"商标相似,且浙江新美心公司、舟山新美心公司与该企业事实上不存在代理关系,浙江新美心公司、舟山新美心公司在其包装袋上不规范使用"新美心(香港)食品企业"字样的行为客观上容易使相关公众误认为浙江新美心公司、舟山新美心公司生产或销售的产品与美心公司具有关联性,故浙江新美心公司、舟山新美心公司的该行为违反了诚实信用原则和公认的商业道德,侵犯了美心公司的合法权益,危害了市场竞争秩序,根据《反不正当竞争法》第二条的规定,"经营者在市场交易中,应当遵循自愿、平等、公平、诚实信用的原则,遵守公认的商业道德。"该行为构成不正当竞争。

因浙江新美心公司、舟山新美心公司在产品包装袋、经营的网站上使用"新美心",且对"新美心"三个字做了特别处理,有的加大加粗,有的进行艺术化处理,及在其店面招牌中使用"新美心西饼"或"新美心西饼店",因此,应当认定浙江新美心公司、舟山新美心公司存在将与美心公司注册商标相近似的文字"新美心"作为企业字号突出使用的情形。根据《最高人民法院关于审理商标民事纠纷案件适用法律若干问题的解释》第一条的规定,"将与他人注册商标相同或者相近似的文字作为企业的字号在相同或者类似商品上突出使用,容易使相关公众产生误认的",属于《商标法》第五十二条第五项规定的给他人注册商标专用权造成其他损害的行为。浙江新美心公司、舟山新美心公司的上述行为符合司法解释规定的商标侵权构成要件,属于侵犯他人注册商标专用权的行为。一审裁判认为争议焦点在于浙江新美心公司、舟山新美心公司将"新美心"作为企业字号使用的行为是否构成不正当竞争。美心公司虽早在1988年8月15日通过受让取得第185943号"美心+MEIXIN及图"注册商标专用权,但该商标在续展注册有效期届满后,因美心公司未再申请续展,该注册商标专用权已自2003年7月5日起失效,美心公司在本案中也明确未将该商标作为起诉的权利依据。美心公司未能举证证明在宁波新美心公司1992年5月6日设立之前,在内地市场,存在着"美心"商标或标识的实际使用,更无法证明宁波新美心公司设立后,内地市场上存在着相关的混淆。即使是在宁波新美心公司成立后,美心公司提交的证据也只能证明其仅仅在广州、上海等地开设了相关的店铺,未在浙江地区推广美心食品。反观宁波新美心公司自1992年5月6日设立后,以宁波地区为主要推广地,已经经营了近20年,其生产的相关食品在浙江尤其是宁波地区也取得了较高的知名度。浙江新美心公司的相关消费者应当主要局限于浙江地区,这些消费者不会将"新美心"与"美心"商标相互混淆。"新美心"作为浙江新美心公司注册在先的企业字号并不构成不正当竞争。而舟山新美心公司作为浙江新美心公司的全资子公司,沿用母公司的企业字号符合公司的规定,也符合商业惯例,当然在本案中也不构成不正当竞争。

【案件焦点】

注册商标专用权的效力仅限于本国境内,故对商标知名度的考虑需特别注意地域性原则,要充分考虑地域性对商标知名度的限制,避免简单使用商标境外的知名度作为判断标准。

【分析与结论】

在本案中,由于美心公司指控浙江新美心公司、舟山新美心公司的商标侵权行为及不正当竞争行为是使用或突出使用"新美心"企业名称,因此本案处理涉及企业名称权与注册商标专用权的冲突。

原、被告双方对一审法院认定浙江新美心公司、舟山新美心公司在其产品包装袋、经营的网站上突出使用"新美心",在其店面招牌中使用"新美心西饼"或"新美心西饼店"的行为构成商标侵权,浙江新美心公司、舟山新美心公司在其产品包装袋上不规范使用"新美心(香港)食品企业"字样的行为构成不正当竞争并无异议。因此,本案的主要争议焦点在于浙江新美心公司、舟山新美心公司将"新美心"作为字号注册企业名称的行为是否构成不正当竞争,能否判决浙江新美心公司、舟山新美心公司停止使用"新美心"企业字号。

注册商标与企业名称均是依照相应的法律程序获得的标志权利,分属不同的标志序列,依照相应法律受到相应的保护。对于注册商标与企业名称之间的纠纷,应当区分不同的情形,按照诚实信用、维护公平竞争和保护在先权利等原则,依法处理。如果注册使用企业名称本身具有不正当性,比如不正当地将他人具有较高知名度的在先注册商标作为字号注册登记为企业名称,即使规范使用仍足以产生市场混淆的,注册使用企业名称本身即是违法,可认定构成不正当竞争。认定该种行为构成不正当竞争,通常应当考虑以下因素:(1)在先注册商标的显著性和知名度,即在行为人将与注册商标相同或相近似的文字作为字号注册其企业名称时,该注册商标具有较高知名度;(2)行为人主观恶意,即是否存在为攀附该具有较高知名度的注册商标的商誉而将与其相同或相近似的文字作为字号注册其企业名称的行为;(3)是否足以产生市场混淆。与上述3个因素相关的是,对以上因素的考虑均应当遵循商标专用权的地域性原则。

知识产权具有鲜明的地域性。商标专用权的地域性(使用范围的地域性)是指经一个国家(或地区)商标注册机关核准注册的商标,其专用权被限定在该国(或地区)领域内。也就是说,商标专用权的地域性是指该注册商标的使用范围被限定在该国(或地区)领域内。香港、澳门虽是我国的特别行政区,但属于不同的法域,目前在国家商标局核准注册的商标,其专用权只在内地范围内受保护,在港、澳、台地区均不受保护。反之,在港、澳、台地区注册的商标,如没有在内地注册,则同样在内地范围内不受保护。如企业的商标需要在内地范围以外受保护,则需另外注册。商标知名度对商标专用权保护程度具有重大影响,仍属于商标专用权保护范畴,故考察商标的知名度仍然要受商标地域性的限制,不能简单地用境外的知名度作为标准。某一商标在某一地域具有相当高的知名度,但不当然代表其在另一个地域也具有同样的知名度。

在处理注册商标与企业名称之间的纠纷时,对所谓的商标知名度应当与被指控的企业名称在同一地域(法域)范围内进行考察。

具体到本案而言,美心公司提供的证据表明,其"美心"文字商标在中国香港相关公众当中具有相当高的知名度和良好声誉,但仅限于香港地区。在内地市场,美心公司主张保护的第999786号"美心"文字商标,在1997年5月7日才经国家商标局核准注册,在宁波新美心公司1992年5月6日设立之前,美心公司没有证据证明在内地市场,存在着"美心"商标或标识的实际使用,更谈不上其在内地市场具有知名度。在此情况下,美心公司仅以设立宁波新美心公司的罗子光先生系香港人,应当知晓"美心"商标的知名度为由,认定其将"新美心"作为字号注册企业名称的行为构成不正当竞争,属于将"美心"商标在香港的知名度等同于在内地市场的知名度,明显违反了商标专用权的地域性原则,故两级法院对美心公司要求浙江新美心公司、舟山新美心公司停止使用"新美心"企业字号的诉求均不予以支持。

天津中国青年旅行社诉竞价排名中不正当竞争行为案

【案情介绍】

原告天津中国青年旅行社诉称：被告在其版权所有的 www.lechuyou.com 和 022.ctsgz.cn 网站页面、网站源代码以及搜索引擎中非法使用原告企业全称及简称"天津青旅"，属于恶意使用原告享有合法权益的名称，容易使相关公众产生误认，给原告造成重大经济损失。被告的行为违反我国《反不正当竞争法》的相关规定，构成对原告的不正当竞争，故提起诉讼，请求判令被告立即停止不正当竞争行为，公开向原告赔礼道歉，赔偿原告经济损失10万元（含公证费2 700元）并承担诉讼费用。

被告天津国青国际旅行社有限公司辩称：(1)原告指控的两个网站并非被告拥有，被告也没有实施不正当竞争行为；(2)"天津青旅"并不由原告享有；(3)原告主张的损失没有事实和法律依据。综上，被告的行为并未侵害原告权益，故请求驳回原告的诉讼请求。

天津中国青年旅行社于1986年11月1日成立，是从事国内及出入境旅游业务的国有企业，直属于共青团天津市委员会。共青团天津市委员会出具证明称，"天津青旅"是天津中国青年旅行社的企业简称。2007年，《今晚报》等媒体在报道天津中国青年旅行社承办的活动中就已经开始以"天津青旅"的简称指代天津中国青年旅行社。天津中国青年旅行社亦在给客户的报价单、与客户签订的旅游合同、与其他同行业经营者的合作文件、发票等资料以及承办的若干届"盛世婚典"活动以及经营场所各门店招牌上等使用"天津青旅"作为企业的简称。

天津国青国际旅行社有限公司是2010年7月6日成立的从事国内旅游及入境旅游接待等业务的有限责任公司。2010年底，天津中国青年旅行社发现通过Google搜索引擎分别搜索"天津中国青年旅行社"或"天津青旅"时，在搜索结果的第一名并标注赞助商链接的位置，分别显示"天津中国青年旅行社网上营业厅 www.lechuyou.com 天津国青网上在线营业厅，为您选择出行提供优质、贴心、舒心的服务"或"天津青旅网上营业厅 www.lechuyou.com 天津国青网上在线营业厅，为您选择出行提供优质、贴心、舒心的服务"，点击链接后进入的是标称天津国青国际旅行社乐出游网的网站，网页顶端出现"天津国青国际旅行社——青年旅行社青旅/天津国旅/三源电力/金龙旅行社/大亚旅行社——最新报价"字样，网页内容为天津国青国际旅行社有限公司的旅游业务信息及报价，标称网站版权所有：乐出游网——天津国青/北京捷达假期，并标明了天津国青国际旅行社有限公司的联系电话400-611-5253和经营地址。同时，天津中国青年旅行社通过百度搜索引擎搜索"天津青旅"，在搜索结果的第一名并标注推广链接的位置，显示"欢迎光临天津青旅重合同守信誉单位，汇集国内出境经典旅游线路，100%

出团,天津青旅400-000-5253",点击链接后进入的仍然是上述标称天津国青国际旅行社乐出游网的网站。天津中国青年旅行社针对发现的上述情况通过天津市北方公证处进行了3次证据保全公证,支出公证费2700元。此后,天津中国青年旅行社向法院提起诉讼。

天津市第二中级人民法院于2011年10月24日做出(2011)二中民三知初字第135号判决:(1)被告天津国青国际旅行社有限公司立即停止侵害行为。(2)被告天津国青国际旅行社有限公司于本判决生效之日起三十日内,连续15天在其公司网站上发布致歉声明。(3)被告天津国青国际旅行社有限公司赔偿原告天津中国青年旅行社经济损失人民币30 000元。(4)驳回原告其他诉讼请求。一审宣判后,天津国青国际旅行社有限公司提出上诉。天津市高级人民法院于2012年3月20日做出(2012)津高民三终字第3号判决:(1)维持天津市第二中级人民法院(2011)二中民三知初字第135号民事判决第二、三、四项;(2)变更判决第一项"被告天津国青国际旅行社有限公司立即停止侵害行为"为"被告天津国青国际旅行社有限公司立即停止使用'天津中国青年旅行社''天津青旅'字样及作为天津国青国际旅行社有限公司网站的搜索链接关键词"。(3)驳回天津国青国际旅行社有限公司的其他上诉请求。

法院生效判决认为:天津中国青年旅行社于1986年开始经营境内、外旅游业务,其企业名称及"天津青旅"的企业简称经过多年的经营、使用和宣传,已享有较高知名度。"天津青旅"作为企业简称,已与天津中国青年旅行社之间建立起稳定的关联关系,具有识别经营主体的商业标识意义。对于具有一定市场知名度并为相关公众所熟知、已实际具有商号作用的企业名称的简称,可以根据《反不正当竞争法》第五条第三项的规定,依法予以保护。

未经天津中国青年旅行社的许可,涉诉网站及其推广链接与赞助商链接中擅自使用"天津中国青年旅行社"及"天津青旅",足以使相关公众在网络搜索、查询中产生混淆误认,损害了天津中国青年旅行社的合法权益,该擅自使用行为依照《反不正当竞争法》第五条第三项的规定构成不正当竞争行为,应予以制止,并承担相应的民事责任。

天津国青国际旅行社有限公司虽否认开办了涉诉侵权网站,并否认实施了在推广链接与赞助商链接中使用"天津中国青年旅行社""天津青旅"的行为,但点击链接后均是进入"天津国青"网站,该网站的页面上标有国青国际旅行社的标识、宣传内容、地址、电话、《企业法人营业执照》《税务登记证》《开户许可证》《旅行社业务经营许可证》等,上述信息均与天津国青国际旅行社有限公司的真实信息一致,由此可以认定,涉诉网站是天津国青国际旅行社有限公司的业务宣传网站,天津国青国际旅行社有限公司直接参与了该网站的设立,并提供了相关信息。天津国青国际旅行社有限公司主张该网站系其曾经雇用的员工为开展业务自行设立,但没有相关证据加以证明,结合该网站在诉讼期间更新升级的事实,法院认为,天津国青国际旅行社有限公司的主张不能成立。

天津国青国际旅行社有限公司作为与天津中国青年旅行社同业的竞争者,在明知天津中国青年旅行社企业名称及简称享有较高知名度的情况下,仍擅自使用天津中国青年旅行社企业名称及简称,其行为明显有借他人之名为自己谋取不当利益的意图,主观恶意明显,故其在承担停止侵权责任的同时,承担消除影响的民事责任。

一审法院在天津中国青年旅行社的损失与天津国青国际旅行社有限公司侵权所获利益均难以计算的情况下,综合考虑双方的经营范围、行业利润及侵权情节等因素,酌情确定的赔偿额并无不当,应予以维持。综上,一审判决认定事实清楚,适用法律正确,天津国青国际旅行社有限公司的上诉请求及理由不能成立。对一审判决中停止侵害行为的表述,二审法院予以调整。

【案件焦点】

竞价排名是一种有效的互联网商业推广模式。擅自将他人的企业名称作为竞价排名关键词，利用他人的知名度和商誉，使公众产生混淆与误认，达到宣传和推广自己的目的，属于不正当竞争行为。

【分析与结论】

本案是一起擅自使用他人企业名称的不正当竞争纠纷案件。与一般不正当竞争纠纷相比，本案的特殊之处在于，被告擅自使用他人企业名称的行为与互联网搜索引擎服务的结合。

搜索引擎是一种互联网检索定位服务，计算机程序通过对互联网上的网页不断进行访问和抓取，建立数据库并保存于搜索引擎服务器。当网络用户在搜索框中输入关键词后，搜索引擎将抓取的包含该关键词的网页，按照预先设定的规则排列出来，得到搜索结果。

网络用户检索关键词，会出现两类搜索结果：一类是普通搜索结果，其排列方式是按照搜索引擎预先设定的规则，根据搜索结果页面包含的关键词数量、相关性、页面点击量等因素进行排列。根据搜索引擎的工作原理，普通搜索结果的页面必然包含关键词，并且排名越靠前的网页，其与关键词的相关性就越高。另一类是以竞价排名的方式显示的搜索结果。所谓竞价排名，是搜索引擎服务商提供的一种按效果付费的网络推广方式。推广用户与搜索引擎服务商签订推广合同，由推广用户自主选择一定的关键词，并为每个关键词设定单价。对于同一关键词，设定单价越高的推广用户，其搜索结果的排名越靠前。搜索引擎服务商根据互联网用户点击投放的推广链接次数进行计费。

搜索引擎服务的根本目的是为方便用户尽可能快速、准确地检索到相关信息。搜索引擎服务商也从提高检索效率、提升用户体验的角度出发，进行人工智能化、人性化的程序设计。普通搜索结果是按照相关性原则进行排列，因此，一般来说，排名越靠前的网页，往往是用户最想找到的、最准确的信息。而竞价排名搜索结果的排列方式与推广用户对关键词的出价高低直接相关。根据竞价排名的运作规则，推广用户可以自主选择决定用哪些关键词进行网站推广。无论推广用户的网站内容与关键词是否有关以及关联性大小、页面点击量高低等，只要其与搜索引擎服务商签约，对关键词出价，其想要推广的网站信息就会被搜索引擎依关键词寻找，并出现在搜索结果最上端显著位置且带有浅色背景的区域中。

在互联网发展初期，并不存在竞价排名的方式。普通搜索结果的排列方式是相对客观的，即任何网页出现在搜索结果中的排名位置，都遵循搜索引擎预先设定的算法规则。在不修改既定算法的前提下，人工无法干预排名结果。竞价排名这种商业推广模式的出现，打破了相关性排名的规则。搜索引擎服务商为达到商业推广的目的，往往将竞价排名搜索结果置于普通搜索结果之前，或其他较为明显的页面位置。这实际上是利用了网络用户对搜索结果自然排名的使用习惯——网络用户倾向于首先点击排名靠前的网页链接。因此，竞价排名是一种人工干预的商业推广模式，具有一定的广告推介性质。

本案中，被告在百度和谷歌网站上均投放了竞价排名广告。被告的推广信息不仅包含原告的企业名称和简称，而且自称是"天津中国青年旅行社网上营业厅"及"天津青旅网上营业厅"。被告将"天津中国青年旅行社"以及"天津青旅"设定为推广链接关键词，当网络用户在搜索框中检索"天津中国青年旅行社""天津青旅"时，被告网站的推广信息就会出现在搜索结果页面顶部的"推广链接"位置。被告上述行为的结果是,当网络用户想要检索与原告天津中国青年旅行社相关的信息时,无论输入全称还是简称,首先出现在搜索结果页面中的就是被告的推广信息,网络用户自然会点击进入被告网站。

原、被告均为提供旅游服务的企业。原告成立于1986年,在其经营地域范围内享有较高的知名度和较好的商誉。被告成立于2010年,与"天津中国青年旅行社"无任何关联。被告通过竞价排名推广链接的方式,将原本要检索原告信息的网络用户引导到被告网站,使网络用户对于被告与原告之间的关系产生混淆与误认,其利用原告在旅游服务行业内的知名度和商誉,为自己谋取不当利益的主观故意十分明显。虽然在被告推广链接指向的网站页面上,并未使用原告的企业名称或简称,但搜索链接作为进入网站的重要指示标志及入口,对网站的产品、服务等内容起到重要的宣传、提示和推介作用。被告在网上自称"天津中国青年旅行社网上营业厅"及"天津青旅网上营业厅",足以使相关公众产生混淆与误认。即使网络用户进入被告网站后发现并非想要检索的原告网站,但被告同为旅游企业,极可能使网络用户产生既然进入就不妨浏览的想法,从而最终选择被告网站中介绍的产品,放弃了最初搜索的目的网站。对于这种依靠网络用户的初始混淆抢夺本应属于原告的潜在客户的行为,应认定其构成对原告的不正当竞争,被告的行为属于擅自使用他人企业名称的不正当竞争行为。

本案中,百度与谷歌在被告实施不正当竞争行为过程中扮演的角色也值得商榷。首先,被告不正当利用他人的信誉,抢夺潜在客户的行为,并非仅靠一己之力独自完成。百度在其"推广链接"业务中自称要提供企业营业执照等相关资质的审查文件,但事实是与其无关的企业名称及关键词,依然可能出现在百度搜索的推广链接中;谷歌则只有申请表格,不进行任何审查,申请人想把关键词设定成什么就输入什么。正是由于网络服务商百度和谷歌在"推广链接"业务中的上述行为,才出现了本案被告以原告企业名称或简称作为搜索链接关键词的搜索结果,造成了相关公众的混淆。百度与谷歌在"推广链接"中的放任行为是否构成帮助侵权,值得进一步研究。

天津市泥人张等诉擅自使用他人企业名称及虚假宣传纠纷案

【案情介绍】

天津市泥人张世家绘塑老作坊(以下简称泥人张世家)张宇诉称:原告张宇系"泥人张"彩塑的创始人张明山的第六代孙,任泥人张世家经理职务,专业从事彩塑创作。被告陈毅谦系天津泥人张彩塑工作室职工,与张宇家族没有任何血缘和姻缘关系。原告发现自2010年开始,被告陈毅谦在杂志、网站等媒体上公开宣扬自己是"泥人张第六代传人",2010年9月,雅观文化研究所所属《收藏界》杂志社出版了《陈毅谦彩塑》,在其中的《面壁与破壁》一文中,宣扬陈毅谦为"天津泥人张第六代传人"。《收藏界》杂志社在其2011年第2期的《收藏界》杂志,在封面2附赠"贺年卡"式广告和该杂志。高玉涛、阎正等人的文章中宣扬陈毅谦为"天津泥人张第六代传人",并标有其作品订购电话。2011年1月17日,天盈九州网络公司主办的凤凰网在"凤凰城市会客厅"栏目文章中亦宣扬陈毅谦为"泥人张第六代传人"。张宇认为被告的行为侵犯其"泥人张"名称的专有名称权和企业名称权,并且其在多种宣传中,一一列举了张宇六代先祖,并将自己列在其后冒充张宇身份,有违社会公序良俗和伦理道德,给张宇带来了严重的精神伤害;被告假冒"泥人张第六代传人",为自己争取了更多的交易机会和成名机会,在主观上也有过错,其行为已经构成了不正当竞争,给依法设立的泥人张老作坊造成了严重的经济损失。

陈毅谦辩称:陈毅谦确系泥人张第六代传人,对外使用的是真实姓名,并未宣传与张氏族人存在血缘关系;且陈毅谦亦未将泥人张作为艺术品名称、企业名称、商标使用,不存在虚假宣传行为。综上,陈毅谦不存在不正当竞争行为,请求驳回二原告的诉讼请求。

宁夏雅观收藏文化研究所(以下简称雅观研究所)辩称:(1)陈毅谦曾师从泥人张第五代传人逯彤、杨志忠,系泥人张第六代传人,因此,我方进行如此刊登并无不当;(2)我方主办的《收藏界》杂志中刊登的陈毅谦作品不同于原告的作品,未将陈毅谦的作品称为泥人张专有名称的作品,故陈毅谦与二原告不存在商业竞争关系;(3)我方通过广泛的社会调查刊登的信息,主办的刊物并未使用使人误解的方式对上述信息进行虚假宣传;(4)我方的行为未造成二原告名誉等人身损害,陈毅谦的作品未在市场上实际销售获取利益,因此,二原告对我方的诉请没有事实和法律依据。故请求驳回二原告的诉讼请求。

北京天盈九州网络技术有限公司(以下简称天盈九州公司)辩称:张宇没有在举证期限内举证证明其是泥人张第六代传人,我方主办的凤凰网进行报道前进行了相应的核实,原告也没有证据证明我方发布的相关内容存在主观过错;原告主张泥人张是其专有名称权没有事实依据;我方与二原告的经营范围不同,不属于《反不正当竞争法》规定的存在竞争关系的双方,因此,我方不具有不正当竞争案由的主体资格。故请求驳回二原告的诉讼请求。

法院经审理查明:张宇系泥人张彩塑艺术创始人张明山的第六代孙,从事泥彩塑创作,2000年12月,张宇投资成立个人独资企业泥人张世家,主要经营泥彩塑工艺品等。2007年6月,张宇曾被中国文学艺术界联合会、中国民间文艺家协会授予"中国民间文化杰出传承人"荣誉称号。

1995年,张宇作为泥人张张氏家族成员之一,与其父张乃英等张明山第五代孙,张鲴、张镇等张明山第四代孙共同起诉天津泥人张彩塑工作室等,要求确认"泥人张"为张明山的专有艺名。该案经天津市高级人民法院(1996)高知终字第2号民事判决认定,彩塑艺术品本身具有艺术和商品的双重属性,"泥人张"经过长期创作、积累和宣传,已成为知名彩塑艺术品的特有名称。"泥人张"从张氏家族彩塑创作的人员的使用扩大到天津泥人张彩塑工作室的扶植和使用,双方长期共同使用,并不断通过彩塑艺术品的创作和各种形式的宣传,扩大了泥人张彩塑艺术品的知名度,双方均为"泥人张"这一无形资产的发展、壮大做出了贡献,故张氏家族中从事彩塑创作的人员与天津泥人张彩塑工作室应共同享有"泥人张"这一知名彩塑艺术品特有名称的专有权。其中,天津泥人张彩塑工作室的专有权性质为国家所有,单位持有,未经张氏家族中权利人的同意不得改变性质,双方应将"泥人张"与有权在其创作的彩塑艺术品上使用的单位名称或创作者的个人名称同时使用,以达到双方既共同享有又相互区别的目的。张明山后代从事彩塑创作的人员和天津泥人张彩塑工作室经有关部门核准,均有权将"泥人张"名称作为企业或机构名称的部分内容使用,双方未经协商一致,不得将"泥人张"名称转让或许可他人使用。此外,天津市高级人民法院判决驳回张氏家族成员要求确认"泥人张"为张明山艺名的诉讼请求。

陈毅谦原名陈锡平,十多岁开始师从天津泥人张彩塑工作室高级工艺美术师逯彤、杨志忠学习泥彩塑,系二人亲传弟子,后就职于天津泥人张彩塑工作室,从事泥人张泥彩塑的研究、创作。1996年5月,陈毅谦被联合国教科文组织和中国民间文艺家协会授予"民间工艺美术家"称号;2006年被联合国教科文国际民间艺术组织和第三届中国国际民博会暨第二届中国(天津)民间艺术精品博览会组委会授予"民间工艺美术家"称号;2011年7月被天津市经济和信息化委员会授予"天津市工艺美术大师"荣誉称号。历年来,陈毅谦的作品曾先后荣获诸多奖项,2010年4月,《高山仰止唯虚云》在第一届中国工艺美术大师提名奖评审活动中被评为特等奖;2011年《文武正财神》分别在第46届全国工艺品、旅游纪念品暨家居用品交易会和2011年中国(深圳)国际文化产业博览交易会获得中国工艺美术协会颁发的2009年金凤凰创新产品设计大奖赛金奖和中国工艺美术文化创意奖金奖。在张氏家族泥人张第四代传人张锠主编、2009年出版的《中国民间泥彩塑集成泥人张卷》一书中,在泥人张弟子代表作中收录了陈毅谦的作品《弘一法师》等。同时,该书在泥人张彩塑艺术的非血缘传人介绍中称,新中国成立后,党和政府给予"泥人张"以关心和支持,使"泥人张"彩塑艺术得到新的发展,让这门"父传子承"的家庭艺术真正跨越家族门槛,而成为社会艺术。其后,还重点介绍了非张氏家族成员的"泥人张"弟子,如北京的郑于鹤、天津的杨志忠,泥人张弟子代表作中收录了杨志忠、逯彤的部分作品。

2010年9月,雅观研究所主办的《收藏界》杂志出版了《陈毅谦彩塑》,该书由张氏家族泥人张第四代传人张锠作序、陈毅谦的老师逯彤作后记,系统介绍陈毅谦的作品情况。在该书中,由《收藏界》杂志社名誉社长、著名艺术评论家阎正点评陈毅谦《高山仰止唯虚云》作品的《面壁与破壁》一文中,提及此作品乃天津泥人张第六代传人陈毅谦所塑虚云大师像,神态安详,栩栩如生,让人唏嘘,让人赞叹。

2011年《收藏界》第2期(总第110期)杂志封二介绍当期经典人物陈毅谦,包括照片、作品和文字。文字内容表述为:"他,用了整整十年时间将举世闻名的'泥人张'彩塑发展为铜彩塑,从此彻底改写了泥彩塑保存不过百余年的历史;他,每件作品均耗工半年至两年多的时间,创作了'观音''六祖''高僧''八仙''财神'等造像及民俗百态系列彩塑艺术作品,二十多次荣获中国工艺美术和民间艺术各类大奖……他就是年仅37岁的国家首批非遗项目'泥人张'第六代传人、天津高级工艺美术师陈毅谦。近日他的作品集《陈毅谦彩塑》由《收藏界》编辑、出版,发行到海内外,引起社会各界的广泛关注。"该期杂志第124—133页刊载了逯彤撰写的《不惑之年 蓦然回首——浅谈陈毅谦彩塑艺术》、阎正撰写的《面壁与破壁》等文章。在上述高玉涛、阎正、董凡、陆书龄的文章中,介绍陈毅谦时均称其系"泥人张"第六代传人。此外,该期《收藏界》杂志中附有一彩色图片夹页,内容为文、武、正三财神铜彩塑,下部为文字介绍:铜彩塑《财神像》,此作品及工艺(已申报国家专利)首创人为"泥人张"第六代传人陈毅谦,塑造于2007年至2011年。选用材料为金、银、铜、铁、白玉、珊瑚、水晶、珍珠、玛瑙、红木、铜鎏金及贴金。工艺之精湛、工序之复杂、工料之丰富,堪称中国历史上最富贵豪华的财神(左:武财神关圣;中:文财神比干;右:正财神赵公明)。铜彩塑《财神》预定专电—01051670355(规格尺寸、开光与否可根据藏者要求定制),落款为《收藏界》。经查,预订电话为《收藏界》杂志社的电话。

2011年1月17日,天盈九州公司开办的凤凰网天津站文化大视野栏目曾刊发网络文章,标题为:"泥人张"第六代传人陈毅谦做客凤凰城市会客厅,文章开始介绍青年艺术家陈毅谦,系"泥人张"彩塑第六代传人,以其纯熟的技法、深刻的体悟形成了自己独具特色的艺术形式,作品屡屡获奖,为天津彩塑界争取不少荣誉。他本人对于中国彩塑文化有自己的一定见解,下面听听陈毅谦谈中国彩塑艺术的传统与创新。后面的内容即为陈毅谦刊登于2011年第2期《收藏界》杂志的《中国彩塑艺术的传统与创新》一文。

1993年,天津市文化局曾举办"纪念张明山诞生一百六十周年'泥人张'彩塑艺术座谈会",出席人员有中央部委、天津地方政府领导,艺术美术界知名人士,还包括张氏家族传人中当时工作于中央工艺美术学院的张锠、时任天津泥人张彩塑工作室主任的张铭、在天津泥人张彩塑工作室工作的张宏英以及天津市艺术博物馆工作的张乃英。会后形成了天津文化史料第四辑——《纪念泥人张创始人张明山诞生一百六十周年专辑》,其中部分文章提及,在党和政府的关怀下,第四代传人张铭主持了天津彩塑工作,并且培养起包括张乃英、逯彤、杨志忠等第五代传人。

2006年6月,由国务院批准,"泥塑(天津泥人张)"被纳入第一批国家级非物质文化遗产。2007年6月,经天津市泥人张彩塑工作室和张氏传人共同申报,"泥人张彩塑"被纳入天津市第一批市级非物质文化遗产名录。

本案诉讼中,陈毅谦申请证人逯彤、杨志忠一审期间出庭作证,二人均认为自己是泥人张第五代传人,陈毅谦是他们的亲传弟子,具有很高的艺术成就,配得起泥人张第六代传人的称谓。泥人张世家、张宇均不认可证人证言,认为陈毅谦以"泥人张第六代传人"身份进行宣传,构成对泥人张世家和张宇的不正当竞争。

结合一、二审程序中双方当事人提交的证据及庭审笔录中的当事人陈述,二审法院进一步查明,天津市范围内,企业或机构名称中包含"泥人张"的分别是:经批准于 1958 年成立、1974 年更名、1983 年恢复名称的天津市泥人张彩塑工作室,2000 年张宇投资成立的泥人张世家老作坊,以及案外人天津市泥人张塑古斋。

天津市第二中级人民法院于 2011 年 12 月 12 日做出(2011)二中民三知初字第 150 号民事判决:驳回天津市泥人张世家绘塑老作坊、张宇的诉讼请求。一审宣判后,泥人张世家、张宇提出上诉。天津市高级人民法院于 2012 年 5 月 22 日做出(2012)津高民三终字第 0016 号民事判决:驳回上诉,维持原判。

法院生效裁判认为:该案属于不正当竞争纠纷。由于涉及复杂的历史因素,故应围绕当事人的诉讼请求和各项主张,依照《反不正当竞争法》及相关司法解释的规定,在综合考虑历史和现实的基础上,公正合理地予以裁判。上诉人一审时主张被上诉人在宣传中使用"泥人张第六代传人"的行为构成擅自使用他人企业名称、姓名及虚假宣传。二审期间,上诉人明确表示放弃其对姓名权的主张,故本案案由应确定为擅自使用他人企业名称及虚假宣传纠纷。

一、关于被上诉人对"泥人张"的使用方式及性质

根据本案查明的事实,被上诉人陈毅谦、雅观研究所、天盈九州公司并未将"泥人张"作为商标、商品名称及企业名称或服务标记等商业标识单独进行使用,而是在有关陈毅谦及其作品的文章、访谈和宣传中,在介绍陈毅谦身份时,将陈毅谦的姓名与"泥人张第六代传人"这一称谓同时使用。由于历史因素,"泥人张"一词本身具有多种含义和用途,其在不同语境下亦承载着不同的民事权益。就本案而言,"泥人张第六代传人"这一称谓中的"泥人张",应从特定彩塑技艺或艺术流派的角度理解,而非理解为上诉人所主张的专有名称或专有权。

从被上诉人的具体使用情形看,雅观研究所主办的《收藏界》杂志社出版的《陈毅谦彩塑》中收录的相关文章、2011 年第 2 期《收藏界》杂志当期的经典人物介绍,以及天盈九州公司开办的凤凰网刊发陈毅谦专访的文稿,使用"泥人张第六代传人"称谓均是对陈毅谦身份的描述,试图表明陈毅谦在"泥人张"彩塑领域的艺术成就。作为工艺美术从业者的陈毅谦,同时也可以是文艺市场的主体,而且《收藏界》杂志本身具有向相关公众宣传、推介有收藏价值商品的功能,结合上诉人在一、二审期间提交的载有陈毅谦作品的预定宣传单,可以认定被上诉人对"泥人张第六代传人"的使用,具有商业性使用的因素,故原审判决认定该使用并非《反不正当竞争法》所规定的商业性使用,有失妥当。

二、关于被上诉人使用"泥人张第六代传人"是否构成擅自使用泥人张世家企业名称的不正当竞争行为

本案中,上诉人泥人张世家认为其对"泥人张"享有专有权,并据此主张被上诉人使用"泥人张"的行为侵犯了其企业名称权,构成不正当竞争。本院认为,首先,泥人张世家的企业名称是"天津市泥人张世家绘塑老作坊",泥人张世家在二审中当庭认可其在经营场所悬挂的招牌是"泥人张世家"。根据天津市高级人民法院(1996)高知终字第 2 号民事判决,张明山后代从事彩塑创作的人员和天津泥人张彩塑工作室经有关部门核准均有权将"泥人张"名称作为企业或机构名称的部分内容使用,双方未经协商一致,不得将"泥人张"名称转让或许可他人使用。从目前天津市范围内泥人张世家老作坊、天津市泥人张塑古斋和天津市泥人张彩塑工作室同时并存的现状,可以看出,名称中含有"泥人张"的企业或机构,在实际使用时已各自从字号上

区分彼此,基于这种区分使用的现状,应认定泥人张世家的字号为"泥人张世家",而非"泥人张",故泥人张世家无权单独就"泥人张"作为其字号主张权利。其次,混淆是制止仿冒类不正当竞争行为的重要法律基础。本案中,被上诉人只是在介绍陈毅谦身份时使用了"泥人张第六代传人"的称谓,并未将"泥人张""泥人张世家"作为商标、商品名称或企业名称中的字号等商业标识单独或突出使用,显然不具有"搭他人商业成果便车"的主观恶意,亦不足以造成相关公众的混淆、误认。故被上诉人的使用行为未侵害泥人张世家的企业名称权,不构成对泥人张世家的不正当竞争。上诉人的该项主张,本院不予支持。

三、关于被上诉人使用"泥人张第六代传人"构成虚假宣传的不正当竞争行为

《反不正当竞争法》第九条明确规定,禁止经营者对其商品或服务作引人误解的虚假宣传。上诉人据此认为,陈毅谦与张氏家族没有任何血缘和姻缘关系,却以"泥人张"名义进行商品宣传,足以造成相关公众误认为陈毅谦的作品是"泥人张"后代的作品,故应认定被上诉人的行为是引人误解的虚假宣传行为。

"传人"一词并非规范的法律概念,社会生活中对"传人"亦存在不同的理解和认识。因此,无论上诉人主张陈毅谦不具有"泥人张第六代传人"的身份,还是被上诉人主张陈毅谦确系"泥人张第六代传人",均不会对"泥人张"作为商标、商品名称或企业名称等民事权益被相关权利人所享有、使用时的合法权益产生影响。至于被上诉人使用"泥人张第六代传人"是否构成反不正当竞争法意义上的虚假宣传行为,应综合考虑以下几方面的因素:

(1)被上诉人在介绍、宣传陈毅谦及其作品时使用"泥人张第六代传人"的称谓是否具有事实基础?

从历史角度看,始创于清末、蜚声国内外的"泥人张"彩塑艺术的形成、发展,不仅有着特殊的历史背景,而且是以有别于其他民间艺术的独特方式传承至今。通过已生效判决、地方史志类图书及专业学科类图书等记载的"泥人张"彩塑艺术的渊源及发展历程可以看出,天津泥人张彩塑工作室培养出来的包括一些非张氏泥人张彩塑艺术传人,已得到艺术美术界和张氏家族泥人张传人的认可。上诉人虽对上述内容提出异议,但并未能提供相反证据予以反驳。

从现实角度看,陈毅谦系天津市泥人张彩塑工作室高级工艺美术师,师从泥人张第五代传人逯彤、杨志忠学习泥彩塑多年,曾获得"民间工艺美术家""天津市工艺美术大师"等称号,其作品也曾先后荣获诸多奖项。张氏家族泥人张第四代传人张锠在其主编的《中国民间泥彩塑集成泥人张卷》一书泥人张弟子代表作中,收录了陈毅谦的《弘一法师》等作品。在张锠为《收藏界》杂志社编辑出版的《陈毅谦彩塑》作品集作序的《青出于蓝而胜于蓝》一文中,高度评价了陈毅谦的为人、作品和技艺,并称赞陈毅谦是以自己的执着、勤奋与智慧,在理性地继承其艺术先辈的艺术传统的基础上,又创新于当代,并取得令人欣喜的艺术成果,是"泥人张"彩塑艺术的后来者中的佼佼者。

综合考虑历史和现实因素,被上诉人在介绍、宣传陈毅谦及其作品时使用"泥人张第六代传人",确有相关的客观事实基础。

(2)被上诉人使用"泥人张第六代传人陈毅谦"是否具有攀附上诉人泥人张世家和上诉人张宇的故意?如前所述,由天津市泥人张彩塑工作室培养,泥人张第五代传人逯彤、杨志忠亲传,已掌握"泥人张"彩塑技艺,并且通过自身的努力,陈毅谦本人及其彩塑作品在相关艺术领

域已享有较高知名度。被上诉人在介绍陈毅谦身份时使用"泥人张第六代传人"这一称谓,是对陈毅谦所从事彩塑艺术的流派、传承及其在相关领域获认可的一种描述。这种称谓也符合社会生活中人们对某一艺术领域具有相当成就人员的一种惯常称呼。从主观上看,被上诉人没有攀附上诉人泥人张世家、张宇的故意,亦没有冒充张氏家族泥人张传人的主观意图。

(3)被上诉人的使用行为是否会导致相关公众的混淆、误认?被上诉人使用"泥人张第六代传人"这一称谓,主要是为介绍陈毅谦的身份,而且是与其个人姓名同时使用,根据日常生活经验及被宣传对象陈毅谦的实际情况,不会导致相关公众对商品的来源产生与上诉人泥人张世家、张宇有关联的误解,也不足以导致市场混淆,影响公平竞争和市场秩序。

因此,被上诉人使用"泥人张第六代传人",不构成《反不正当竞争法》第九条所禁止的虚假宣传的不正当竞争行为。

【案件焦点】

在不正当竞争纠纷中,当事人在介绍作者身份时使用民间艺术领域"××传人"称谓,是对作者所从事的艺术流派、传承及其在相关领域获得认可的一种描述,如果有相应的事实基础,且不足以引人误解,则不构成虚假宣传行为。

【分析与结论】

一、审判思路的合理确定

本案系因民间艺术领域"传人"称谓的使用而引发的不正当竞争纠纷。对于被认定为非物质文化遗产的民间艺术而言,"传人"与"传承人"具有相通的含义,民间艺术的传人也就是非物质文化遗产的传承人,其中符合法定条件的,可以被认定为代表性传承人。

由于我国目前对民间艺术等非物质文化遗产的法律保护特别是司法保护机制尚不健全,对于非物质文化遗产传承人的保护还处于初级保护状态。而有关传承人的分类及认定、传承人的法律地位、传承人保护与知识产权制度等,尚无专门的法律制度予以规范,因此,一些围绕非物质文化遗产传承人的利益纠纷时有发生,纠纷产生后,当事人只能利用已有制度进行救济。这一新类型知识产权案件的出现及审理,向司法实践提出了新的课题。

本案所涉独具"津味文化"特色的"泥人张"彩塑艺术,已被列入国家和天津市非物质文化遗产名录,但由于种种原因尚未确定代表性传承人,对于该项艺术的"传人"应如何界定、"传人"身份由谁确定、"传人"称谓的使用有何限制等问题,无法从现有法律法规中找到答案。

本案虽由传人身份之争引发,但由于"传人"或"传承人"一词并非规范的法律概念,社会生活中对其亦存在不同的理解和认识,因此,对于传人称谓的使用是否构成对相关权利人利益的侵害,审理时应注意分清艺术问题和法律问题,围绕当事人的诉讼请求和各项主张,并依据相关法律及司法解释的规定,在综合考虑历史和现实的基础上,公正合理地予以裁判。至于有关传人身份的确定,并非当事人的诉讼请求,也不宜在个案中以判决的形式加以明确,而是围绕当事人的诉讼请求和各项主张,依照《反不正当竞争法》及相关司法解释的规定,在综合考虑历史和现实的基础上,对涉案"传人"称谓的使用做出法律评价,有利于实现法律效果与社会效果的统一。

伴随着市场经济的发展,一些本身即蕴涵独特经济价值的民间艺术不可避免地卷入商业化大潮。在这种情况下,对包括民间艺术在内的非物质文化遗产的保护,就不仅仅是保存、保护民族文化传统特色的问题,还可以为其传承人带来相应的经济利益,并由此带来利益的分享、侵害及可能的利益失衡或价值偏失。

通过本案即可看出,虽然"传人"不是法律概念,对其认定目前也不宜以判决的方式做出,但如果能够确定"泥人张"的代表性传承人,那么"传人"的问题也就迎刃而解了。作为非物质文化遗产的"泥人张"彩塑艺术,虽历经张明山及其后代中从事彩塑艺术创作的成员,与新中国成立后政府部门基于对"泥人张"彩塑的挽救扶植所成立的天津泥人张彩塑工作室中几代人的潜心研究、共同努力,得以传承至今,但由于种种原因,"泥人张"彩塑艺术的代表性传承人一直没有确定,其间也纷争不断,这是我们所不期望看到的局面。

民间艺术进入市场,作为传统民间艺术的从业者,同时也就成为文艺市场的主体,同样应当遵守公平有序的竞争规则。《反不正当竞争法》的主要目的是为制止以不正当手段从事市场交易、损害竞争对手的行为,如禁止侵害他人权益的搭便车行为等。回到本案,即便已列入国家和天津市非物质文化遗产名录的"泥人张"尚未确定代表性传承人,而陈毅谦、雅观研究所、天盈九州公司对"泥人张第六代传人"的使用,并不排除商业性使用的因素,但在尊重历史、尊重现实、弘扬传统文化、注重利益平衡的前提下,从《反不正当竞争法》的角度来审视,这种使用并不违法。当然,如果对"传人"称谓的使用,是出于攀附"传承人"身份所承载的声誉而有意制造混淆,且不具备一定事实基础,则会落入《反不正当竞争法》的规制。

"传承人"并不只是一种称谓和身份,其或许可以使进入市场的艺术作品增值,但在其享有相应权利的同时,还意味着一份责任和义务,即保护和传承其所持有的非物质文化遗产,为弘扬中华民族传统文化尽职尽责。传承人的法律地位不明确、权利义务不清晰,利益平衡问题不解决,我国非物质文化遗产传承人就难以得到充分的保护。对非物质文化遗产传承人的保护,任重而道远。

二、从本案看非物质文化遗产传承人的保护

纵观"泥人张"彩塑艺术发展史,不难看出,"泥人张"这项带有浓郁天津特色的传统技艺,正是由于政府的大力扶植和历代传承人包括非张氏传人的不懈努力,才能够经久不衰,成为中华文化宝贵财富中的一笔。正如张氏家族泥人张第四代传人张锠在其主编的《中国民间泥彩塑集成泥人张卷》一书中所言:"新中国成立后,党和政府给予'泥人张'关心和支持,使'泥人张'彩塑艺术得到新的发展,让这门'父传子承'的家庭艺术跨越家族门槛成为社会艺术。""泥人张"的发展历程,是众多非物质文化遗产的生存特点和发展规律的一个缩影,也是由于这种特殊的多元化传承方式,使得类似艺术在弘扬传播和商业化进程中可能遇到难以逾越的障碍,能否以合理的制度平衡各方利益,推动艺术的传承与发展,正是我们的关注所在。无论如何,我们都希望看到,所有具有独特魅力的优秀中华文化,都能够源远流长、在世界舞台上大放异彩。

一个特殊的案件,带给我们以深刻的启发。正是传承人的存在和发展,才赋予了非物质文化遗产鲜活和持久的生命力,而在社会环境变迁和市场经济大潮的冲击下,有关非物质文化遗产传承人确定和保护方面的制度缺失,使得那些作为传承载体的传承人及其传承活动经常会面临各种挑战。因此,不仅需要充分利用已有的知识产权制度如《著作权法》《商标法》《反不正当竞争法》等法律进行保护,而且应该进一步重视建立、健全和完善相关法律制度,如非物质文

化遗产名录制度、根据不同保护对象和传承特点确立传承人制度、积极拓宽传承方式等，通过对非物质文化遗产传承人设立合理可行的认定和制度规范，以法律的形式确定并赋予传承人相应的法律地位及权利与义务，明确其肩负的历史重任，才能够激发他们传承民族、民间文化的责任和热情，促进传统文化等非物质文化遗产的有效保护和传承，进而全面推动社会主义文化的大发展、大繁荣。

保证贷款逾期催收责任承担案

【案情介绍】

原告:中国工商银行桐乡市支行。
被告:桐乡市经济技术协作总公司。
被告:桐乡市化工轻工建筑材料总公司。

1995年2月21日,中国工商银行桐乡市支行(以下简称工商银行)与桐乡市经济技术协作总公司(以下简称协作公司)及桐乡市化工轻工建筑材料总公司(以下简称化轻公司)签订一份借款合同,约定:协作公司向工商银行借款300万元,同年2月25日归还100万元,8月21日归还200万元,月利率为10.98‰;如协作公司不按约归还,由担保单位化轻公司负责归还。同日,化轻公司向工商银行出具一份保证书,愿对协作公司300万元借款承担保证责任,保证期限至1996年2月21日到期。签约后,工商银行向协作公司发放300万元借款。协作公司借款后仅于1995年5月24日归还100万元,其余借款本息均未归还,担保人亦未履行担保责任。1996年4月25日、1997年4月2日,工商银行先后两次向担保人化轻公司发出"保证贷款逾期催收函"。两函均载明:"贵单位根据950025号借款保证书向我行提供连带保证担保的200万元债务已于1995年8月21日到期,请速筹款还款。"该函落款注明"收件单位收到函件后加盖公章退回我行"。化轻公司收到上述催收函后,于1996年4月29日和1997年4月15日在催收函件单位栏内加盖了公章。1997年1月22日、4月2日,工商银行又先后向协作公司发出"逾期贷款催收函",协作公司收到后在该催收函上盖章确认。工商银行因协作公司对所借款一直未予归还,化轻公司在收到催收函后也无还款表示,遂于1997年6月22日向嘉兴市中级人民法院起诉,要求判令协作公司归还借款本息,化轻公司对此负连带责任。

被告协作公司、化轻公司均未作书面答辩。

嘉兴市中级人民法院认为:双方当事人签订的借款合同合法有效。协作公司未按约归还全部借款本息,应承担返还借款本息的民事责任。化轻公司在协作公司与工商银行的借款合同担保人栏内加盖公章,同时又另行向工商银行出具保证书,明确了保证期限,但工商银行未在约定的保证期间内向保证人化轻公司主张权利,故化轻公司不再承担保证责任。工商银行在保证期间外寄送催收函,保证人在此函上盖章,不能认为双方又重新建立了保证合同。依照原《中华人民共和国经济合同法》第四十条第二项,最高人民法院《关于审理经济合同纠纷案件有关保证的若干问题的规定》第十条的规定,该院于1997年12月28日判决:

(1)协作公司在判决生效后10日内向工商银行归还200万元及利息、罚息786 142.59元(截至1997年11月20日)。逾期加倍支付延期履行债务期间的银行利息。

(2)驳回工商银行其他诉讼请求。

宣判后,工商银行以"化轻公司出具担保书后,其曾于1996年4月25日和1997年4月2日分别向化轻公司发出保证贷款逾期催收函,明确要求化轻公司对担保的协作公司200万元到期借款筹资归还,化轻公司在两份函件上盖章确认。按最高人民法院有关批复的规定,化轻公司仍应承担保证责任"等理由,向浙江省高级人民法院提起上诉,请求依法改判。

化轻公司答辩认为原判正确,要求维持。协作公司未做书面答辩。

浙江省高级人民法院认为:工商银行与协作公司、化轻公司签订的保证借款合同合法,应认定有效。协作公司未按约履行合同义务,应承担归还借款本金及支付利息、罚息的民事责任。化轻公司在约定的保证期间届满后,在工商银行"保证贷款逾期催收函"上盖章予以确认,应视为化轻公司对协作公司借款担保责任的重新确认,故依法仍应承担连带担保责任。上诉人工商银行提出"化轻公司应对协作公司借款本息承担连带保证责任"的上诉理由成立,应予支持。原判免除化轻公司保证责任,适用法律错误,应予以纠正。根据最高人民法院《关于审理经济合同纠纷案件有关保证的若干问题的规定》第八条、《借款合同条例》第十六条的规定,该院于1998年4月2日做出判决:

(1)维持嘉兴市中级人民法院民事判决第一项,即协作公司在判决生效后10日内向桐乡市工行归还200万元及利息、罚息786 142.59元(截至1997年11月20日止)。逾期加倍支付延迟履行债务期间的银行利息。

(2)撤销嘉兴市中级人民法院民事判决第二项。

(3)化轻公司对协作公司应付工商银行的上述款项,承担连带清偿责任。

化轻公司不服终审判决,以其在保证贷款逾期催收函收件单位一栏内加盖公章,仅表明收悉该函,并不是向工商银行承诺对原借款合同担保责任的重新确认。二审单凭其盖章行为,推定为担保责任的重新确认无法律依据为由,向最高人民法院申请再审。

最高人民法院函示浙江省高级人民法院进行复查。浙江省高级人民法院做出民事裁定,将该案提起再审。经再审认为:原一、二审对工商银行与协作公司签订的借款合同效力及协作公司所应承担的责任认定一致,并无不当。工商银行未在保证合同约定的保证期间内向化轻公司主张权利,保证期间届满后,化轻公司的保证责任即告免除,依法不再承担保证责任。由于保证责任为严格的民事责任,必须以双方当事人明确的意思表示并通过书面形式才能成就;保证期间届满后债权人已不存在可向保证人主张的权利。因此,化轻公司在逾期贷款催收函上签字,不能推定为工商银行与化轻公司之间重新确立保证合同。故原二审认定事实错误,适用法律不当。根据《借款合同条例》第十六条,最高人民法院《关于审理经济合同纠纷案件有关保证的若干问题的规定》第十条的规定,该院于1999年9月17日判决:

撤销原二审判决,维持一审判决。

【案件焦点】

本案争议的焦点,在于化轻公司签收保证贷款逾期催收函的性质认定。即工商银行未在保证期限内主张权利,保证期间届满后,保证人化轻公司签收债权人工商银行的催收函,是否能被视为建立了一个新的保证合同关系;或者换言之,是否系对原保证责任的重新确认。

【分析与结论】

保证成立的标志是保证人与债权人就保证事项以书面形式达成一致的意思表示。而且由于保证人在保证合同中只承担义务,不享有权利,故保证合同的成立更具严格性。从外国立法例看,尽管各国在具体立法规定中不尽相同,但一般来说,明示、书面形式均被要求为保证合同成立的必要条件。法国民法典 2015 条规定,保证"应以明示为之",严禁默示形式在合同成立时使用,且规定在保证合同的成立上不得推定。苏联民法典除不允许默示推定保证关系成立外,还不允许以口头明示形式成立保证关系,保证合同必须以书面形式签订,不遵守书面之形式要件,则保证合同无效。原《中华人民共和国担保法》(以下简称《担保法》)规定,保证人与债权人应当以书面形式订立保证合同。原《担保法》规定,"保证合同应包括以下内容:(1)被保证人的主债权种类、数额;(2)债务人履行债务的期限;(3)保证方式;(4)保证担保的范围;(5)保证的期间;(6)双方认为需要约定的其他事项。"原《担保法》的上述规定,与国外立法例相同,也排除了以默示或通过推定来确认担保合同的成立,要求必须有当事人明确的意思表示,并以书面形式将双方协商的内容记载下来。至于书面保证合同应采用何种方式,审判实践中一般认为可基于下列方式成立:(1)签订书面保证合同,即保证人和债权人以书面形式就保证合同的主要条款依法达成协议,保证合同即告成立。(2)单独出具保函,即保证人以书面信函、传真等形式向债权人表示,当保证人不履行债务时,由其代为履行或负损害赔偿之责,被债权人接受的,保证合同成立。(3)保证人在订有保证条款的主合同的保证人栏内签字、盖章;或者主合同中并未订有保证条款,保证人在主合同的保证人栏内以保证人身份签字或者盖章,亦视为保证合同成立。对此,最高人民法院曾在《关于审理经济合同纠纷案件有关保证的若干问题的规定》第一条"保证合同成立的认定"中,规定了以上保证合同的三种书面方式。除此以外,任何推定、默示等都不应被视为保证合同的成立。

  本案保证期间届满后,尽管化轻公司在工商银行的催款函上盖章,但从以上分析来看,不能视为在化轻公司与工商银行之间重新建立了保证关系。首先,工商银行在保证责任期间未向化轻公司主张权利,对原借款合同而言,化轻公司不再承担保证责任。按担保书所载,保证期限一年,自 1995 年 2 月 21 日至 1996 年 2 月 21 日止,工商银行对此无异议。但该行在约定的保证责任期限内未向化轻公司主张权利,根据最高人民法院《关于审理经济合同纠纷案件有关保证的若干问题的规定》第十条"保证合同中有保证责任期限的,保证人在约定的保证期限内承担保证责任,债权人在保证责任期限内未向保证人主张权利,保证人不再承担保证责任"的规定,化轻公司在保证责任期限届满后不再承担保证责任,化轻公司与工商银行因保证合同产生的权利与义务关系也自然消亡。其次,保证贷款逾期催收函的全部内容为:"贵单位根据950025 号借款保证书向我行提供连带保证担保的 200 万元债务已于 1995 年 8 月 21 日到期,请速筹资还款。"该函落款注明"请收件单位加盖公章后退回我行。"从该函内容看,工商银行明知借款保证期限届满,其已不能向担保人主张权利,仍向化轻公司催收借款,并要求化轻公司在该函收件单位一栏盖章。但其在函中并不明确表示"如同意对该借款继续承担保证责任,予以盖章确认",而只是笼统地要求"收件单位加盖公章后退回我行"。该盖章行为应视为同意继续承担担保责任还是仅仅表示收到催收函,争议极大。因此,该催收函本身即是一个要约意思不明的函件。如前所述,担保责任是一种严格的民事责任,必须以保证人的明确意思表示才能建立,化轻公司针对工商银行要约意思表示并不明确的催收函,仅仅在该函上加盖公章,未作其他任何意思表示,此行为只表示收到该函,不能认定双方当事人已重新订立了新的保证合同。再次,认为化轻公司对协作公司的借款担保责任已做了重新确认,应继续承担保证责任,其立论基础是化轻公司的盖章行为应推定为同意工商银行要求该公司继续承担保证责任的权利主张。但该论点忽视了一个重要前提,即工商银行的催收函是在已不存在可主张权利的前提下发出的,而且是一个意思表示并不明确的要求。工商银行之所以刻意掩盖本可以明确表达的意思表示也正在于保证期限届满,其唯恐明确要求化轻公司重新承担保证责任遭拒。因此,本案并不存在可以推定化轻公司同意的明确意思表示,更何况担保的成立并不允许推定。实践中,确有仅在主合同保证人一栏盖章、签字,即认定保证人保证责任成立的,但其关键在于,主合同债权与债务关系是明确的,保证的意思表示也是明确的。

本案再审中争议较大的是最高人民法院法释【1999】7号《关于超过诉讼时效期间借款人在催款通知单上签字或者盖章的法律效力问题的批复》能否在本案中参照适用,进而认定化轻公司在催收函上的盖章为对原保证的重新确认。按该司法解释,"对于超过诉讼时效期间,信用社向借款人发出催收到期贷款通知单,债务人在该通知单上签字或者盖章的,应当视为对原债务的重新确认,该债权与债务关系应受法律保护。"有人依此司法解释认为原二审认定化轻公司在逾期贷款催收函上签字应视为重新确认保证关系并无不当。且不论该司法解释仅适用于特定问题即限定在债权人与债务人之间的债权与债务关系上,相对于有担保的贷款而言,属于主合同关系,而非担保关系,由于法律对保证合同的成立有明确的规定,我们并不能想当然地任意扩大司法解释的适用范围。更关键的还在于这一认识混淆了诉讼时效期间和保证责任期间这两个不同的期间性质。我们知道,所谓诉讼时效,是指权利人向人民法院请求保护其民事权利的法定期限。诉讼时效与保证期间的主要区别体现在:第一,当事人关于保证期间的约定优先于法律规定的适用;而诉讼时效是法律上的强制性规定,它排除当事人的意思自治。第二,保证期间自主债务履行期限届满之日起算,如当事人另有约定的,自约定的起算日起计算;而诉讼时效期间自权利人知道或者应当知道权利被侵害时起算。第三,诉讼时效期间为可变期间,可因一定的事由的出现而中止、中断、延长,如诉讼时效期间内在最后六个月发生不可抗力或其他障碍使债权人不能行使请求权的,时效可中止。而保证期间原则上为不变期间,债权人应当在保证期间内按法律规定的方式行使权利。第四,保证期间为除斥期间,保证期间届满,保证人的保证责任即告免除,权利人丧失的是实体权;而诉讼时效期间届满,权利人丧失的只是胜诉权,其实体权并不丧失。由上述区别可知,由于保证期间与诉讼时效期间的不同,保证期间届满与诉讼时效期间届满的法律后果不同,适用于诉讼时效届满后债务人重新确认债务的司法解释显然不能直接适用于类似于本案保证责任期间届满后的情况。从法理上讲,最高人民法院司法解释规定超过诉讼时效期间借款人在催款通知单上签字或盖章,应视为对原债务的重新确认,也正是建立在诉讼时效期间届满后,债权人与债务人之间实体上的债权与债务关系并不因此而消失,法律对于债务人的自愿履行或确认行为予以确认。而保证期间的届满,意味着债权人实体权利的丧失,债权人与保证人之间已不存在可资确认的保证合同关系,除非双方另行签订保证合同。此两者显然不可同日而语。

没有依法清算 股东是否承担公司债务

【案情介绍】

某策划公司于2010年8月27日成立,注册资本为22万元,股东孙某出资6.8万元,刘某出资7.6万元,谢某出资7.6万元。某服务公司与策划公司签订服务合同,约定服务公司为策划公司提供物料和安装服务,策划公司应给付服务公司29万元,其中合同签订之日给付6万元,活动结束后两周内给付4万元,活动结束后一个月内给付19万元;合同成立后,单方终止或拒不执行合同,违约方应赔偿合同50%的金额给守约方,作为经济损失补偿,并负担由此引发的相关责任。合同订立后,服务公司为策划公司提供了服务,策划公司只支付了5万元,余款未付。服务公司在向策划公司催要欠款的过程中,突然发现策划公司于2010年1月12日已注销,股东孙某、谢某、刘某向工商部门提交了虚假的清算报告和股东会决议,骗取工商部门办理了注销登记。服务公司起诉要求孙某、谢某、刘某赔偿服务公司合同价款24万元及违约金14.5万元。

【案件结果】

一审法院认为:孙某、谢某、刘某在对策划公司进行清算时,未通知债权人服务公司,也未在报纸上公告,没有依法清算,之后以虚假的清算报告骗取工商部门办理策划公司的注销登记,孙某、谢某、刘某应对策划公司的债务承担赔偿责任。

一审判决后,谢某不服,向法院提起上诉。二审法院依法驳回上诉,维持原判。

【案情分析】

本案中,策划公司全体股东一致同意解散公司,并经工商部门核准成立清算组,清算组成员为孙某和刘某,符合《公司法》的规定。但公司清算组并未通知债权人服务公司,也未在报纸上公告,没有依法清算,以虚假的清算报告向工商局办理注销登记,债权人有权依法要求策划公司股东承担清偿责任。孙某、谢某、刘某主张其未提交虚假材料,而是代办人向工商部门提交了虚假材料,因孙某、谢某是清算组成员,孙某、谢某、刘某均在虚假的清算报告以及与清算报告内容一致的股东会决议上签字确认,所以虚假的清算报告是孙某、谢某、刘某制作的,孙某、谢某、刘某应承担责任。谢某有关其并非清算组成员故不应承担清偿责任的上诉主张,没有法律依据,应当不予支持。

公司清算是指在公司面临终止的情况下,负有清算义务的主体按照法律规定的方式、程序,对公司的资产、负债、股东权益等公司的状况做全面的清理和处置,使得公司与其他社会主体之间产生的权利和义务归于消灭,从而为公司的终止提供合理依据的行为。公司清算法律制度的直接目的是对即将终止的公司财产、债权与债务进行清理,而最终目标和价值则在于法律通过清算程序实现对公司债权人利益、公司股东权益和社会经济秩序的全面有效的保护。我国《公司法》及其司法解释二(最高人民法院《关于适用〈中华人民共和国公司法〉若干问题的规定(二)》)对公司清算制度做了进一步的修改和完善,规定公司有未清算、逾期清算、拖延清算、违法清算以及未依法清算等情形的,债权人有权要求有限公司股东、股份公司董事和控股股东、公司实际控制人以及清算组成员等承担赔偿责任、清偿责任或者其他民事责任。

【律师观点】

综上,公司与股东是两个不同的法律主体,股东以其认缴的出资额为限对公司承担责任,股东与公司的债权人之间不发生任何关系,债权人只能向公司主张权利而不能向股东主张权利。但是本案情况特殊,法院判决由股东孙某、谢某、刘某对策划公司债务承担清偿责任,是符合法律规定的。

【相关法规】

1.《公司法》第一百八十条规定:公司因本法第一百八十一条第(一)(二)(四)(五)项规定而解散的,应当在解散事由出现之日起十五日内成立清算组,开始清算。有限责任公司的清算组由股东组成,股份有限公司的清算组由董事或股东大会确定的人员组成。逾期不成立清算组进行清算的,债权人可以申请人民法院指定有关人员组成清算组进行清算。

2. 最高人民法院《关于适用〈中华人民共和国公司法〉若干问题的规定》(二)第十八条规定:有限责任公司的股东、股份有限公司的董事和控股股东未在法定期限内成立清算组开始清算,导致公司财产贬值、流失、毁损或者灭失,债权人主张其在造成损失范围内对公司债务承担赔偿责任的,人民法院应依法予以支持。

劳动合同法编

《中华人民共和国劳动合同法》（以下简称《劳动合同法》）是为了完善劳动合同制度，明确劳动合同双方当事人的权利和义务，保护劳动者的合法权益，构建和发展和谐稳定的劳动关系而制定的法律（参见该法第一条）。劳动合同法共分8章98条，包括：总则、劳动合同的订立、劳动合同的履行和变更、劳动合同的解除和终止、特别规定、监督检查、法律责任和附则。劳动合同法是规范劳动关系的一部重要法律，在中国特色社会主义法律体系中属于社会法。目前实施的《劳动合同法》根据中华人民共和国第十一届全国人民代表大会常务委员会第三十次会议于2012年12月28日通过的《全国人民代表大会常务委员会关于修改〈中华人民共和国劳动合同法〉的决定》修订，自2013年7月1日起施行。

党的二十大报告提出"加快全面依法治国，推进法治中国建设"，全面依法治国是要求我们在国家治理的进程中，以法治思维、在法治轨道上全面建设社会主义现代化国家，因为劳动合同法的诸多条款、规定与原有的劳动法以及许多的地方法规多有冲突与不一致之处，这一方面迫使企业的管理层必须改变观念、转变方法、调整思路，才能适应《劳动合同法》的要求，这种维权意识的提高，在对《劳动合同法》的理解中，有正确的理解，也有错误的理解。这两个方面激烈地碰撞，导致的结果就是劳动争议仲裁、诉讼案件的井喷，为此，通过本编案例，介绍劳动关系确立纠纷、劳动合同纠纷、劳动报酬纠纷等内容。

竞业限制须支付经济补偿案

【案情介绍】

小杨是一家计算机编程公司的程序员,与单位签有三年的劳动合同,劳动合同中约定了小杨在离职后两年内不得从事同行业与本单位有竞争关系的工作。2005年9月,劳动合同到期后,小杨和单位没有续签劳动合同。小杨离职时,单位一再强调要求其履行竞业限制的规定。

小杨在此后的半年多时间里一直履行她与单位的竞业限制约定,但因没有其他行业的相关工作经验,所以也一直没找到工作,生活变得越来越艰难。小杨越想越觉得这种约定不公平,于是她咨询了专业律师。这才知道,根据法律规定原单位应当在她离职时开始为她履行竞业限制义务买单,即支付竞业补偿金。如果单位拒不支付,她可以不履行竞业限制义务。交涉无果,她在2006年1月向区劳动争议仲裁委员会提出申诉,要求单位按其每月3 000元工资的标准支付其两年的竞业限制补偿金。

【案情分析】

上海君拓律师事务所评析:

本案是典型的竞业限制争议,许多技术性企业经常使用竞业限制的方式保护本单位的商业秘密以保障自身的竞争力,但在保护企业自身利益的同时,也应当依法办事,不侵害员工的合法权益。

(1)竞业限制又称竞业禁止,是指权利人(一般是用人单位)对有特定关系的义务人(一般指劳动者)特定竞争行为(自营或者为他人经营与原用人单位有竞争的业务)的禁止。竞业限制是净化市场环境、保护公平竞争秩序、协调市场主体之间(特指雇主与雇员之间)权益的一项重要法律制度。在市场经济运行过程中,以高薪挖墙脚,以不正当方式获得他人的商业秘密等情况时有发生,损害了相关市场主体的合法权益,危害市场经济的健康发展。为此,国家制定了一系列法律,如《反不正当竞争法》《公司法》,其中对经理、董事等高级管理人员任职期间的竞业行为做出了相应要求。但这些都是法律要求竞业对象承担的竞业行为,属于法定竞业。而劳动法里规定的竞业限制则属于劳资双方约定的竞业限制,且只有那些负有保守用人单位商业秘密义务的劳动者才能约定竞业限制。劳动者竞业限制的依据是其与用人单位签订的竞业条款或竞业协议,竞业限制的期限和权利、义务也是通过双方约定而产生的,但竞业限制的约定不得违反法律、法规的规定。《上海市劳动合同条例》规定,竞业限制的期限由劳动合同当事人约定,最长不得超过三年,法律、行政法规另有规定的除外。而且,劳动合同双方当事人约定竞业限制的,不得再约定解除劳动合同的提前通知期。

（2）放弃竞业限制要求须提前通知。竞业限制约定是对劳动者自由择业权的限制，用人单位应当就此给予劳动者相应的经济补偿。《上海市劳动合同条例》明确规定："对负有保守用人单位商业秘密义务的劳动者，劳动合同当事人可以在劳动合同或者保密协议中约定竞业限制条款，并约定在终止或者解除劳动合同后，给予劳动者经济补偿。"本案中单位与小杨签订的劳动合同中对竞业限制期限及内容以竞业条款的形式做了相关约定，但却未对给小杨的竞业经济补偿做出约定，并且在其离职时单位也未支付相应的竞业补偿。根据《关于实施〈上海市劳动合同条例〉若干问题的通知》（二），竞业限制协议对经济补偿金的标准、支付形式等未做约定的，劳动者可以要求用人单位支付经济补偿金。双方当事人由此发生争议的，可按劳动争议处理程序解决。用人单位要求劳动者继续履行竞业限制协议的，应当按劳动争议处理机构确认的标准及双方约定的竞业限制期限一次性支付经济补偿金，劳动者应当继续履行竞业限制义务；用人单位放弃对剩余期限竞业限制要求的，应当按劳动争议处理机构确认的标准支付已经履行部分的经济补偿金。本案中，单位在劳动仲裁时明确放弃对剩余部分的竞业限制期限要求，这种放弃是允许的，但根据相关法律的规定，竞业限制协议生效前或者履行期间，用人单位放弃对劳动者竞业限制的要求，应当提前一个月通知劳动者。因此，法院酌情根据小杨履行竞业义务的时间及其工资状况，判决单位支付相应的竞业经济补偿。

【案件结果】

本案经过仲裁和一审裁判，最终法院在单位放弃对小杨以后竞业要求的情况下支持了小杨6 000元的竞业经济补偿要求。

【相关法规】

《中华人民共和国劳动法》

第二十三条　用人单位与劳动者可以在劳动合同中约定保守用人单位的商业秘密和与知识产权相关的保密事项。对负有保密义务的劳动者，用人单位可以在劳动合同或者保密协议中与劳动者约定竞业限制条款，并约定在解除或者终止劳动合同后，在竞业限制期限内按月给予劳动者经济补偿。劳动者违反竞业限制规定的，应当按照约定向用人单位支付违约金。

第二十四条　竞业限制的人员限于用人单位的高级管理人员、高级技术人员和其他负有保密义务的人员。竞业限制的范围、地域、期限由用人单位与劳动者约定，竞业限制的约定不得违反法律、法规的规定。

在解除或者终止劳动合同后，前款规定的人员到与本单位生产或者经营同类产品、从事同类业务的有竞争关系的其他用人单位，或者自己开业生产或者经营同类产品、从事同类业务的竞业限制期限，不得超过二年。

法官能否主动审查诉讼时效

【案情介绍】

原告罗某的丈夫郭某于1984年去世,原告一直未按有关文件要求,向其丈夫所在单位领取生活补助费。2008年3月,原告将郭某所在单位诉至法院,要求被告支付定期生活补助共计2万余元。本案在诉讼过程中,被告未以诉讼时效为由进行抗辩。

【案情分析】

针对法官能否主动审查诉讼时效的问题形成了两种意见:

第一种观点:认为原告在法定的期间就不主张自己的权利,是对私权的一种处分。而人民法院作为中立的裁判者,不得依靠职权主动审查诉讼时效是否过期。

第二种观点:认为法院应主动审查时效是否过期。被告方不主张诉讼时效,不能当然认为原告请求具有合法性。对权利人请求权合法性的审查是人民法院应当履行的国家义务。原告向法院提起诉讼,即建立了原告与人民法院的民事诉讼法律关系。在本案中,被告方不主张诉讼时效,并不能得出人民法院也不受诉讼时效的约束。

笔者同意第二种观点,理由如下:

首先,我国国内法对此问题是有法律规定的。《最高人民法院关于适用〈中华人民共和国民事诉讼法〉若干问题的意见》第一百五十三条明确规定:当事人超过诉讼期间起诉的,人民法院应予以受理。受理后查明无中止、中断、延长事由的,判决驳回其诉讼请求。可见我国采取的是主动审查的模式。

其次,我国当前诉讼模式依旧是职权主义的模式。虽然《最高人民法院关于民事诉讼证据若干问题的规定》中采用了一些当事人主义的成分,但这只限于法律有明确规定的情形。

最后,被告未提出时效抗辩,视为其放弃时效利益的观点,仅是一种法律上的推定,这亦不符合我国现行法律的规定。最高人民法院有关司法解释规定:一方当事人向对方当事人提出民事权利的要求,对方未用语言或者文字明确表示意见,但其行为表示接受的,可以认定为默示。不作为默示只有在法律有规定或当事人双方约定的情况下,才可以视为意思表示。

以上是笔者从当前我国的司法实际,结合法律规定的分析,"法官只服从于法律",但是不可否认法官主动审查诉讼时效确实存在种种不妥之处,随着审判方式改革的深化,笔者认为我国还是应当抛弃法官主动审查诉讼时效的做法,以下笔者再提出几点自己的想法:

首先,随着审判方式改革的深化以及程序正义的引进,民事诉讼观念发生了巨大的变革和调整,特别是《最高人民法院关于民事诉讼证据若干问题的规定》施行以后,民事诉讼模式及举证责任制度的设置采取了当事人主义,原先依照职权主义审判原则已不适应民事诉讼模式。

其次,就理论上而言,时效制度属于实体法范畴,主动适用时效使实体法涉及程序法内容,却发生程序法的后果,立法逻辑存在明显欠缺。

最后,法官应当保持中立裁判者的角色,法官告知被告时效抗辩将直接导致原告败诉,会使当事人对法官行使这种释明权的正当性和法院裁判的公正性产生怀疑。

【案件结果】

笔者观点:认为法院应主动审查时效是否过期。被告方不主张诉讼时效不能当然认为原告请求具有合法性。对权利人请求权合法性的审查是人民法院应当履行的国家义务。原告向法院提起诉讼,即建立了原告与人民法院的民事诉讼法律关系。在本案中,被告方不主张诉讼时效,并不能得出人民法院也不受诉讼时效的约束。

【相关法规】

首先,我国国内法对此问题是有法律规定的。《最高人民法院关于适用〈中华人民共和国民事诉讼法〉若干问题的意见》第一百五十三条明确规定:当事人超过诉讼期间起诉的,人民法院应予以受理。受理后查明无中止、中断、延长事由的,判决驳回其诉讼请求。可见我国采取的是主动审查的模式。

其次,我国当前诉讼模式依旧是职权主义的模式。虽然《最高人民法院关于民事诉讼证据若干问题的规定》中采用了一些当事人主义的成分,但这只限于法律有明确规定的情形。

最后,被告未提出时效抗辩,视为其放弃时效利益的观点,仅是一种法律上的推定,这亦不符合我国现行法律的规定。最高人民法院有关司法解释规定:一方当事人向对方当事人提出民事权利的要求,对方未用语言或者文字明确表示意见,但其行为表示接受的,可以认定为默示。不作为默示只有在法律有规定或当事人双方约定的情况下,才可以视为意思表示。

试用期间怀孕并严重违反劳动纪律解除劳动合同劳动争议案

【案情介绍】

原告：海口中海建设开发公司。

被告：张×，女，34岁，原海口中海建设开发公司职员。

1996年5月6日，被告张×应聘于原告海口中海建设开发公司（以下简称中海公司）工作，双方未签订劳动合同，原告也未办理被告的社会保险。被告在中海公司负责公司房地产开发经营业务，因工作关系常往返于三亚和海口两地。1996年9月，被告结婚，原告未让被告休婚假。同年11月12日，原告为被告出具准生证。至1996年12月30日止，被告已怀孕十七周。同年12月4日，原告法定代表人丁××书面要求公司办公室以被告不适合在公司工作为由，办理被告辞退手续。被告对此辞退决定不服，以其怀孕、公司不得辞退为由，向海口市劳动争议仲裁委员会申请仲裁。申诉期间，1997年1月7日，被告在原告拟好的《声明》上签了字，并领取了至1996年12月4日的工资。《声明》内容为："我系中海公司职员，于1996年12月初离开公司，请按公司有关规定给我结算工资，结清后，与公司不再有任何纠葛。"1997年4月3日，海口市劳动争议仲裁委员会做出海劳裁定字(1997)4号仲裁裁决书，内容为：(1)撤销中海公司辞退张×的决定，恢复张×的工作，补发从1997年1月5日至恢复工作前的工资，补签劳动合同。(2)中海公司为张×补办从1996年5月6日起的社会保险。(3)中海公司给予张×晚婚假期。原告不服裁决，于同年4月8日向海口市××区人民法院起诉。

原告中海公司诉称：被告在我公司试用期间，严重违反劳动纪律和公司的规章制度，无故旷工13天，不服从公司工作安排和行政管理，不尊重领导和同事。我公司依据《劳动法》的规定，解除与被告的劳动合同关系，且被告已立下声明，结算了工资，同意解除双方的劳动合同关系。解除劳动合同关系与被告怀孕不存在直接的因果关系，完全是因被告不符合公司的录用条件。海口市劳动争议仲裁委员会的裁决认定事实不全面，适用法律不当。请求依法撤销海口市劳动争议仲裁委员会的海劳裁定字(1997)4号裁定书，做出公正判决。

被告张×答辩称："我在原告中海公司工作半年多，从未无故旷工，仅请病假一天，原告出具的考勤表不真实。我是技术工程师，为原告在三亚的房地产项目尽了自己的努力，做出了突出成绩。我服从领导，从未向公司提任何要求，且在我怀孕期间，仍为了工作频繁往返于三亚和海口，我的工作得到公司领导的信任和好评。1996年12月，原告以我怀孕不适合工作为由辞退我，我遂向海口市劳动争议仲裁委员会申诉。申诉期间，因生活困难，为领取原告拖欠我的工资，我被迫在原告写好的《声明》上签名。另外，我试用期满后，多次要求与原告签订劳动合同,原告一直未予办理,也不缴纳我的社会保险,不让我享受法定假期。原告在我转正后的怀孕期间辞退我,是违法的,请法院依法公正判决。"

海口市××区人民法院经审理后认为:被告张×受聘于原告中海公司工作已七个多月。双方虽未签订劳动合同,但被告在原告处工作已超过法定试用期的最长期限(六个月),因此,双方已形成事实上的劳动关系。根据《劳动法》的规定,女工在孕期、产假和哺乳期间,用人单位不得解除劳动合同。因此,原告于被告怀孕期间,要求被告签署《声明》,是与法相违的。尽管被告在《声明》上签名也是事实,但因与法不符,应属无效。后来被告又提起仲裁申请,说明被告对法不甚了解,从而重新要求依法保护自己的权益,其申请合法,应予支持。原告诉称被告不遵守其规章制度和违反劳动纪律以及不服从工作安排和管理等,因举证无据,不予采纳。海口市劳动争议仲裁委员会的裁决,认定事实基本清楚,适用法律正确,应予支持。原告的诉讼请求,于事实无据,与法不符,不予支持。该院依据《中华人民共和国劳动法》第二十九条第三项、第七十二条,《海南省计划生育条例》第二十七条之规定,于1997年8月18日做出如下判决:

1. 撤销原告中海公司辞退被告张×的决定,中海公司应于本判决发生法律效力之日起恢复被告张×的工作,补发从1997年1月5日至恢复工作前的工资,补签劳动合同。

2. 原告中海公司补办从1996年5月6日起被告张×的社会保险,给予张×补休晚婚假期。

原告中海公司不服此判决,上诉于海口市中级人民法院,称:(1)解除劳动合同关系是双方合意行为。被上诉人张×按《声明》结算了工资,并接受经济补偿,故双方解除劳动关系完全符合《劳动法》第二十一条的规定,而且该条并没有规定劳动者怀孕时,双方不可以解除劳动合同。(2)根据《劳动法》第二十五条第二款之规定,劳动者严重违反劳动纪律或用人单位规章制度的,用人单位可以解除劳动合同。被上诉人不服从领导的工作安排,报销时弄虚作假,无故旷工达十三天之久,其行为已构成了《劳动法》规定的解除劳动合同的条件。一审法院片面理解《劳动法》第二十九条有关劳动者怀孕、用人单位不得依本法第二十六条和第二十七条的规定解除劳动合同的规定,是不正确的。相反,上诉人依据《劳动法》第二十五条规定解除劳动合同,是不受第二十九条限制的。(3)由于被上诉人的种种不良表现,一直未被正式录用,故未签订劳动合同。1996年10月公司通知被上诉人另找工作,并给予一个月期限,同时停止了她的考勤记录,这时并未超过试用期限。根据公司的规定,未正式录用的,不予办理社会保险,即使是实际工作时间超过试用期限,用人单位只能承担实际试用期超过法律规定的违法责任,而不能因此认定双方已正式建立了劳动关系。

被上诉人张×答辩称:一审法院认定事实清楚,适用法律正确。请求维持一审判决。

海口市中级人民法院确认了一审法院认定的事实,认为:被上诉人应聘于上诉人处工作达七个多月,上诉人却违反有关劳动法规,未同被上诉人签订劳动合同。双方虽未签订劳动合同,但事实上形成了劳动关系,该劳动关系亦应受法律保护。上诉人以被上诉人不服管理、报销时弄虚作假及旷工十三天为由,在超过《劳动法》规定的最长试用期六个月后解聘被上诉人,但却没有充分证据证实其理由,其行为违反了《劳动法》第二十五条第二项"劳动者严重违反劳动纪律或用人单位规章制度的,用人单位可以解除劳动合同"的规定。上诉人解聘被上诉人时,被上诉人已怀孕,在被上诉人并无严重违反劳动纪律或者上诉人规章制度的情况下,上诉人解除与被上诉人的劳动关系,亦违反了《劳动法》第二十九条第三项"女职工在孕期、产期、哺乳期内的,用人单位不得依据本法第二十六条、第二十七条解除劳动合同"的规定。被上诉人被解聘后向劳动仲裁部门申诉期间与上诉人签署《声明》，并非双方真实意思表示，并不能证明双方协商解除劳动关系。故上诉人做出解除被上诉人劳动关系的决定是错误的，应予撤销。原审认定事实清楚，适用法律基本正确。但实体处理中判决补发被上诉人从1997年1月5日起的工资，于法无据，上诉人仅应向被上诉人补发依照法律规定应享有的产假期间的工资。原审判决补签劳动合同、补办社会保险及补休晚婚假并无不妥，应予维持。上诉人上诉无理，应予驳回。依照《中华人民共和国民事诉讼法》第一百五十三条第一款第（一）项、第（二）项的规定，该院于1997年12月17日做出如下判决：

1. 变更海口市××区人民法院一审民事判决第一项判决为：撤销上诉人中海公司辞退被上诉人张×的决定，并于本判决发生法律效力之日起十日内补发上诉人张×九十天的产假工资、补签劳动合同。

2. 维持海口市××区人民法院一审民事判决书第二项及案件受理费承担部分的判决。

【案件焦点】

试用期满，用人单位与劳动者签订劳动合同的，如何确认劳动关系？

【分析与结论】

1. 订立劳动合同是建立劳动关系的法定要件

我国《劳动法》于1994年7月5日公布，1995年1月1日起施行。本案原、被告之间的劳动关系建立于1996年5月6日，双方所发生的劳动争议纠纷，适用《劳动法》调整。《劳动法》第十六条第二款规定："建立劳动关系，应当订立劳动合同。"因为只有订立劳动合同，才能明确劳动者与用人单位双方的权利和义务，具有法律约束力。原、被告在建立劳动关系时，未依法签订劳动合同，在形式上不合法。在本案中，一、二审法院均认定原、被告之间是事实上形成了劳动关系，这一认定是否正确？从本案事实来看，被告应聘在原告处工作七个多月，原告作为用人单位一直未依法与被告订立劳动合同。而《劳动法》调整的对象，兼有平等和隶属的特征，主体是不平等的，原告作为用人单位应完善用人制度，录用被告到其单位工作，应主动与被告订立劳动合同，若被告拒绝订立劳动合同，原告有权不录用被告。本案原、被告双方当事人未订立劳动合同，过错责任应由用人单位原告来承担。原告辩称双方未订立劳动合同的原因，是被告在试用期内表现不好，未被公司正式录用，是没有法律依据的。而被告在用人单位（原告）事实上已工作了七个多月，且双方未有异议，故双方形成的事实劳动关系是可以认定的。另外，我国《劳动法》第二十一条规定："劳动合同可以约定试用期，试用期最长不得超过六个月。"原告作为应履行订立劳动合同义务的用人单位，在被告工作期限超过试用期最长期限后，仍未与被告订立劳动合同，事实上双方已形成了劳动关系。故一、二审法院认定当事人双方事实上形成了劳动关系，并判决原告与被告补签劳动合同，符合法律规定。这样既保护了劳动者的合法权益，又防止了用人单位不订立劳动合同、随意拖欠克扣劳动者工资、延长劳动时间、增加劳动强度、随意辞退劳动者等违法行为的发生。

2. 女职工的劳动保护问题

女职工劳动保护（又称女职工特殊劳动保护），广义上是指一切与劳动者有关的保护措施，包括就业平等、同工同酬以及劳动安全与卫生方面的特殊保护措施；狭义上仅指女职工在劳动过程中的安全与卫生方面的特殊保护措施。有不少用人单位，或对女职工的生理特点重视不力,或法制观念淡薄,以各种借口损害女职工的合法权益。如安排女职工从事繁重的体力劳动和其他女职工禁忌从事的与其身心不相适应的劳动,延长劳动时间,降低基本工资或者解除劳动合同等。我国《劳动法》和《妇女权益保障法》均规定,任何单位不得以结婚、怀孕、产假、哺乳等为由,辞退女职工或者单方解除劳动合同。原《女职工劳动保护规定》还规定,不得在女职工怀孕期、产期、哺乳期解除劳动合同。本案的用人单位原告辞退被告,解除双方的劳动关系时,被告已怀孕十七周。在此期间,按法律规定,用人单位是不得解除劳动合同的。而原告无视法律规定,在没有充分理由的情况下,仅以被告不适合公司工作为由辞退被告,是违法行为,其诉讼请求当然不能受法律支持。故一、二审法院依法判决原告恢复被告工作,撤销原告辞退被告的决定,补晚婚假和补发工资。

根据本案事实,对以下法律问题需要进一步说明:

(1)劳动关系没有正式与非正式劳动关系之分,只有签订了劳动合同的劳动关系与没有签订劳动合同的事实劳动关系之分。但无论哪种劳动关系,其劳动关系的确立并不是以试用期满为标志的,签订有劳动合同的,应从合同成立时确立;未签订劳动合同的,应从被录用时确立。如此理解,有以下依据:(1)《劳动法》第十六条规定,劳动合同是劳动者与用人单位确立劳动关系、明确双方权利和义务的协议。依此,劳动合同即是劳动者与用人单位确立劳动关系的证明。(2)《劳动法》第二十一条规定,劳动合同可以约定试用期。它说明,试用期属劳动合同约定的内容,是确立劳动关系后的一个特殊阶段。(3)《劳动法》第二十五条规定,劳动者在试用期间被证明不符合录用条件的,用人单位可以解除劳动合同。这里所谓解除劳动合同,即是解除劳动关系,如果试用期间劳动者与用人单位之间不算或不视为劳动关系,何来可以解除呢?试用期的意义,就在于一个较短时间内,如果劳动者在试用期间被证明不符合录用条件的,用人单位可以行使解除权,不受劳动合同期限的限制。由此可以说明,用人单位对录用的劳动者执行试用期的,从录用时就确立了劳动关系,对在试用期的劳动者解除劳动关系,仍必须符合《劳动法》规定的解除条件。原告关于被告在试用期间不能因此认定双方已正式建立了劳动关系的主张,是对劳动关系确立上的一个误解,是没有依据的。

(2)适用《劳动法》第二十五条与第二十六条、第二十七条规定的关系。《劳动法》第二十九条规定了不得解除劳动合同的几种情形,其中包括"女职工在孕期、产期、哺乳期内的"这种情形,但该条规定适用的范围,是依据《劳动法》第二十六条、第二十七条规定的条件解除合同之情形,不包括第二十五条规定的解除劳动合同的情形。也就是说,劳动者有第二十五条规定的解除劳动合同情形的,不受第二十九条所规定的条件的限制。这从立法技术上可以得到解释。因为第二十五条、第二十六条、第二十七条都属于可以解除劳动合同情形的规定,而第二十九条关于不得解除合同情形的规定,明确了其适用范围是第二十六条、第二十七条规定的情形,应当说立法含义明确,不可超出其明文规定的适用范围。因此,对属于第二十九条规定情形的劳动者有第二十五条规定情形者,用人单位是有权解除劳动合同的,这种理解无疑是正确的。但问题是对于第二十九条规定情形的劳动者是否具有第二十五条规定情形,这是需要用人单位以事实证明的,如果证明不了劳动者有第二十五条规定的情形的,则必须依第二十九条规定执行,不得对该条规定情形的劳动者解除劳动合同。另外,原《女职工劳动保护规定》确实规定了在女职工怀孕期、产期、哺乳期不得解除劳动合同,而且没有规定其他例外条件,但该规定是在1988年发布的,而《劳动法》是自1995年1月1日起施行的,根据后法优于先法(仅从时间意义上比较)的原则,应当按《劳动法》的规定来解释本案。

无管辖权裁决应视为未经仲裁

● 裁判要旨

劳动仲裁委员会以"不属本委管辖"为由驳回申请的案件属于未进行仲裁。一方当事人依据"不服裁决可起诉"的裁决内容向仲裁委所在地法院起诉,该法院根据对方当事人的管辖权异议裁定移送其他法院后,受移送法院应当审理是否"已为人民法院发生法律效力的裁判所确认的事实"。

【案情介绍】

原告孙某以"自己是被告某电力建设第二工程公司(以下简称电建公司)职工,电建公司一直未与原告签订劳动合同,且与同岗位职工不能享受同等待遇"为由向济南市劳动争议仲裁委员会申请仲裁,济南市劳动争议仲裁委员会认定,东平县龙山职业介绍所自2005年5月与孙某签订劳动合同,并将孙某派遣到电建公司工作。据此,该委员会于2008年7月22日做出(2008)582号仲裁决定书,认为该案不属该委员会管辖,驳回了孙某的仲裁请求。次日,孙某诉至济南市历城区人民法院,该院同日受理。电建公司提出管辖权异议,认为孙某的用人单位系东平县劳动就业办公室(以下简称"就业办"),劳动合同实际履行地在云南省富源县,本案应当由东平县法院或者富源县法院管辖。2008年8月27日,历城区法院做出(2008)历城民初字1530号民事裁定书,认为:被告提交的劳动合同书、劳务协议书均证明原告的用人单位系东平县龙山职业介绍所,因该介绍所已被注销,其相关权利与义务由开办单位即就业办承担,而其住所地在东平县,故电建公司所提管辖异议成立。依照《民事诉讼法》第三十八条规定,裁定将本案移送东平县人民法院审理。东平县人民法院受理该案后,被告电建公司以"本案属于劳动争议案件且未经仲裁"为由,认为法院无权直接受理,要求驳回原告起诉。

【案情分析】

本案争议可以分解为三个层次:一是本案是否经过了仲裁程序;二是应当如何理解劳动争议起诉条件"对仲裁裁决不服";三是受移送法院应当审理是否"已为人民法院发生法律效力的裁判所确认的事实"。下面逐一进行分析。

一、本案是否经过了仲裁程序

本案中,济南市劳动争议仲裁委员会做出的(2008)582号仲裁决定书中的"如不服本裁决,可于十五日内向人民法院提起诉讼",是否表明其已经完成了仲裁程序,具备了向人民法院起诉的条件?

实际上，本案尚未进入仲裁程序。理由如下：其一，双方当事人在济南市劳动争议仲裁委员会仲裁时，只对仲裁管辖权有争议，该仲裁委就以"不属本委管辖"驳回了原告的仲裁请求，本案实际上未进入实质仲裁程序就终结了仲裁。未进入程序就终结，更不必说完成仲裁程序了。其二，"如不服本裁决，可于十五日内向人民法院提起诉讼"，只是仲裁决定书的格式用语，并不能表明本案已经完成了仲裁程序。并且，该仲裁决定书使用此格式用语本身就欠妥当。其三，仲裁委以"不属本委管辖"驳回原告申请，与裁决不予受理、逾期不做出裁决不同，前者是告知本案应由其他仲裁机关仲裁，只相对消灭了当事人的申请仲裁权，而后者是对该劳动争议不予仲裁，绝对消灭了当事人的申请仲裁权。综上所述，本案劳动争议的仲裁程序尚未完成。

二、应当如何理解劳动争议起诉条件"对仲裁裁决不服"

认为"对仲裁裁决不服是指对劳动争议仲裁委员会做出的仲裁决定概括性不服，即只要不愿服从仲裁决定，不论不服的内容如何，都有权向人民法院提起诉讼。先裁后审是一种程序性规定，只要劳动者经过了仲裁机构的仲裁，不论结果如何，均应视为已经过了仲裁，法院应当受理"的观点，是错误的。

"对仲裁裁决不服"是指对劳动争议仲裁委员会做出的实体处理不服。这是因为，综合《中华人民共和国劳动争议调解仲裁法》（以下简称《劳动争议调解仲裁法》）的相关规定，劳动者就劳动争议可以提起诉讼的情形有三种：一是劳动争议仲裁委员会不予受理或逾期未做出是否受理的决定；二是劳动争议仲裁委员会逾期未做出仲裁裁决；三是对实体争议裁决不服。这三种情形都是对劳动争议做出的实体处理（包括明示或默示的不予处理）。而本案劳动争议在济南市劳动争议仲裁委员会仲裁时，该仲裁委只是告知原告不属本委员会处理，言外之意是其他仲裁委员会才是有权仲裁机关，对当事人的争议事项未做出实体处理，本案也就不符合起诉条件。此外，本案原告的诉讼请求除签订无固定期限劳动合同外，其他请求事项均是要求支付工资、经济补偿金等仲裁终局的事项，仲裁后无须再向法院起诉，裁决书可直接发生法律效力。从《劳动争议调解仲裁法》第四十七条的规定来看，先裁后审的"裁"是一种实体性处理，本案应驳回原告起诉，由原告首先向东平县劳动争议仲裁委员会申请仲裁。

三、受移送法院应当审理是否"已为人民法院发生法律效力的裁判所确认的事实"

这里的"人民法院发生法律效力的裁判"是指已经审结案件的生效裁判。与此相对应，"已为人民法院发生法律效力的裁判所确认的事实"一般是指其他案件生效裁判所确认的事实。而历城区法院移送来的案件并未审理完毕。"已为人民法院发生法律效力的裁判所确认的事实"一般是在裁判主文或裁判理由中直接确认的事实，历城区法院的裁定并没有直接确认已完成仲裁程序的事实。

第一，在历城区法院，双方当事人只对法院的管辖权进行了争辩，对仲裁程序是否完成尚未进行陈述和辩论，如依据该裁定忽略当事人争议的程序事项（法院受理的条件是否已全部成就）径行审判，会损害被告的陈述和辩论权。

第二，历城区法院移送管辖的裁定只能说明东平法院审理该案符合地域管辖的规定，可以受理，即具备了受理该案的部分条件。这与受理条件全部成就后的应当审理并不等同。受移送法院驳回起诉与移送管辖的裁定并不矛盾。

第三,劳动争议调解仲裁法及此前的有关法律规定"先裁后审"的目的,是为了借助劳动争议仲裁委员会方便查清事实的优势及时解决劳动争议。本案未经实体裁决,法院受理后有许多事实需要查明,但由于法官不像仲裁员那样具备相关专业知识、了解该企业的劳动合同情况等优势,在查清这些事实时难以做到准确、高效,也就不利于本案争议的及时化解。而劳动争议仲裁更有利于及时、准确地化解争议,维护劳动者的合法权益。

综上所述,受移送法院根据未经仲裁的事实驳回原告的起诉,符合相关法律的立法目的,不会损害劳动者的合法权益,也与济南市历城区法院做出的(2008)历城民初字1530号民事裁定书不相冲突。

【案件结果】

某省东平县人民法院经审理认为,济南市劳动争议仲裁委员会以不属该委员会管辖为由,驳回原告孙某的仲裁请求,本案未进入实质的仲裁程序,人民法院审理该案的条件尚未成就。济南市历城区法院依据双方当事人对管辖权的争议将该案移送本院管辖,移送案件的裁定只确认了本院可以管辖的事实。在劳动仲裁机关未对本案所争议事项进行裁决前,人民法院不应予以审理,应依法裁定驳回原告孙某的起诉。

该裁定宣布后,原告提起上诉,某省泰安市中级人民法院审理后,裁定予以维持。

【相关法规】

《中华人民共和国民事诉讼法》第二百二十四条及《最高人民法院关于适用〈中华人民共和国仲裁法〉若干问题的解释》第二十九条对仲裁案件执行的级别管辖和地域管辖作出明确管辖,具有强制约束力。

《中华人民共和国劳动争议调解仲裁法》第四十九规定:"用人单位有证据证明本法第四十七条规定的仲裁裁决有下列情形之一,可以自收到仲裁裁决书之日起三十日内向劳动争议仲裁委员会所在地的中级人民法院申请撤销裁决:

(一)适用法律、法规确有错误的;

(二)劳动争议仲裁委员会无管辖权的;

……"

劳动争议还是民事纠纷

【案情介绍】

肖先生与某科技公司签订了为期8年的劳动合同。双方约定,合同订立后,科技公司向肖先生免费提供两居室住房一套,若肖先生在科技公司工作满8年,住房产权归肖,否则房屋由科技公司收回。后肖先生工作不满8年就辞职了,公司表示同意。但肖先生没有将所住房屋退还,双方因此发生争议。经协商,肖先生与科技公司达成了购房协议。但肖先生一直没有支付房款。科技公司提起诉讼,要求肖先生给付房款并支付自解除劳动合同后房屋的租金。

【案情分析】

法院对本案应适用的法律产生了两种意见:

第一种意见认为,本案应按照劳动争议予以解决。因为发生争议的房屋是双方当时在劳动合同中约定的,所以,应依据劳动法规予以处理。

第二种意见认为,本案应当按照民事纠纷予以处理。因为房屋买卖协议是在双方劳动合同解除后达成的,所以,应适用民法予以解决。

本案应适用民法予以解决。

劳动争议,是指用人单位与劳动者因劳动权利与义务发生分歧而引起的争议。原《中华人民共和国企业劳动争议处理条例》第二条规定,本条例适用于中华人民共和国境内的企业与职工之间的下列劳动争议:因企业开除、除名、辞退职工和职工辞职、自动离职发生的争议;因执行国家有关工资、保险、福利、培训、劳动保护的规定发生的争议;因履行劳动合同发生的争议;法律、法规规定应当依照本条例处理的其他劳动争议。

本案中,双方当事人签订了劳动合同,在合同履行期间,由于肖先生自身原因,劳动合同没有到期,他就提前离开了工作单位。此时,双方对肖先生的辞职、房屋的腾退产生的争议属于劳动争议。

但双方解除劳动合同后,为解决房屋腾退问题,双方当事人达成了购房协议。这一新协议是双方就房屋的价款达成的还款协议,它的标的是房屋的价款,而原劳动合同的标的是劳动关系,两个合同的性质不同。双方签订购房协议是双方的真实意思表示,合法有效,确定了平等主体间的权利与义务关系。这也正是民法的调整对象,所以,本案应当依照民法予以处理,而不应适用有关劳动争议的规定。

【案件结果】

最终,法院支持了科技公司的诉讼请求。

【相关法规】

劳动争议,是指用人单位与劳动者因劳动权利与义务发生分歧而引起的争议。原《中华人民共和国企业劳动争议处理条例》第二条规定,本条例适用于中华人民共和国境内的企业与职工之间的下列劳动争议:因企业开除、除名、辞退职工和职工辞职、自动离职发生的争议;因执行国家有关工资、保险、福利、培训、劳动保护的规定发生的争议;因履行劳动合同发生的争议;法律、法规规定应当依照本条例处理的其他劳动争议。

但双方解除劳动合同后,为解决房屋腾退问题,双方当事人达成了购房协议。这一新协议是双方就房屋的价款达成的还款协议,它的标的是房屋的价款,而原劳动合同的标的是劳动关系,两个合同的性质不同。双方签订购房协议是双方的真实意思表示,合法有效,确定了平等主体间的权利与义务关系。这也正是民法的调整对象,所以,本案应当依照民法予以处理,而不应适用有关劳动争议的规定。

劳动合同纠纷案

【案情介绍】

上诉人(原审被告):上海开胜通信技术有限公司(以下简称开胜公司)。

被上诉人(原审原告):王某。

王某购买相关车辆,并于2013年在报纸上刊登"带车求职"的商业广告,开胜公司根据该信息与王某在2013年2月19日签订《临时租车协议》,约定甲方王某及其车辆包租给乙方开胜公司,约定乙方每月支付给甲方费用6 100元(含租车、汽油、司机劳务、午餐补贴等费用),其他过路、过桥及停车费由乙方承担。第四条第四项约定:乙方用车期间,甲方司机应服从乙方的调配,积极配合乙方完成任务。第五条第二项约定:星期六、星期日及节假日加班,按200元/天结算(半天100元),如果甲方司机在上海以外地区过夜,每晚补贴200元(含住宿费)。2013年4月1日,王某、开胜公司签订补充协议,将2013年2月签署的《临时租车协议》延期六个月至2013年9月30日。《临时租车协议》的所有条款保持不变。2015年6月1日,双方签订《临时租车协议》一份,同时王某(甲方)、开胜公司(乙方)签订《承包用车合同》,约定:甲方车辆、驾驶员王某,承包给乙方,上下班接送员工,并路测手机信号。承包期限自2015年6月1日至2015年12月31日。每天工作时间早上9点至晚上6点……具体事宜以临时租车协议为准。2016年1月18日,王某(甲方)与开胜公司(乙方)签订《临时租车协议》,协议第一条约定:甲方及其车辆包租给乙方。租车期限自2016年1月1日至2016年6月30日共六个月。在2013年9月30日之后至2015年5月31日之前及2016年6月30日之后至2018年7月31日止双方未签订任何协议,但双方仍按照原临时租车协议、补充协议、承包用车合同约定的权利与义务履行,直至2018年7月31日。2018年2月14日,开胜公司曾上诉称其与王某之间系劳务关系而非劳动关系:从该协议主体来看,王某并非基于劳动者的地位签订租车协议,而是以车辆所有者的身份签订该协议,双方系平等民事主体之间签订的一般民事协议,并非劳动合同;从该协议的标的来看,王某提供可供使用的车辆,开胜公司支付相关费用,而非聘用王某担任公司的某个职位;从相关责任和费用承担方面看,王某对保养、维修等车辆本身产生的费用及运营风险承担责任,王某是以自己的名义而并非以开胜公司员工的名义对车辆的运营对外承担责任。并且,双方完全是按照所签协议履行义务,开胜公司并未按照相关劳动法规向王某支付报酬,也没有用公司的规章制度来约束王某。故认为原判错误,请求二审法院依法改判,驳回王某原审提出的诉请。

王某辩称,《临时租车协议》的形式和内容并不统一,该协议约定了工作时间、岗位、劳务费、车辆管理等具有人身隶属性、与劳动的权利和义务有关的条款,属劳动法律、法规调控。就协议本质来看,因车辆租赁关系的民事法律关系注重的是工作的成果,而不是劳动的过程,故而双方非租赁关系。故认为双方系明确的劳动关系,原判事实清楚,适用法律正确,请求二审法院驳回上诉,维持原判。

二审法院经审理认为,从订立协议之宗旨及条文设定看,双方对于租赁车辆为协议主要目的的意思表示明确、真实。在履行协议过程中,王某自行承担车辆的保养、维修、保险等车辆本身产生的费用以及车辆运营过程中产生的风险责任。王某依《临时租车协议》之约定,在约定的时间内为开胜公司完成路测即可,超出约定的时间,则开胜公司另行支付费用。上下班接送员工,开胜公司亦另行支付费用,这与因劳动关系取得报酬的特征不符。从开胜公司支付给王某费用的内容看,包括租车、汽油、司机劳务等费用,不能认定开胜公司直接向王某支付了劳动报酬,且公司发放工资名册中亦无王某的名字。另外,开胜公司不对王某进行考核管理,王某亦不受开胜公司规章制度的约束,双方关系不具有人身依附、行政隶属等劳动关系的特征。综上,从《临时租车协议》并结合双方权利与义务的履行情况来看,王某独立承担经营风险,付出的劳务只是其提供的车辆服务的一个组成部分,并未形成职业性的从属关系。据此,二审法院判决撤销原判,对王某诉请不予支持。

【案件焦点】

"带车求职"是当事人一方自备车辆,为另一方当事人提供车辆及车辆驾驶服务,以换取相应报酬。带车求职者与用车单位之间是属于劳务关系还是属于劳动关系仍存在争议,实践中也引发了不少纠纷。特别是在合同约定不甚明了的情况下,"带车求职"法律关系的性质易成为案件争议的焦点。

【分析与结论】

随着社会经济的发展,"带车求职"已经成为一种较为常见的做法。笔者认为,判断"带车求职"法律关系的性质应从以下几个方面入手:

一、劳动者是否具有人身依附关系

一般意义上的劳动关系概念,是以劳动力和劳动为内涵要素的,是劳动力在使用过程中形成的权利与义务关系。从这个意义上讲,广义的劳动关系应当包含劳务关系。但是,劳动法所调整的劳动关系,有其特定的内涵,是指劳动者和用人单位之间,依据劳动法律规范所形成的实现劳动过程的权利与义务关系,它不包括劳动者与用人单位(或雇主)之间,依据民事法律规范所形成的实现劳动成果的权利与义务关系。

劳动关系是主体之间兼有平等性与隶属性的社会关系。主体双方不管是否用书面形式签订合同,在支出劳动力和接受劳动力之前,双方都需要进行平等协商,从这个意义上讲,双方具有平等性。而合同一经缔结(包括事实劳动关系中的口头合同),劳动者就成为用人单位的职工,在身份上、组织上、经济上都从属于用人单位,用人单位就成为劳动力的支配者和劳动力的管理者,双方即形成一种隶属主体间的以指挥和服从为特征的管理与被管理关系,劳动者完全被纳入用人单位的经济组织和生产结构之内。因此,劳动关系就其具体意义而言具有一定的人身依附性,即劳动者实际上将其人身在一定限度内交给了用人单位。而劳务关系是民事主体之间依据民事法律规范而形成的权利与义务关系,始终处于平等地位,二者相互独立;合同履行过程中,尽管接受劳务的一方有一定的指示权,但双方的权利与义务基本维持在合同约定以内,不存在严格的隶属关系和人身依附关系。这与劳动法所调整的劳动关系是有很大区别的。

实践中,用人单位的各项规章制度一般不能约束劳务提供者,用人单位也不用《劳动考勤汇总表》《职工工资与考勤登记》等对雇请的劳动者进行考勤。在工作制度方面,用人单位也不用工作任务、工作质量等考核劳务提供者,也不要求其提高劳动技能和业务水平,更不会要求此类劳动者参加业务学习、政治学习。这都是区分劳务关系与劳动关系可供考虑的因素。在本案中,王某虽然需要按时按量提供租车服务,并按照开胜公司的要求进行加班等,但这是按照劳务合同履行义务;开胜公司也会对王某的工作情况进行考察与评价,但这也是接受劳务一方对劳动成果的验收。开胜公司并未像管理公司员工一样对王某进行管理与考核。总体上看,王某与开胜公司之间是依据提供有偿劳务的合同而形成的比较松散的约束关系,而并不是具有隶属性与人身依附性的劳动关系。

二、劳动报酬来源及报酬管理上的区别

在劳动关系中,劳动者的劳动报酬来源于本单位按月(或定时)支付的工资(包括奖金、津贴等),具有相对固定性。在劳务关系中,劳动者的劳动报酬则来源于雇主根据劳动成果数量与质量支付的报酬,一般不具有固定性。同时,劳务提供者甚至可以同时获取多个雇主支付的报酬。在本案中,双方没有约定具体的工资标准,虽然约定每月支付共计人民币6 100元的合同费用,但这包含了租车、汽油、司机劳务、午餐补贴等各项费用,不能认为是支付给劳动者的固定劳动报酬。双方约定周末及节假日加班按200元/天结算(半天100元)、在上海以外地区过夜每晚补贴200元(含住宿费)等,这也是劳务提供者增加劳务的对价,而不符合劳动关系中向劳动者支付加班工资的特点。此外,开胜公司发放工资名册中并没有王某的名字,这也说明王某获取的报酬并非工资。

在实践中,劳动关系和劳务关系在对劳动者报酬的社会管理上也有明显的区别。在劳动关系中,应当按法律法规缴纳有关社会保险费,劳动者除缴纳个人所得税之外不需缴纳其他税费。而在劳务关系中,在目前情况下用人单位并非必须为劳务提供者缴纳社会保险,符合条件的劳务提供者可能需要缴纳营业税等其他税费。

三、主体权利与义务所指向的对象不同

劳动关系强调的是双方在劳动过程中的权利与义务关系,而劳务关系则强调双方在劳动成果方面的权利与义务关系。在劳动关系中,劳动成果是否实现,一般不需要劳动者承担风险。即使在某些劳动过程中没有实现劳动成果,如在某项目开发中没有开发成功,只要劳动者尽到了职责,则用人单位就应依法支付劳动报酬。

而劳务关系则不同,双方的权利与义务关系直接指向劳动成果。接受劳务一方提出要求后,一般不再对劳务提供者进行具体的控制,而由劳务提供者自行完成任务,自行承担风险。如果劳务提供者未能完成任务或劳动成果不符合要求,则接受劳务一方可以依约拒绝支付或减少支付价款。

在本案中,《临时租车协议》中虽有"甲方司机应服从乙方的调配,积极配合乙方完成任务"的约定,但这应认定为劳务关系中接受劳务一方指示权的行使,而并非实质性地掌控劳动过

程。实际上,开胜公司更看重的是劳动成果,即协议中约定"接送员工,路测手机信号"。当然,这一劳动成果的实现需要双方配合,并且更多的是王某按照开胜公司的要求提供劳务,但在实现劳动成果的过程之外,开胜公司并不干涉和考核王某的行为。同时根据协议,王某本人对是否完成"接送员工,路测手机信号"的工作任务自行承担风险。如果王某没有完成工作任务,即使其有正当理由,也会被扣除相应的报酬。

劳动合同以当事人之间在劳动过程中的权利与义务关系为标的;劳务合同则以劳动成果为标的,且标的是特定的。在本案中,王某与开胜公司签订的《临时租车协议》载明,甲乙双方经友好协商,甲方车辆租给乙方用于商务旅游及其他业务,即合同标的为王某完成开胜公司规定的一系列工作任务,以劳动成果换取相应的合同对价。

索取双倍工资案

【案情简介】

原告：杨某。

被告：深圳市某酒店有限公司。

原告于2009年7月1日到被告处任大堂经理，同年10月20日任人事经理。2010年4月13日，原告与李某办理了工作交接，交接的内容包括劳动合同等人事资料。同年6月7日，原告调至行政部任职，当月22日，原告向被告邮寄了《解除劳动合同通知书》，并于当日离职。原告任职期间，每周工作6天，每天工作7小时，2009年7月至12月，原告每月工资总额为3 500元。2010年1月至6月，原告每月工资总额为4 500元，工资表备注显示为包薪制。2010年1月至6月期间原告夜晚值班13次。

原告以被告未与其签订劳动合同以及未足额支付加班工资为由，于2010年7月向深圳市盐田区劳动争议仲裁委员会申请劳动仲裁，请求与被告解除劳动关系，并要求被告支付解除劳动关系的经济补偿金4 000元，未签订劳动合同的双倍工资43 517.24元，休息日、节假日、夜间的加班工资23 117.81元、奖金及节日费1 047元，律师代理费5 000元，2010年6月份工资3 517.24元。盐田区劳动争议仲裁委员会做出仲裁裁决书，裁决：(1)双方劳动合同于2010年6月22日解除；(2)被告支付原告加班工资2 819元；(3)驳回原告的其他仲裁请求。原告不服该仲裁结果，向盐田区人民法院提起诉讼。

经查，被告提交了一份与原告签订的期限为2009年7月7日至2010年6月30日的劳动合同复印件，原告称该合同并非原告本人所签，并申请对合同上的签名进行笔迹鉴定，法院依法委托司法鉴定所进行了鉴定，鉴定意见为：劳动合同尾页落款处"杨某"签名字迹如能排除变造，则是杨某本人书写。

2010年5月18日，盐田区劳动监察大队对被告进行劳动监察，向被告发出《劳动保障监察询问通知书》，要求被告提交相关劳动管理资料，其中包括劳动合同或劳动合同签收记录(台账)，原告代表被告签收了该通知。后被告提交了《某酒店员工劳动合同签订台账》等资料，该台账显示，原告的劳动合同期限为2009年7月7日至2010年6月30日。

法院经审理认为，关于未签劳动合同的双倍工资差额问题，被告提供了一份原、被告签订的劳动合同复印件，原告虽对其真实性不予确认，但结合其他证据来看：2009年6月20日，被告即书面通知要求原告签订劳动合同；在原告入职期间，被告向盐田区劳动监察大队提交的《某酒店员工劳动合同签订台账》记录了原、被告签订劳动合同的期限，该期限与劳动合同复印件中的期限相吻合；从2009年10月起，原告担任人事经理，负责被告的人事工作，保管劳动合同,事后也办理过劳动合同的移交工作,基于原告的工作性质考虑,被告不与人事经理签订劳动合同的做法不合常理;另外,对劳动合同上笔迹鉴定的结果显示,如能排除变造,则为杨某本人书写,现原告亦无证据显示该签名系变造,因此,法院认为,上述证据能结合印证双方劳动合同签订的事实,故对原告主张的未签劳动合同需支付双倍工资的请求,不予支持。

关于加班费问题,法院认为,原告主张每周仅工作35小时的说法没有证据证实,并且原告曾作为被告的代理人在处理劳动纠纷时答辩称公司实行包薪制,工资包含了加班费;另外,根据被告提供的劳动合同,双方约定的工资为人民币1 000元,而原告实际每月领取的工资远高于此标准,故法院采信被告主张的每周工作42小时、工资中包含加班费的意见,对原告诉请的休息日加班工资不予支持;根据原告提供的13份值班记录,被告应支付原告夜间加班工资人民币3 165元。

关于解除劳动合同的经济补偿金问题,法院认为,根据劳动争议案件的举证责任原则,被告应对双方劳动关系解除的原因进行举证,现被告未对此进行举证,而被告又确有未足额支付加班工资的情形,故法院对原告的诉求予以支持,被告应支付原告解除劳动合同的经济补偿金人民币4 000元。

关于奖金和节日费,因原告未举证证明奖金和节日费的发放依据,故法院对原告的该项主张不予支持;关于律师费,因原告未提供原件核实,故对该项主张法院亦不予支持。因仲裁裁决原、被告劳动合同已于2010年6月22日解除,双方对此均未起诉,故法院予以确认。盐田区人民法院依照《劳动合同法》第三十八条第一款第(二)项、第四十六条第一款第(一)项、第四十七条第一款,《深圳市员工工资支付条例》第十八条之规定,判决:(1)原、被告的劳动合同已于2010年6月22日解除;(2)被告深圳市某酒店有限公司应于本判决生效之日起十日内向原告杨某支付加班工资3 165元;(3)被告深圳市某酒店有限公司应于本判决生效之日起十日内向原告杨某支付解除劳动合同的经济补偿金4 000元;(4)驳回原告杨某的其他诉讼请求。

一审宣判后,原、被告均不服,向深圳市中级人民法院提起上诉。深圳市中级人民法院审理后,认为原判认定事实清楚,适用法律准确,维持了一审判决。

【案件焦点】

双方是否签订劳动合同?

【分析与结论】

一、未签订书面劳动合同的法律后果

早在1995年实施的《劳动法》就要求用人单位与员工签订书面劳动合同,但由于劳动力市场供需失衡、用人单位的优势地位以及相关监督配套措施落实不到位等因素,用人单位不与劳动者订立书面劳动合同的现象一直存在,直到2008年《劳动合同法》实施后,法律将不签订书面劳动合同的后果通过经济手段予以制裁后,劳动关系领域内书面劳动合同的签订率才得以普遍提高。

目前,相对于《劳动合同法》实施之初,因用人单位不签订书面劳动合同而提起诉讼的案件数量已大为减少,但此类案件出现一个新的特点,即个别当事人利用曾担任人事主管等职务便利,在离职时,取走了自己的劳动合同。法院在审理案件时,依据证据尽可能地还原客观事实,但由于诉讼受到双方的举证能力、证据证明力的大小等多种因素的制约,法院所能还原的只是法律事实,与客观事实有可能存在偏差。因此,证据的保存和对证据的采信不仅影响到法院对事实的认定,而且对于用人单位以及劳动者依法维权也都至关重要。

二、复印件仍有可能被采信

在用人单位主张已经签订劳动合同的情况下,用人单位应提交签订的劳动合同原件。一旦用人单位无法提供,法院将会采信双方未签订劳动合同的事实。

本案中,被告提供的劳动合同虽为复印件,但同时存在其他多份间接证据证明相关事实,包括:(1)鉴定结论,结论表明,签名字迹如能排除变造,则是杨某本人书写,现杨某没有证据显示该签名系变造;(2)在杨某离职前的 2010 年 5 月,盐田区劳动监察大队对被告进行劳动监察,并发出通知要求其提供包括劳动合同签收记录(台账)在内的劳动管理资料,杨某代表被告签收了通知,并在被告向盐田区劳动监察大队提交的《某酒店员工劳动合同签订台账》记录了原、被告签订劳动合同的期限,该期限与劳动合同复印件中的期限相吻合;(3)从 2009 年 10 月起,原告担任人事经理,负责被告的人事工作,保管人事劳动合同,事后也办理过劳动合同的移交工作,基于原告的工作性质考虑,被告不与人事经理签订劳动合同的做法不合常理。故此,法院认为,上述证据相结合,印证双方签订劳动合同的事实更为可信,故对原告所主张的未签劳动合同需支付双倍工资的请求不予支持。

三、实现劳资关系的良性循环

作为用人单位,为了用工关系的稳定以及自身发展的持续性,首先,应当诚信守法,切实维护员工的合法权益。用人单位应在法定期限内及时与劳动者签订书面劳动合同,明确双方的权利与义务,有效预防和减少劳动争议的发生。其次,要妥善保管档案资料,规范移交手续。由于劳动争议领域的举证原则与一般民事案件不尽相同,一些特定的举证责任由用人单位承担,包括双方已经签订劳动合同的事实、解除劳动合同的原因、劳动者两年内的工资支付情况等。因此,用人单位一定要妥善保管员工的入职登记表、离职登记表等,并完善员工在工作中发生的资料交接手续,对于人事经理等特殊管理职位的劳动合同,也最好由其他更高职位的人员负责保管。

而对于劳动者,也应当理性对待权利,在与用人单位发生争议后,需对诉讼风险有客观、全面的判断,尽量采取理性、务实的方法缩小差距、化解矛盾、维护权益。

人事派遣劳动纠纷案

【案情介绍】

原告(被上诉人):李×。

被告(上诉人):上海市对外服务有限公司。

1996年7月,原告李×通过被告上海市对外服务有限公司(以下简称外服公司)应聘进入日本后藤商事会社上海代表处(以下简称后藤)工作。同年8月1日,外服公司与后藤签订聘用中国员工合同及中国员工聘用合约各一份,约定:外服公司为后藤推荐人选,并为后藤办理合法的聘用手续;后藤为中国员工提供符合中国政府颁布的劳动保护条例中规定的工作场所和条件;对受聘满一年的中国员工年终加付一个月的聘用费,当年受聘不满一年的,每工作一个月加付月聘费的十二分之一;解聘中国员工,必须提前30日通知外服公司和中国员工,否则应支付被告相当于一个月聘用费的赔偿费,同时根据员工工作时间长短向外服公司支付离职费;若中国员工向后藤提出辞职,获准后,后藤可不支付离职费,但须支付年终加付的聘用费;合同有效期一年,合同期满前一个月内如双方未提出解除合同,有效期自行延长等。

1996年9月2日,原告与外服公司签订劳动合同制雇员合同一份,约定:外服公司派遣原告到后藤工作,合同期限以聘用中国员工合同的期限为准,外服公司保证原告在合同有效期内享受各项待遇等。合同签订后,原告在后藤工作期间的合同有效期逐年延长。

1999年7月12日,原告曾向后藤提出辞职,经后藤挽留并加薪至每月人民币4 500元,原告留下继续工作。同年11月13日,后藤通知原告其已被解聘。同年11月30日,外服公司向原告开具退工单。为此,原告通过外服公司要求后藤根据有关合同的约定,支付离职费等费用。因后藤一直拒付,原告向上海市黄浦区劳动争议仲裁委员会申请仲裁,该委员会于2000年3月24日做出如下裁决:外服公司支付原告1999年11月份的工资人民币4 500元,未提前一个月通知解除劳动合同的经济补偿费人民币4 500元,支付年终双薪的月聘用费人民币4 125元。原告不服裁决,于2000年4月10日向法院起诉,要求判令外服公司支付1999年11月份的工资人民币4 500元,替代金人民币4 500元,离职费人民币1.8万元,年终双薪人民币4 500元,带薪休假加班费人民币19 148元。

另查明,原告在后藤实际工作三年四个月,未领取1999年11月份的工资;原告提出外服公司支付工作期间未休假的带薪休假加班费的主张,未提供证据证明,但表示证据应在后藤处。经向后藤调查,后藤表示无相关证据。

原告李×诉称:1996年7月,原告通过被告外服公司介绍应聘至日本后藤商事会社上海代表处(下称后藤)工作,并与被告签有劳动合同制雇员合同一份;被告与后藤签有聘用中国员工合同及中国员工聘用合约各一份。1999年11月,后藤在未提前通知原告的情况下,单方面解除与原告的聘用关系,停发原告11月份的工资。同年11月30日,被告开具退工单。为此,原告通过被告要求后藤根据合同的约定,支付原告工资、带薪休假加班费、离职费等费用,但后藤一直未同意。原告认为,原、被告间签有劳动合同,被告应保证其享受的待遇,后藤未支付的,应由被告支付这部分费用。故原告要求被告支付1999年11月份的工资人民币4 500元,替代金人民币4 500元,离职费人民币1.8万元,年终双薪人民币4 500元,带薪休假加班费人民币19 148元。

被告上海市对外服务有限公司辩称,原告曾于1999年7月提出辞职申请,后藤解聘原告实际是同意原告的辞职申请,故无义务支付原告提出的离职费等费用;因原告与后藤的聘用关系终止,被告亦终止与原告的劳动合同,故无须提前三十日通知;至于1999年11月份的工资应由后藤支付,由于被告未收到后藤的该笔费用,被告亦无义务支付给原告;关于原告提出的带薪休假加班费,原告未提供证据,被告亦无法支付。

一审法院经审理认为:劳动合同是劳动者与用人单位确立劳动关系、明确双方权利和义务的协议。原告李×与被告外服公司签有劳动合同制雇员合同,外服公司派遣原告到后藤工作,在劳务派遣和管理工作中,应保证原告应当享有的权利。原告虽曾提出辞职,但经后藤挽留及加薪后,辞职未成。故外服公司以原告系自行辞职为由,拒付有关费用,缺乏事实和法律依据。原告被解聘后未领取1999年11月份的工资,外服公司应予以支付该部分工资。后藤解聘原告未提前一个月通知,故外服公司应支付一个月的工资替代通知金。鉴于外服公司与后藤的合同中对离职费和年终双薪均有明确约定,且原告在后藤工作已满二年半,1999年工作满11个月,故外服公司也应按3个月的聘用费人民币13 500元的标准支付离职费及11个月的年终双薪月聘费人民币4 125元。至于原告要求外服公司支付带薪休假加班费的诉讼请求,原告未提供充足的证据予以证明,法院不予支持。法院根据《中华人民共和国劳动法》第十七条、第五十条的规定,判决如下:

1. 被告上海市对外服务有限公司应支付原告李×1999年11月份的工资人民币4 500元;

2. 被告上海市对外服务有限公司应支付原告李×替代金人民币4 500元;

3. 被告上海市对外服务有限公司应支付原告李×离职费人民币13 500元;

4. 被告上海市对外服务有限公司应支付原告李×年终双薪月聘费人民币4 125元;

5. 原告李×要求被告上海市对外服务有限公司支付带薪休假加班费的诉讼请求,不予支持;本案受理费人民币50元,由被告上海市对外服务有限公司负担。

一审判决后,被告上海市对外服务有限公司不服,提出上诉。

上诉人外服公司诉称:1999年7月,被上诉人李×曾向后藤申请辞职,后藤为其增加了月薪,要求其工作到展览会结束后,认为双方达成的继续留任的协议系新协议,非原有聘用合同的延续。后藤与被上诉人之间原有的聘用合同是在被上诉人提出辞职要求并经双方协商达成新的聘用合同基础上自行解除的。其不应承担原合同解除的责任。同时认为,被上诉人在后藤工作期间,扣押后藤的营业执照并私自扣留后藤7万余元钱款,后藤以惩戒为由对被上诉人做出辞退决定,要求撤销原判,不同意支付被上诉人1999年11月份工资、提前解除劳动合同替代金、离职费及年终双薪月聘费。

被上诉人李×辩称:其向后藤提出辞职后,后藤竭力挽留,并为其增加月薪至4500元。双方并无工作到展览会结束后再辞职之约定。认为其与后藤履行的协议是原合同的延续。在合同履行期内,其无违纪行为。关于后藤营业执照及 7 万余元钱款之争均发生在后藤通知其已被解雇之后,且营业执照已归还后藤。外服公司应支付后藤欠付的 1999 年 11 月份工资、提前解除合同替代金、离职费及年终双薪月聘费。表示同意原审判决。

二审法院经审理认为:李×与外服公司签有劳动合同制雇员合同,李×作为外服公司的雇员被派至后藤处工作。根据该雇员合同约定,外服公司负有在合同有效期内,依据外服公司与后藤签订的合同,保证李×应当享受各项待遇的义务。李×虽曾提出辞职,但经后藤挽留后,仍留在后藤处继续工作,外服公司未提供证据证实李×与后藤达成过新协议或曾约定工作到展览会结束后再辞职,亦未能证实李×系违纪被辞退。现后藤解聘李×,未按合同约定支付李×离职费及年终双薪月聘费,亦未支付李×1999 年 11 月份的工资、提前解除合同的替代金。李×根据其与外服公司所签合同,要求外服公司支付上述费用并无不当。一审判决正确。上诉人的上诉理由缺乏依据,不予支持。二审法院根据《中华人民共和国民事诉讼法》第一百五十三条第一款第(一)项之规定,做出判决:驳回上诉,维持原判。

【案件焦点】

对外服务公司分别与涉讼中国员工及外商驻沪机构签订雇员、聘用中国员工合同,对外服务公司遂与该员工建立了劳动关系。现外商机构无故解聘该员工,应由对外服务公司还是外商机构赔偿该员工的合理损失?

【分析与结论】

本案的问题是如何解决外服公司、外商驻沪机构与中国员工三者之间的用工关系。

随着我国经济的快速发展,引进外资的措施得当,投资环境大为改善,吸引了大批外商进入中国的市场。许多外商纷纷在沪设立办事处或代表处,比如本案中涉及的后藤。这些机构将国外的先进理念、新技术带给我们,亦提供了大量的就业机会。但由于这些机构不具备直接用工的条件,于是诸如外服公司等专为外商驻沪机构推选人才的企业便应运而生。因此,这类用工关系比较特殊,由劳动者、外服公司、外商驻沪机构三者组成,不同于以往单纯的劳动者与用人单位的劳动关系。现有的法律、法规亦无明文规定,处理此类纠纷较棘手。笔者认为,关于此类纠纷由前述三者构成,由三者之间的三份合同组成,这三份合同是明确三者之间权利与义务的协议,是处理此类劳动争议的主要依据。

我国劳动法规定,劳动合同是劳动者与用人单位确立劳动关系,明确双方权利和义务的协议。李×与外服公司签有的劳动合同制雇员合同约定:李×作为外服公司的员工被派至外商驻沪机构工作,外服公司负有保证李×应当享受各项待遇的义务,合同期限以外服公司与外商驻沪机构间的合同期限为准。因此,李×与外服公司具有劳动关系。当外商驻沪机构解聘李×后,李×与外服公司的劳动合同也随之解除,故而,当外商驻沪机构未按约支付李×各项费用时,应由外服公司支付有关费用。

李×主张的离职费、年终双薪月聘费、提前解除合同替代金,在外服公司与外商驻沪机构间的合同中均有约定,外商驻沪机构拒付时,法院应判决由外服公司代付。但是李×主张的带薪休假加班费,由于李×未提供证据,外服公司亦不是劳动报酬直接支付方,无法举证。法院为保护劳动者的合法权益,依据职权向外商驻沪机构调查取证,在外商驻沪机构处未取得有利于劳动者的证据情况下,不支持劳动者的该项诉请。笔者认为,关于此类纠纷上海高院的有关司法解释规定,只将外服公司列为当事人,为审案带来困难,无法裁决外商驻沪机构承担举证责任,可能会导致无法切实保障劳动者的合法权益;但若将外商驻沪机构亦列为当事人,又与现行的民诉法冲突。故此问题应引起立法部门重视,尽快制定相关的法律规定。

代通知金支付案

【案情介绍】

1. 员工甲方在乙公司从事司机工作,双方在2005年1月1日签订一份劳动合同,期限到2006年12月31日止,合同有效期为两年,期限届满后该员工继续在该公司工作,但是没有续订劳动合同。2007年2月10日甲在出车时造成交通事故,乙公司以甲方没有按乙公司规定的行驶路线驾驶而造成事故,并造成巨大损失为由,终止了与甲方的劳动关系,但没有给予任何补偿,甲方不服,向当地劳动仲裁委员会提出申请,要求乙公司支付没有提前一个月通知的赔偿。仲裁机构的裁决是,因乙公司没有充分证据证明甲方的行为违反乙方的规定,造成事故赔偿,应该给予解除劳动关系的处理,所以,认定双方劳动关系解除,但乙方应向甲方支付一个月工资的赔偿(即代通知金)。

2. 在2008年7月,刘某被某一家服装设计公司聘为人力行政总监,双方口头约定工资待遇为1.8万元,一个月后,公司认为刘某的工资待遇太高,也没有提前30日通知刘某,与刘某立即终止了劳动关系,刘某对该公司的做法非常不满,而提出劳动仲裁,要求公司支付违法解除的赔偿金10 089元以及没有提前一个月的代通知金18 000元,仲裁委员会只支持了单位违法解除的赔偿金的请求,而驳回了要求支付代通知金的请求,其理由为申请人所提出的要求支付代通知金的请求没有法律依据。

【案件焦点】

以上两个案件的基本情况非常相似,均是用人单位与劳动者没有签订书面劳动合同,形成事实劳动关系,用人单位没有合法的理由而提出终止与劳动者的劳动关系,但是没有提前30日通知劳动者,劳动者请求单位支付一个月的代通知金。但是不同的仲裁机构所做出的裁决却恰恰相反,案例1认为应该支付,案例2认为不应该支付,那么到底是否应该支付?

【分析与结论】

代通知金,不是一个规范的法律术语,在《劳动法》和《劳动合同法》中并没有明确的概念,而是引用中国香港法律的叫法,其本意是用人单位在解除与劳动者的劳动合同时,应提前30日通知劳动者,如没有提前30日通知劳动者,应向劳动者支付一个月的工资,该一个月工资的赔偿就叫代通知金,也是HR经常所提到的"n+1"中的"1"。《劳动法》第二十六条规定,"用人单位符合规定的情形的,可以解除劳动合同,但是应该提前30日以书面形式通知劳动者本人",在本条中虽然规定需要提前30日通知劳动者,但是并没有规定如单位没有提前30日通知劳动者,需要承担什么样的责任,也没有规定需要支付一个月工资的代通知金。《劳动合同法》第四十条规定,"符合规定的情形的,用人单位提前30日以书面形式通知劳动者本人或者额外支付劳动者一个月工资后,可以解除劳动合同",在本条中法律第一次明确地提出,用人单位如没有提前30日通知劳动者解除劳动合同的,应向劳动者给予一个月工资的赔偿(即代通知金)。(备注:《劳动法》和《劳动合同法》所指的符合法律规定的情形是:(1)劳动者患病或者非因工负伤,在规定的医疗期满后不能从事原工作,也不能从事由用人单位另行安排的工作的;(2)劳动者不能胜任工作,经过培训或者调整工作岗位,仍不能胜任工作的;(3)劳动合同订立时所依据的客观情况发生重大变化,致使劳动合同无法履行,经用人单位与劳动者协商,未能就变更劳动合同内容达成协议。)除了本条的规定外,在《劳动合同法》中没有其他有关代通知金的规定。

在《劳动合同法》第四十条有关代通知金的规定中,让我们思考的问题有:(1)事实劳动关系中,用人单位解除劳动关系,是否应支付代通知金?(2)用人单位违法解除劳动合同,是否应给予代通知金?(3)劳动者自动离职,是否需要支付代通知金?

事实劳动关系,是双方形成劳动关系,只是没有签订书面劳动合同,对双方的权利与义务约定不清、不明确,实际上与签订书面劳动合同而建立的劳动关系并没有本质的区别,所以,笔者认为,虽然《劳动合同法》第四十条规定适用签订书面劳动合同的情形,但应做扩充的解释,也应包括事实劳动关系(随着《劳动合同法》的实施,事实劳动关系会逐步消灭,因为法律规定对没有签订书面劳动合同的行为,给予2倍工资的赔偿,且在一年后仍不签订书面劳动合同的,视为无固定期限劳动合同)。

用人单位对违法解除劳动合同是否需要支付代通知金?笔者认为应该支付。所谓用人单位的违法解除,是用人单位在单方面解除劳动合同时并不符合法律规定的解除情形。那么按照对《劳动合同法》第四十条的理解,其是指在劳动者无过失性行为,如不能胜任工作、客观情况发生重大变化,无法继续履行合同等情形下,用人单位解除与劳动者的劳动关系,似乎并没有包括单位的违法解除,但是笔者认为,单位违法解除,应该支付代通知金,理由为:(1)从法律的本意考虑,法律之所以设定代通知金,就是要求单位在解除劳动合同前,给予劳动者一个准备的过程,可以使劳动者不仅仅在思想上有所准备,而且可以利用这一个月的时间去考虑再就业的问题,同时也可以在这一个月的时间与企业做好工作交接,如不给予劳动者这样的时间,显然会对劳动者造成一定的损失,由此通过给予代通知金来予以弥补。(2)在解释法律时有"举轻明重"的原则。《劳动合同法》第四十条规定的是用人单位在劳动者无过失性行为时的合法解除,而单位的违法解除,显然要严重于前者,既然法律规定对于较轻的情形都需要给予代通知金,那么更为严重的情形也应该适用该规定。(3)某些地方法规对此有明确的规定。《广东省劳动合同管理规定》第二十六条规定:"任何一方解除劳动合同(本规定第十九条第(一)、(二)、(三)项,第二十三条第(二)、(三)、(四)项除外),必须提前30日以书面形式通知对方。用人单位未能提前30日通知劳动者的,应当支付该劳动者当年1个月的月平均工资的补偿金。"(其中所指的第十九条为因劳动者违纪、违反公司制度、造成公司损失的过失性行为而解除;第二十三条所指为因用人单位的过失性行为、劳动者解除的)从该条文理解,违法性解除如没有提前30日通知,应给予一个月工资的代通知金。针对上述案件2,是单位的违法解除,理应支付一个月工资的代通知金。

劳动者自动离职,没有提前30日通知,是否需要支付一个月工资的代通知金?法律也没有做出明确的规定,但是从法律规定理解为不应支付。《劳动合同法》第三十七条规定,"劳动者提前30日以书面形式通知用人单位,可以解除劳动合同"。该规定明确提出劳动者因个人原因提出解除劳动合同,应符合两个程序条件:一是提前30日通知,二是必须以书面形式提出,只有符合了这两个条件才合法。但是在实际过程中,劳动者并不按照法律规定来执行,甚至没有任何通知、不办理任何离职手续而离开公司,也就是擅自离职,按自动离职处理,但是从以上的法律规定来看,只是做出"用人单位单方面解除,没有提前30日,应给予代通知金的赔偿",而对于劳动者解除,没有提前30日通知,并没有规定要求给予代通知金的赔偿。这是不是法律的不对等性,是对用人单位的不公平。但从《劳动法》的立法原则考虑是保护劳动者的合法权益,似乎是合理的解释。

另从《劳动合同法》的规定来看,不需要支付代通知金的情形包括:(1)双方协商解除劳动合同(《劳动合同法》第三十六条);(2)因用人单位的违法行为,劳动者立即解除(《劳动合同法》第三十八条);(3)因劳动者的过失性行为,用人单位立即解除(《劳动合同法》第三十九条);(4)经济性裁员(《劳动合同法》第四十一条);(5)劳动合同的终止。

无固定期限劳动合同法律纠纷案

【案情介绍】

王某2000年1月3日进入某集团A子公司工作,与A子公司签订了3年期限的劳动合同,2003年1月2日合同到期后续签劳动合同,期限6年。后王某于2008年4月16日被该集团调到B子公司工作(王某与A子公司签订了劳动合同解除协议,但A子公司未给王某任何补偿),与B子公司重新签订了3年期限的劳动合同。2011年3月23日,王某以进入该集团工作超过10年为由要求与B子公司签订无固定期限劳动合同,B子公司不同意签订并告知王某2011年4月15日合同到期后将不再与其续签劳动合同,双方发生争议,王某遂提起劳动仲裁。

【案件焦点】

本案例涉及两个问题:一是王某从A子公司调入B子公司的工作年限是否应当连续计算,二是B子公司是否应当与王某订立无固定期限劳动合同。《劳动合同法实施条例》第十条规定:"劳动者非因本人原因从原用人单位被安排到新用人单位工作的,劳动者在原用人单位的工作年限合并计算为新用人单位的工作年限。原用人单位已经向劳动者支付经济补偿的,新用人单位在依法解除、终止劳动合同计算支付经济补偿的工作年限时,不再计算劳动者在原用人单位的工作年限。"也就是说,王某被安排调入B子公司,王某的工作年限即工龄应当连续计算。至2011年3月23日,王某在该集团已经连续工作11年多,依据《劳动合同法》第十四条的规定,"劳动者在该用人单位连续工作满十年的,劳动者提出订立无固定期限劳动合同的,用人单位应当与其订立无固定期限劳动合同"。故王某有权利提出订立无固定期限劳动合同。如本案中王某在与B子公司劳动关系存续期间没有主动要求订立无固定期限劳动合同的,则用人单位亦无义务主动与王某订立无固定期限劳动合同。但双方在合同届满均同意续签劳动合同时,除劳动者提出订立固定期限劳动合同外,用人单位应当与劳动者订立无固定期限劳动合同。

如用人单位违反《劳动合同法》规定不与劳动者订立无固定期限劳动合同的,应当自订立无固定期限劳动合同之日起向劳动者每月支付二倍的工资。

【分析与结论】

由于缺乏对无固定期限劳动合同制度的正确认识,不少人认为无固定期限劳动合同是"铁饭碗""终身制",认为无固定期限劳动合同一经签订就不能解除。因此,很多劳动者把无固定期限劳动合同视为"护身符",千方百计要与用人单位签订无固定期限劳动合同。另一方面,用人单位则将无固定期限劳动合同看成了"终身包袱""洪水猛兽",想方设法逃避签订无固定期限劳动合同的法律义务。下面就无固定期限劳动合同的有关法律问题提供一些法理分析与建议。

无固定期限劳动合同,是指用人单位与劳动者约定无确定终止时间的劳动合同。这里所说的无确定终止时间,是指劳动合同没有一个确切的终止时间,只要没有出现法律规定的条件或者双方约定的条件,双方当事人就要继续履行劳动合同规定的义务。公司应当与员工签署无固定期限劳动合同的法定情形有以下几种:

1. 用人单位与劳动者协商一致,可以订立无固定期限劳动合同。

2. 在法律规定的情形出现时,劳动者提出或者同意续订劳动合同的,应当订立无固定期限劳动合同。有以下 3 种情况:

(1)劳动者已在该用人单位连续工作满十年的;

(2)用人单位初次实行劳动合同制度或者国有企业改制重新订立劳动合同时,劳动者在该用人单位连续工作满十年且距法定退休年龄不足十年的;

(3)连续订立二次固定期限劳动合同且劳动者没有《劳动合同法》第三十九条规定的情形续订劳动合同的。

3. 用人单位自用工之日起满一年不与劳动者订立书面劳动合同的,视为用人单位与劳动者已订立无固定期限劳动合同。

但这种劳动合同也不是"终身制"的,在法律规定的条件或是双方协商约定的条件出现时,用人单位可以解除劳动合同。从我国《劳动合同法》关于无固定期限劳动合同的立法本意和立法目的上来看,国家的目的在于引导用人单位和劳动者订立无固定期限劳动合同,引导劳动关系的长期稳定发展,改变《劳动合同法》实施以前劳动合同短期化、劳动关系不稳定的局面,使得未来我国无固定期限劳动合同成为常态、固定期限劳动合同为补充、以完成一定工作任务为期限的劳动合同为例外。从这一立法本意和政策导向来看,现行法律追求的并不是三类期限劳动合同在实体权利与义务上的实质不同,而"引导无固定期限劳动合同的普遍签订",因而如果在解除条件上对三类劳动合同做过多限制或不适当地区别对待,将会再度引起用人单位的恐慌,"无固定期限劳动合同常态化"的立法目标就更难实现了。

《中华人民共和国劳动合同法实施条例》第十九条规定:

有下列情形之一的,依照劳动合同法规定的条件、程序,用人单位可以与劳动者解除固定期限劳动合同、无固定期限劳动合同或者以完成一定工作任务为期限的劳动合同:

(1)用人单位与劳动者协商一致的;

(2)劳动者在试用期间被证明不符合录用条件的;

(3)劳动者严重违反用人单位的规章制度的;

(4)劳动者严重失职,营私舞弊,给用人单位造成重大损害的;

(5)劳动者同时与其他用人单位建立劳动关系,对完成本单位的工作任务造成严重影响,或者经用人单位提出,拒不改正的;

(6)劳动者以欺诈、胁迫的手段或者乘人之危,使用人单位在违背真实意思的情况下订立或者变更劳动合同的;

(7)劳动者被依法追究刑事责任的;

(8)劳动者患病或者非因工负伤,在规定的医疗期满后不能从事原工作,也不能从事由用人单位另行安排的工作的;

(9)劳动者不能胜任工作,经过培训或者调整工作岗位,仍不能胜任工作的;

(10)劳动合同订立时所依据的客观情况发生重大变化,致使劳动合同无法履行,经用人单位与劳动者协商,未能就变更劳动合同内容达成协议的;

(11)用人单位依照企业破产法规定进行重整的;

(12)用人单位生产经营发生严重困难的;

(13)企业转产、重大技术革新或者经营方式调整,经变更劳动合同后,仍需裁减人员的;

(14)其他因劳动合同订立时所依据的客观经济情况发生重大变化,致使劳动合同无法履行的。

用人单位按照上述第十九条规定第1、8、9、10、11、12、13、14项与劳动者解除无固定期限劳动合同时,需按照《劳动合同法》的相关规定向劳动者支付经济补偿金。

固定期限劳动合同与无固定期限劳动合同在终止时,在向劳动者支付经济补偿时的异同如下:

(1)固定期限劳动合同分为以下两种情况:

A. 合同到期非因劳动者个人原因而不再续签劳动合同的,按劳动者在用人单位工作的年限,以每满一年支付一个月工资的标准向劳动者支付经济补偿。六个月以上不满一年的,按一年计算,不满六个月的,向劳动者支付半个月工资的经济补偿。经济补偿年限自2008年1月1日起计算。

B. 在劳动合同期限内,用人单位按照上述规定第1、8、9、10、11、12、13、14项与劳动者解除固定期限劳动合同的,按劳动者在用人单位工作的年限,以每满一年支付一个月工资的标准向劳动者支付经济补偿。六个月以上不满一年的,按一年计算,不满六个月的,向劳动者支付半个月工资的经济补偿。

(2)无固定期限的劳动合同因不存在合同到期终止问题,故其终止劳动合同的补偿只有一种情况,与固定期限劳动合同终止补偿的B种情形相同。

另外,有很多错误观点认为无固定期限劳动合同是不能变更的"死合同"。无固定期限劳动合同和其他类型的合同一样,也适用劳动法的协商变更原则。按照劳动法的规定,用人单位与劳动者协商一致,可以变更劳动合同约定的内容。除了劳动合同期限以外,双方当事人还可以就工作内容、劳动报酬、劳动条件和违反劳动合同的赔偿责任等方面协商,进行变更。在变更合同条款时,应当按照自愿、平等原则进行协商,不能采取胁迫、欺诈、隐瞒事实等非法手段,同时还必须注意变更后的内容不违法,否则,这种变更是无效的。

王某劳务派遣纠纷案

【案情简介】

王某2008年3月10日受北京某劳务派遣公司派遣,在北京某综合加工有限公司广州分公司担任业务岗位工作。2008年期间,两家公司都未与王某签订劳动合同,直到2009年1月1日,北京某劳务派遣公司才与王某签订了劳动合同。合同约定劳动期限自2009年1月1日起至2011年1月1日止;试用期包含在劳动合同期限内,双方同意试用期从劳动合同开始日起至2008年5月9日止;北京某劳务派遣公司认同王某自2008年3月10日起至2009年1月1日的工作年限作为相关福利或补偿计算时的工作年限。

2009年5月13日,北京某劳务派遣公司向王某发出了一份《协商解除劳动合同协议》。协议指出,劳务派遣公司与王某的劳动合同自2009年5月31日起解除,北京某劳务派遣公司一次性给予王某4559.31元的经济补偿。

王某认为两公司在其工作的前9个月里一直未与其签订劳动合同,且合同期未满又无故辞退自己的做法违反了《劳动合同法》,严重侵害了自己的合法权益,因此在多次与两公司协商都无果的情况下,向广州市越秀区人民法院提起了诉讼。

【案件焦点】

1. 用人单位与王某是否协商一致解除合同?
2. 如何计算经济补偿金?
3. 未签订劳动合同,是否双倍支付工资?

【分析与结论】

1. 按照王某的说法,他是无故收到了北京某劳务派遣公司发出的一份《协商解除劳动合同协议》,在这之前他并不知道公司要与其解除劳动合同关系,如果有证据支持这种说法,公司就是强行违法解除合同,需要对劳动者进行赔偿。但也有可能是双方协商,王某同意解除后,对经济补偿金未达成一致而引起争议。依《最高人民法院关于民事诉讼证据的若干规定》第六条规定,在劳动争议案件中,因用人单位做出开除、除名、辞退、解除劳动合同、减少劳动报酬、计算劳动者工作年限等决定而发生劳动争议的,由用人单位负举证责任。所以,用人单位若无法提供相关证据证明与劳动者是协商一致解除劳动合同,就需要负担不利后果。

2. 经济补偿金的计算。在上述案例中,王某与用人单位的事实劳动合同关系自2008年3月至2009年5月。《劳动合同法》第四十七条规定:经济补偿按劳动者在本单位工作的年限,每满一年支付一个月工资的标准向劳动者支付。六个月以上不满一年的,按一年计算;不满六个月的,向劳动者支付半个月工资的经济补偿。因此用人单位需要向劳动者支付一个半月的经济补偿金。若证据证明用人单位是强行与劳动者解除劳动合同的,用人单位就违反了《劳动合同法》的规定,需要向劳动者支付2倍的经济补偿金,即3个月的工资。

经济补偿的月工资按照劳动者应得工资计算,包括计时工资或者计件工资以及奖金、津贴和补贴等货币性收入,是合同解除或者终止前12个月的平均工资。通过银行提供的工资单,可以算出王某前12个月的平均工资约为3 000元。

3. 未签订劳务合同的确定和工资的双倍支付。依据劳动合同法的规定,用人单位自用工之日起超过一个月不满一年未与劳动者订立书面合同的,应当向劳动者支付两倍的工资。从王某与北京某劳务派遣公司签订的劳动合同、工资发放和社保缴纳情况来看,可以证明王某自2008年3月10日起就在北京某综合加工有限公司广州分公司工作,但一直未与公司签订劳动合同,直到2009年1月1日才与派遣单位北京某劳务派遣公司签订劳动合同。因此,用人单位应当向王某支付未签订劳动合同时的两倍工资。

《劳动合同法实施条例》第七条规定,用人单位自用工之日起满一年未与劳动者订立书面劳动合同的,自用工之日起满一个月的次日至满一年的前一日,应当依照《劳动合同法》第八十二条的规定向劳动者每月支付两倍的工资。由此可知,用工单位应当再支付王某8个月21天的工资,而不是王某所主张的10个月工资。

实践中,当单位选择"协商一致,解除劳动关系"时,应该得到劳动者的同意并支付一定的经济补偿金,若就经济补偿金等解除劳动关系事项协商不成功,也不要强行与劳动者解除合同。用人单位和劳动者没有达成一致而无故强行解除劳动合同,势必会造成劳动者的愤怒和反弹,给企业带来法律风险。

企业与劳动者未签订合同,是否一定会支付双倍工资?答案是否定的。如果是由于劳动者故意或不愿意与用人单位签订书面劳动合同,则不适用于该条款。且用人单位在这种情况下还可以解除劳动关系并且不用支付经济补偿。因此,企业在用工之时一定要在入职前或者入职后一个月内与劳动者签订劳动合同。在实务中,对于新招聘的员工,企业一般会注意这个条款的约束,但容易忽视的是,有的企业担心与劳动者连续订立两次固定期限劳动合同后,再续订时,就要签订无固定期限劳动合同,所以第一次合同期满后迟迟不与劳动者再签合同,一不注意就违反了法律的规定。

用人单位以张女士不能胜任工作解除劳动合同案

【案情介绍】

张女士于 2007 年 9 月到北京某报社广告部从事制作、核版工作,并签订了 2 年固定期限劳动合同。2008 年 3 月 10 日,报社与一家钟表公司签订了 20 万元的广告合作协议,客户要求在其报纸上刊登半版的钟表广告。张女士在对这项业务进行核版时,发现广告的版面设计大小与订单不符,遂要求制作人员进行修改,但是直至报纸开始印刷时,张女士发现广告版面的尺寸仍未修改过来。广告刊出后,钟表公司马上与报社进行交涉,报社只好将 20 万元广告费退回并赔礼道歉。4 月 21 日,报社经调查研究,以张女士不能胜任工作为由,决定与她解除劳动合同,且不支付经济补偿。

张女士认为,自己已经尽职,也指出了制作人员的工作错误,最终失误应与本人无关,且报社也没有具体的考核标准,不能认定自己为不能胜任工作,不应对自己解除劳动合同。遂向劳动争议仲裁委员会提出了仲裁申请,要求报社继续履行与其签订的劳动合同。

【案件焦点】

报社的做法是否违法?如何理解不能胜任工作?能否解除合同?

【分析与结论】

1. 即使报社有证据证实张女士不能胜任工作,由于《劳动合同法》第四十条第二款对劳动者不能胜任工作、用人单位解除劳动合同存在前提(即通过培训或者调整工作岗位,仍不能胜任工作时),报社未履行该条件,抢先解除劳动合同明显违法。当然如换一个角度,报社根据张女士给单位造成 20 万元的经济损失,以严重失职给用人单位造成重大损害为由解除劳动合同,报社的行为就存在一定合法的基础(这一基础的成立需要报社事先对"重大损害"标准做出具体的规定)。

2. 什么情况下用人单位与员工解除劳动合同,不用支付经济补偿?

对用人单位解除劳动合同不支付经济补偿的情形,在《劳动合同法》第三十九条有明文规定,具体为:

(1)在试用期间被证明不符合录用条件的;
(2)严重违反用人单位的规章制度的;
(3)严重失职,营私舞弊,给用人单位造成重大损害的;

(4)劳动者同时与其他用人单位建立劳动关系,对完成本单位的工作任务造成严重影响,或者经用人单位提出,拒不改正的;

(5)因《劳动合同法》法第二十六条第一款第一项规定的情形致使劳动合同无效的;

(6)被依法追究刑事责任的。

该情形的约定与《劳动合同法》第三十八条不同的是第三十八条中有法律、法规规定的其他情形,而第三十九条对此没有规定。其原因在于扼制用人单位规避法律,禁止除特别法(即《劳动合同法》)之外的其他法律、法规(包括实践中的相关司法解释)对此做出规定。该情形的范围十分固定,只限于六种情形,禁止用人单位与劳动者在劳动合同或其他文书中对该情形进行增加或者减少的约定。

3. 怎样理解不能胜任工作?如何进行判定?

对"不能胜任工作"的理解,根据原《劳动部关于〈劳动法〉若干条文的说明》第三十条第二款的规定,泛指不能按要求完成劳动合同中约定的任务,或者同工种、同岗位人员的工作量。用人单位不得故意提高定额标准,使劳动者无法完成。根据这一解释在实践中如何判定,关键在于用人单位日常操作中的做法。本案中张女士的工作是从事制作、核版工作,报社应在劳动合同或者职位说明书中对其日常从事的工作内容及不能胜任工作的情形进行约定,这样就可以在日常考核中进行明确认定,减少用人单位与劳动者的纠纷。

4. 因劳动者不能胜任工作而解除劳动合同,应履行怎样的程序?

如果用人单位能够通过劳动合同或者职位说明书约定劳动者不能胜任工作的情形,在实际操作中首先应向不能胜任工作的劳动者下达"不能胜任工作通知书",让劳动者签字确认。

其次,如进行培训,应对培训整个过程以书面形式进行确定,最终让劳动者在"岗位培训确认单"上签字确认。如调整工作岗位,调整的范围应与原岗位相近似。如没有相近似的工作岗位,在调整前应征求劳动者意见,如劳动者坚决抵制,应当疏导,以协商的方式解除双方的劳动合同。在安排新岗位前应让劳动者在"调整工作岗位通知书"上签字,如拒签,则按劳动合同标注的劳动者家庭住址邮寄送达,如拒收,则应将"调整工作岗位通知书"在公司公告栏上进行公告。上述文书中应注明"劳动者到新岗位工作的具体时间、如拒绝到岗按旷工进行处理"等内容。最后在进行培训或者调整工作岗位后劳动者仍不能胜任工作的,应在下达解除劳动合同通知前让劳动者在第二份"不能胜任工作通知书"上签字确认,之后依法下达"解除劳动合同通知书",告知用人单位将在 30 日后以不能胜任工作为由解除双方的劳动合同或者以支付代通知金方式立即下达"解除劳动合同证明书",确认双方解除劳动关系的事实。

违反用人单位规章制度造成伤害案

【案情介绍】

何×是某企业职工。2011年5月,何×在上班期间,沿拌料池边缘到水阀开关处打开水阀时,掉进2米左右的拌料池摔伤。事故发生后,厂区管片民警对何×所在车间主任进行了询问,制作了询问笔录。车间主任陈述:拌料池水阀由何×负责开关。何×向劳动部门提出工伤认定申请。劳动部门书面通知某企业举证,某企业提出了答辩状,主张何×非因从事本职工作受伤,且擅自上拌料池,违反用人单位规章制度,不应认定为工伤,但未提交其他证据。劳动部门依据管片民警制作的询问笔录,认定何×在工作时间、工作场所,因工作受到伤害,属于工伤。某企业不服,向当地人民政府申请行政复议,复议决定维持劳动部门的工伤认定结论。某企业向人民法院提起行政诉讼。在诉讼中,某企业提交了该厂若干名职工的证人证言,证实何×发生事故时属于酒后上班;何×所在车间主任出庭做证,改称:拌料池水阀开关由班组长负责,不是何×的本职工作。

原告某企业诉称,首先,第三人何×负责拌料池放料工作,水阀开关不是其本职工作。车间负责人也未指派第三人开关水阀,因此,第三人掉进拌料池受伤非因本职工作,不能认定为工伤。被告认定开关水阀是第三人本职工作的依据是管片民警对第三人所在车间主任的询问笔录。该笔录没有调查民警的签名,存在瑕疵,属于无效证据。现第三人所在车间主任出庭做证,证实拌料池水阀开关由班组长负责,不是第三人的本职工作,应当予以采信。其次,原告制定有严格的规章制度,为了避免发生危险,严禁任何人上拌料池。并且,开关水阀有专门通道,第三人明知故犯,对于损害的发生存在严重过错。第三,原告职工的证人证言可以证实:第三人发生事故时属于醉酒上班,依法不应当认定为工伤。

被告劳动部门辩称,首先,管片民警对第三人所在车间主任的询问笔录是真实可靠的,应当予以采信。该证据虽然存在程序瑕疵,但不影响证据本身的证明力,应当予以采信。第三人所在车间主任先是在接受民警询问时证实:拌料池水阀由第三人负责开关。后又在出庭做证时提出:拌料池水阀开关由班组长负责,不是第三人的本职工作。前后矛盾,其显然是受原告影响做伪证。相比之下,在事故发生第一现场形成的询问笔录更加真实可信。其次,第三人未走专门通道开关水阀,只能是一般的违纪行为,不属于蓄意违章,更不能说是第三人企图自伤、自残等。原告也没有提供关于第三人蓄意违章,企图自杀、自残的证据。同时,也说明原告的规章制度执行不力、管理不善等问题。一般的违纪行为并不影响工伤认定。最后,原告提交的关于第三人醉酒上班的证人证言,由于证人系原告职工,与原告存在管理与被管理的利害关系,缺乏证明力。并且被告书面通知原告举证后,直到被告做出工伤认定之前,原告并未提出第三人发生事故时属于醉酒上班的问题。依据《关于行政诉讼证据若干问题的规定》第五十九条"被告在行政程序中依照法定程序要求原告提供证据,原告依法应当提供而拒不提供,在诉讼程序中提供的证据,人民法院一般不予采纳"的规定,被告在行政程序中要求原告提供证据,原告未提出第三人系醉酒上班,在诉讼程序中又提出醉酒的事由,对该证据不应采信。综上所述,第三人作为原告职工,在工作时间和工作场所内,因工作受到事故伤害,符合《工伤保险条例》的规定,应当认定为工伤。

【案件焦点】

违反用人单位规章制度造成伤害是否属于工伤范围?

【分析与结论】

在本案中,原告与被告围绕三个关键问题提出了针锋相对的主张,我们来逐一分析:

1. 关于第三人不走开关水阀专门通道、违反原告规章制度的问题。原告制定有严格的规章制度,为了避免发生危险,严禁任何人上拌料池。并且,开关水阀有专门通道,第三人为了开关水阀擅自上拌料池,确实存在违章行为。但这里要区分一般的违章行为和蓄意违章。一般的违章行为多数出于过失,即便造成了劳动者伤残、死亡,也应当认定为工伤。关于蓄意违章,已经废止的《企业职工工伤保险试行办法》第九条第五项曾规定:"职工由于下列情形之一造成负伤、致残、死亡的,不应认定为工伤:……(5)蓄意违章……"原劳动和社会保障部《关于解释〈企业职工工伤保险试行办法〉中"蓄意违章"的复函》指出:关于《企业职工工伤保险试行办法》中第九条第五项规定的"蓄意违章",是专指十分恶劣的、有主观愿望和目的的行为。在处理认定工伤的工作中,不能将一般的违章行为,视为"蓄意违章"。《工伤保险条例》第十六条则规定:"职工符合本条例第十四条、第十五条的规定,但是有下列情形之一的,不得认定为工伤或者视同工伤:(1)故意犯罪的;(2)醉酒或者吸毒的;(3)自残或者自杀的。"如果是单纯的蓄意违章,就不能构成工伤。只有与因犯罪或者违反治安管理伤亡的、醉酒导致伤亡的、自残或者自杀的等不得认定为工伤的情形发生重合,才能排除工伤认定。在本案中,原告没有提供第三人属于蓄意违章,并企图自杀、自残等的证据,第三人的违章行为属于一般的违章行为,不影响工伤认定。

2. 关于开关水阀是否属于第三人本职工作的问题。在本案中,被告依据管片民警对第三人所在车间主任的询问笔录,认定开关水阀属于第三人本职工作,在其履行本职义务的过程中受伤,属于工伤。但第三人车间主任后又出庭做证,证实:拌料池水阀开关由班组长负责,不是第三人的本职工作。其证言前后矛盾,该如何认定呢?管片民警的询问笔录是在事故发生的第一现场形成的证据,早于证人的庭审证言,并且该证据形成时,证人受原告影响的可能性较小,更加真实可信。对该证据应当予以采信。证人的庭审证言明显存在受原告影响做伪证的痕迹。但管片民警询问笔录存在一个程序上的瑕疵,即没有调查民警的签名。对此,不能简单地认为该程序瑕疵影响证据的真实性和证明力。因为,虽然调查民警未在询问笔录上签名,但证人已经阅读了笔录并签名,说明其认可笔录内容,询问笔录的真实性是有保障的。所以,不能以该证据存在的执法程序瑕疵来否认其效力。

需要特别提出的是,即便开关水阀不是第三人的本职工作,也不能就此当然地认定第三人不属于工伤。《工伤保险条例》第十四条规定:"职工有下列情形之一的,应当认定为工伤:(1)

在工作时间和工作场所内,因工作受到事故伤害的……"这里的"工作场所"与本职工作并不是同一含义。工作场所可以是在本职工作岗位上,也可以超出本职工作岗位的范围。劳动者离开自己的本职工作岗位,帮助同事做一些力所能及的事情,其主观上是为了单位的利益,客观上也确实给单位带来利益,因此受到伤害的,也应当属于工伤。例如,开关水阀虽然不是第三人的本职工作,但第三人是为了帮同事的忙而做自己职务范围以外的事情,对其受到的伤害就应当认定为工伤。当然,如果原告有充分的证据证明其曾明确制止第三人离开本职工作岗位,第三人拒不服从,从而造成伤害,不属于工伤。

3. 关于第三人是否属于醉酒上班的问题。根据《工伤保险条例》的规定,醉酒导致伤亡的,不得认定或视同工伤。首先,劳动者的一般饮酒问题,如不影响正常工作,发生伤亡事故的,不能适用上述规定。因为一般饮酒与醉酒有明显的程度差别。其次,原告主张第三人属于醉酒上班,应当承担举证责任。这也符合《工伤保险条例》第十九条第二款关于"职工或者其直系亲属认为是工伤,用人单位不认为是工伤的,由用人单位承担举证责任"的立法精神。原告提交了若干名职工的证人证言,但该证据的证明力存在两个方面的问题。首先,由于证人系原告职工,与原告存在管理与被管理的利害关系,《关于行政诉讼证据若干问题的规定》第七十一条规定:"下列证据不能单独作为定案依据:……(2)与一方当事人有亲属关系或者其他密切关系的证人所做的对该当事人有利的证言,或者与一方当事人有不利关系的证人所做的对该当事人不利的证言……"因此,其效力大打折扣。在没有其他证据佐证的情况下,不能独立证明原告主张的事实。

其次,在被告做出工伤认定之前,曾书面通知原告举证,原告并未提出第三人发生事故伤害时属于醉酒上班的问题,也没有提交上述证据。《关于行政诉讼证据若干问题的规定》第五十九条规定:"被告在行政程序中依照法定程序要求原告提供证据,原告依法应当提供而拒不提供,在诉讼程序中提供的证据,人民法院一般不予采纳。"《工伤保险条例》第十九条第一款规定:"社会保险行政部门受理工伤认定申请后,根据审核需要可以对事故伤害进行调查核实,用人单位、职工、工会组织、医疗机构以及有关部门应当予以协助。"在被告依据法律授权要求原告提供证据的情况下,原告未提交上述证据,后又在行政诉讼中提交,不应当采信。综上所述,原告不能证明第三人属于醉酒上班,不能认定为工伤。第三人的一般违纪行为不影响工伤认定。第三人在工作时间、工作场所,因工作受到伤害,按照《工伤保险条例》的规定,应当认定为工伤。被告的工伤认定结论应当予以维持,驳回原告的诉讼请求。

无工商登记的工厂职工受伤,是否享受工伤待遇

【案情介绍】

本案原告赖某和马某,原是普通农民。为了早日致富,在2012年5月1日合伙在当地借用了厂房、场地。既未办理工商登记,也未领取营业执照,便在当地招收了数名农民工,办起了生产加工塑料米粒的注塑厂。在这个简单的厂里,既没有工作制度,也没有安全制度,更没有工人操作规程。本案被告兰某也被招收为厂内工人,成了厂里的农民工,在没有与原告签订劳动合同的情况下,经过简单的上岗操作培训后,便开始工作。

2012年7月25日6时30分左右,兰某像往常一样到厂里干活,在向注塑机给料时,不慎左手被卷入机器内,左手的食指、中指、无名指和小指四个手指全部被切断。当即,兰某被送往医院治疗,其间赖某、马某向医院支付了部分的医疗费用。

此后,双方就赔偿问题进行长时间的协商,但由于差距太大,最终未能达成协议。无奈之下,兰某向当地劳动局提出了工伤及伤残等级认定的申请。经当地劳动部门鉴定,被告兰某的伤残被认定为工伤六级。当地劳动部门向原告赖某、马某的注塑厂发出了鉴定结论通知书。接到通知后,原告并没有当作一回事,双方一直对赔偿问题进行协商。最终还是没有达成协议。被告兰某提出了劳动仲裁申请。当地仲裁委员会对该纠纷进行了调解,原告同意一次性给付被告二万元人民币,并达成了协议。但原告并未按协议要求及时支付部分款项,因此兰某拒绝签收仲裁调解书。于是劳动争议仲裁委员会做出了仲裁裁决,裁决原告赖某、马某一次性赔偿被告兰某伤残抚恤费以及治疗期间的工资、医疗费及伤残鉴定费人民币660元,合计人民币158 205元。

原告赖某、马某不服该仲裁裁决,向法院提起了诉讼,理由是:注塑厂未办理工商登记,不属于个体工商户,兰某也不是厂里工人,本案不应适用劳动法处理,劳动行政部门认定兰某工伤不当,仲裁适用法律错误。请求撤销仲裁裁决。

【案件焦点】

无工商登记的工厂职工受伤,是否享受工伤待遇?

【分析与结论】

一审法院经审理后认为,原告赖某、马某租赁场地,开办注塑厂,并招收农民工人,属于原劳动部规定的"个体经济组织"范畴,依法应办理工商登记手续。原告赖某、马某未办理登记手续的行为违法,理应由行政主管部门予以处罚,该违法行为并不影响其与劳动者之间业已形成

的劳动关系的认定。且双方对被告兰某在原告赖某、马某开办的厂内上班时受伤的事实均无异议。原告赖某、马某以其所开办的工厂未取得营业执照,不属个体工商户的理由不能成立,其认为被告兰某伤残不受劳动法调整的主张不能采纳。判决驳回原告诉讼请求。由原告一次性赔偿被告伤残抚恤费人民币 157 545 元,治疗期间的工资、医疗费及伤残鉴定费人民币 660 元,两项合计人民币 158 205 元。诉讼费用由原告负担。原告不服,向中级人民法院上诉,后经中院组织调解,原告同意一次性赔偿被告 80 000 元。

【解析】

1. 原告所开办的工厂未取得营业执照,能否认定该厂为个体工商户?

原告赖某、马某租赁场地,开办注塑厂,并招收农民工人,属于原劳动部《关于贯彻执行〈中华人民共和国劳动法〉若干问题意见》第一条所规定的"个体经济组织"范畴,依法应办理工商登记手续,原告未办理登记手续的行为违法,理应由行政主管部门予以处罚,该违法行为并不影响其与劳动者之间业已形成的劳动关系的认定。且双方对被告在原告赖某、马某开办的厂内上班时受伤的事实没有异议。原告所开办的工厂虽未取得营业执照,但属"个体经济组织"范畴。

2. 劳动行政部门对被告所做的工伤认定是否正确?原告与被告之间的劳动关系是否受劳动法调整?

《中华人民共和国劳动保险条例》《中华人民共和国劳动保险条例实施细则》和全国总工会《劳动保险问题解答》等规定,负责监督执行工伤保险政策的是各级劳动行政部门的社会保险行政机构。原告赖某、马某认为劳动行政部门对被告兰某所做出的工伤认定不当,是对劳动行政部门行政行为的不服,应当按照行政复议和行政诉讼的有关法律、法规办理,针对劳动行政部门的工伤认定行政行为提出异议。原告赖某、马某未提供相关证据,证明对劳动行政部门的工伤认定和伤残等级认定曾提出异议,应视为原告对劳动行政部门对被告所做的工伤认定的认可。劳动行政部门根据《中华人民共和国劳动法》和《福建省劳动安全卫生条例》的规定,裁决原告赖某、马某应承担被告兰某的伤残抚恤费是正确的。

3. 原告请求撤销仲裁裁决的主张能否被采纳?原告应否承担被告伤残抚恤费?

劳动争议仲裁委员会做出的仲裁裁决,以对被告兰某做出的工伤及伤残六级的认定为依据,裁决原告应承担被告兰某的伤残抚恤费。而原告未提供相关证据,证明对劳动行政部门的工伤认定和伤残等级认定曾提出异议。应视为原告对劳动行政部门对被告所做的工伤认定的认可,因此,原告请求撤销仲裁裁决的主张既没有证据支持,也不符合法律规定,不能采纳。

《福建省劳动安全卫生条例》第二十六条规定:企业尚未为劳动者投工伤保险的,在工伤事故中伤残的劳动者,治疗期间工资照发,所需医疗费用由企业支付;自定残之日起,企业应按下列规定以所在地(市)上年度劳动者平均工资为标准,一次性付给伤残者伤残抚恤费。由于原告赖某、马某未依法为被告兰某缴纳工伤保险,因此,当地人民法院驳回原告诉讼请求,并由原告一次性赔偿被告伤残抚恤费的判决是正确的。

解除劳动关系后的经济补偿金纠纷案

【案情介绍】

章×于2011年6月到某企业工作,双方签订了3年的劳动合同。2014年6月,劳动合同期满后,双方未续订劳动合同,但章×仍在该企业工作,该企业也按原劳动合同约定向其发放工资并承担各项福利待遇。2017年10月,某企业提出终止劳动关系,章×表示同意,但双方因经济补偿问题发生争议,向劳动争议仲裁委员会申请仲裁。仲裁结论为:双方的劳动关系属于终止而非解除,依据现行法律规定,不发生经济补偿问题。章×对仲裁结论不服,向人民法院提起诉讼。

【案件焦点】

原告章×诉称,在原劳动合同期满后,原、被告双方仍以合同约定条件继续履行义务,形成了事实劳动关系。双方经协商一致解除劳动关系的,被告应当给予经济补偿。被告某企业辩称,依据有关司法解释的规定,劳动合同期满后,劳动者仍在原用人单位工作,原用人单位未表示异议的,视为双方同意以原条件继续履行劳动合同。依据现行法律规定,双方劳动关系终止的,不发生经济补偿问题。因此争议焦点为劳动关系究竟是解除还是终止。

【分析与结论】

本案属于解除劳动关系后因经济补偿问题发生的争议。按照《劳动争议调解仲裁法》的规定,"追索劳动报酬、工伤医疗费、经济补偿或者赔偿金,不超过当地月最低工资标准十二个月金额的争议",仲裁裁决为终局裁决,裁决书自做出之日起发生法律效力。具体而言,劳动者对仲裁裁决不服的,可以向人民法院起诉,用人单位只有在有证据证明上述争议的仲裁裁决存在"适用法律、法规确有错误;劳动争议仲裁委员会无管辖权;违反法定程序;裁决所根据的证据是伪造的;对方当事人隐瞒了足以影响公正裁决的证据;仲裁员在仲裁该案时有索贿受贿、徇私舞弊、枉法裁决行为"等情形时,才可以向劳动争议仲裁委员会所在地的中级人民法院申请撤销裁决。也就是说,因追索经济补偿金而发生的劳动争议,诉讼标的金额只要不超过当地月最低工资标准12个月的金额,劳动争议仲裁委员会做出的裁决就是终局裁决,劳动者和用人单位享有的诉权是不平等的。

《劳动合同法》第四十六条规定:"有下列情形之一的,用人单位应当向劳动者支付经济补偿:(1)劳动者依照本法第三十八条规定解除劳动合同的;(2)用人单位依照本法第三十六条规定向劳动者提出解除劳动合同并与劳动者协商一致解除劳动合同的;(3)用人单位依照本法第四十条规定解除劳动合同的;(4)用人单位依照本法第四十一条第一款规定解除劳动合同的;

(5)除用人单位维持或者提高劳动合同约定条件续订劳动合同,劳动者不同意续订的情形外,依照本法第四十四条第一项规定终止固定期限劳动合同的;(6)依照本法第四十四条第四项、第五项规定终止劳动合同的;(7)法律、行政法规规定的其他情形。"根据上述法律规定,劳动合同不论是解除还是终止,都发生经济补偿问题。具体包括以下几种情况:

第一,用人单位未按照劳动合同约定提供劳动保护或者劳动条件的;未及时足额支付劳动报酬的;未依法为劳动者缴纳社会保险费的;用人单位的规章制度违反法律、法规的规定,损害劳动者权益的;用人单位以暴力、威胁或者非法限制人身自由的手段强迫劳动者劳动的,或者用人单位违章指挥、强令冒险作业危及劳动者人身安全的,用人单位以欺诈、胁迫的手段或者乘人之危,使对方在违背真实意思的情况下订立或者变更劳动合同的;用人单位免除自己的法定责任、排除劳动者权利的;劳动合同违反法律、行政法规强制性规定,致使劳动合同无效的,以及法律、行政法规规定劳动者可以解除劳动合同的其他情形下,劳动者解除劳动合同的,有权获得经济补偿。

第二,用人单位向劳动者提出解除劳动合同并与劳动者协商一致解除劳动合同的,劳动者有权获得经济补偿。

第三,劳动者患病或者非因工负伤,在规定的医疗期满后不能从事原工作,也不能从事由用人单位另行安排的工作的;劳动者不能胜任工作,经过培训或者调整工作岗位,仍不能胜任工作的;劳动合同订立时所依据的客观情况发生重大变化,致使劳动合同无法履行,经用人单位与劳动者协商,未能就变更劳动合同内容达成协议的,在上述情形下,用人单位解除劳动合同的,应当给予经济补偿。

第四,依照企业破产法规定进行重整的;生产经营发生严重困难的;企业转产、重大技术革新或者经营方式调整,经变更劳动合同后,仍需裁减人员的;其他因劳动合同订立时所依据的客观经济情况发生重大变化,致使劳动合同无法履行的,在上述情形下,用人单位解除劳动合同的,应当给予劳动者经济补偿。

第五,除用人单位维持或者提高劳动合同约定条件续订劳动合同,劳动者不同意续订的情形外,固定期限劳动合同期满终止的,劳动者有权获得经济补偿。

第六,用人单位被依法宣告破产的;用人单位被吊销营业执照、责令关闭、撤销或者用人单位决定提前解散的,因上述情形劳动合同终止的,劳动者有权获得经济补偿。

第七,在法律、行政法规规定的其他情形下,用人单位应当向劳动者支付经济补偿。

根据《劳动合同法》第四十七条的规定,按劳动者在本单位工作的年限,以每满一年支付一个月工资的标准向劳动者支付经济补偿。六个月以上不满一年的,按一年计算;不满六个月的,向劳动者支付半个月工资的经济补偿。劳动者月工资高于用人单位所在直辖市、设区的市级人民政府公布的本地区上年度职工月平均工资三倍的,向其支付经济补偿的标准为职工月平均工资三倍的数额,向其支付经济补偿的年限最高不超过十二年。所谓月工资,是指劳动者在劳动合同解除或者终止前十二个月的平均工资。

同时,《劳动合同法》第九十七条第三款规定:"本法施行之日存续的劳动合同在本法施行后解除或者终止,依照本法第四十六条规定应当支付经济补偿的,经济补偿年限自本法施行之日起计算;本法施行前按照当时有关规定,用人单位应当向劳动者支付经济补偿的,按照当时有关规定执行。"《劳动合同法》自 2008 年 1 月 1 日起施行。本案原、被告之间的劳动关系在《劳动合同法》施行前解除(终止),应当适用当时的有关规定。依据当时有关规定,只有在劳动合同的当事人违反或解除劳动合同的情况下,才发生经济补偿问题,如果劳动关系因故终止的,不存在经济补偿问题。如《劳动法》第二十八条规定:"用人单位依据本法第二十四条、第二十六条、第二十七条的规定解除劳动合同的,应当依照国家有关规定给予经济补偿。"因此,本案的当事人双方争议的焦点是劳动关系究竟是解除还是终止。

本案的当事人双方签订的劳动合同于2014年6月期满。原劳动合同期满后双方虽未续订劳动合同,但仍按原劳动合同的约定履行,从而形成事实上的劳动关系。事实劳动关系的形成主要表现为两种形式:用人单位和劳动者签订劳动合同和劳动合同期满后双方未续签,但劳动者仍留在原单位工作。最高人民法院在2001年出台的《关于审理劳动争议案件适用法律若干问题的解释》第十六条规定:"劳动合同期满后,劳动者仍在原用人单位工作,原用人单位未表示异议的,视为双方同意以原条件继续履行劳动合同。一方提出终止劳动关系的,人民法院应当支持。"在原劳动合同期满双方未续订劳动合同,但仍维持劳动关系的情况下,一方有权提出结束劳动关系,上述司法解释认定为劳动关系终止。根据《劳动合同法》施行前的规定,不发生经济补偿问题。这一司法解释的表述有欠妥当。

由于劳动合同签订的主动权往往在用人单位,我国大量存在的事实劳动关系与用人单位漠视劳动者权益、不愿与之签订或续订劳动合同有很大的关系,所以将事实劳动关系的结束定性为劳动关系的解除,不仅可以督促单位依法与劳动者订立劳动合同,更好地保护劳动者的基本权利,也可以防止单位任意解除劳动关系,消除隐藏的劳动争议隐患。从合同法的原理上讲,当事人订立合同,可以采用书面形式、口头形式和其他形式,法律、行政法规规定采取书面形式的,应当采用书面形式。事实劳动关系中的用人单位和劳动者之间虽然没有书面合同,但在实践中,双方都会就工作内容、报酬、劳动纪律等进行口头约定,只是未采取法定的合同形式。而且,合同法也规定,法律、行政法规规定采用书面形式订立合同,当事人未采用书面形式但一方已经履行主要义务,对方接受的,该合同成立。

可见,事实劳动关系也应属于劳动合同关系。而在劳动合同期满双方未续订合同、但仍继续履行原合同的情形下,就表明原合同已延续。在双方未约定劳动合同的期限或劳动合同终止的条件的情况下,从保护劳动者的原则出发,应将其视为无固定期限的劳动合同。对于无固定期限的劳动合同,一方提出或者双方协商终止劳动关系的,都是解除劳动合同的行为,用人单位依法应当给付劳动者一定的经济补偿金。另外,从本案实际出发,原劳动合同于2014年6月期满,原告仍在被告处工作,被告未表示异议,应视为双方同意以原条件继续履行劳动合同。被告作为用人单位在此后要求终止合同的,应在合同期限届满后的合理期限内提出。劳动合同期限届满后,被告仍长期与原告保持劳动关系,却没有与之订立劳动合同,责任在被告。被告在劳动合同期满后3年多提出终止劳动关系,已经超出了终止双方劳动关系的合理期限,该行为视为解除与原告之间的劳动合同关系,应对原告进行补偿。

原《违反和解除劳动合同的经济补偿办法》第五条规定:"经劳动合同当事人协商一致,由用人单位解除劳动合同的,用人单位应根据劳动者在本单位工作年限,每满一年发给相当于一个月工资的经济补偿金,最多不超过十二个月。工作时间不满一年的按一年的标准发给经济补偿金。"第十一条第一款规定:"本办法中经济补偿金的工资计算标准是指企业正常生产情况下劳动者解除合同前十二个月的月平均工资。"原告于2011年6月到被告处工作,至2017年10月解除劳动关系,时间达6年零4个月,按照上述规定,原告应当获得相当于解除合同前12个月的月平均工资7倍的经济补偿。

法院能否强制执行买断工龄款

【案情介绍】

2007年11月,李某向宋某借款10万元做木材生意,后因亏本,未按期归还宋某借款,宋某为此向法院提起诉讼,法院依法判决李某归还宋某10万元借款本金及利息。判决生效后,因李某无财产可供执行,案件一直未能得以执结。直至2008年9月,李某所在国企因改制施行买断工龄政策,李某单位应支付给李某买断工龄款2万元。宋某得知这一情况后,要求法院到李某单位协助提取李某买断工龄款2万元。

【案情分析】

对于本案李某买断工龄款2万元能否强制执行,存在两种不同意见。

第一种意见认为,"买断工龄"是改革开放初期我国一些国有企业在改革过程中安置富余人员的一种办法,即参照员工在企业的工作年限、工资水平、工作岗位等条件,结合企业的实际情况,经企业与员工双方协商,报有关部门批准,由企业一次性支付给员工一定数额的货币,从而解除企业和富余员工之间的劳动关系,把员工推向社会的一种形式。因此,买断工龄款是企业支付给员工"买断工龄"的工资,应该视为企业解除与员工之间的劳动关系后企业支付给员工的经济补偿金。本案李某买断工龄款属李某的个人财产,与破产安置补偿费等属相同性质,与工资等具有相似之处,因此,在保留被执行人的生活所需的基础上,依法可以强制执行。

第二种意见认为,李某买断工龄款具有特定的人身性质,是李某今后的生活、医疗、养老和再就业的保障所必需的费用,因此法院不能对该款强制执行。

笔者赞同第二种意见,理由如下:

1. 买断工龄是指对尚未到退休年龄的职工,用工单位以对该职工今后的生活一次性给付一笔钱的办法,使该职工提前退休,致使以后该职工的任何事情均与单位无关的一种行为。对于买断工龄款的性质,目前通说认为是企业在与职工协议解除劳动合同时基于职工对企业多年的贡献而自行确定的给予一定数额的补偿金。其功能一方面是保障职工失业后一段时期内的生活,为其今后再就业提供一定的资助和保障,另一方面也是对其过去工作贡献的一种劳动补偿,是一种变相的工资补偿或劳动报酬补偿。该买断工龄款类似于养老保险金,是对职工失去工作后能在一定时期内得以继续谋生、再就业、减少生存风险的一种经济扶助,如果允许强制执行,势必违背国企改制的初衷。

2. 买断工龄款是为被买断职工今后生活提供的资助和保障,带有较强的人身依附性,以这种形式所得的财产,在本质上与平时的工资、奖金等普通劳动所得有明显的区别,它是企业对职工下岗后的生活费补偿,主要是对特定人今后事业、养老、就医等方面的救济、补偿性质,是为了保障其基本生存需要的费用,具有一定的人身专属性,法院强制执行违背法律的原则性。

3. 本案2万元买断工龄款尽管属李某的个人财产,但之前法院已经查明李某无财产支付能力,加之李某失业,尚需一定的基本生活费用,从这一角度出发,无论站在道义还是法律的公正线上,法院依法均不宜强制执行该款。

【案件结果】

笔者认为,李某买断工龄款具有特定的人身性质,是李某今后的生活、医疗、养老和再就业的保障所必需的费用,因此法院不能对该款强制执行。

行政法编

　　法学是一门实用性很强的社会科学，法学教育应当紧密联系立法与司法实践，以培养学生分析和解决实际问题的能力。为实现这一目标，传统的法学教学方法、教学内容必须进行改革。目前，各高等法律院校广泛采用的案例教学法，就是众多法学教育改革措施中最为重要的一项。党的二十大报告强调完善社会治理体系，健全共建共治共享的社会治理制度，提升社会治理效能。以习近平法治思想为引领，将党的二十大会议精神贯穿在课程始终。案例教学法的实施，促进了法学教学水平的提高，增强了学生的实践能力，是值得推广和倡导的一种教学方法。本编以行政法学的基本理论为线索，就每个具体理论问题设案情介绍、案件焦点、分析与结论三个部分，这一体例可以充分地体现实践、法律、理论的有机结合；力求以简洁的语言阐述问题，解析实例，说明法理，使学生能够一目了然；特别强调现行法的规定，并通过实例的解析帮助学生理解法律的规定，以增强学生掌握和运用法律的能力；给学生以充分的思考空间，启发学生运用理论与法律分析和解决实践问题。

村民对县公安局治安处罚不服申请行政复议案

【案情介绍】

张×和刘×是安平县某村村民,两人的耕地相邻。2010年,刘×在与张×相邻的土地上栽了一排杨树。张×认为刘×将树苗栽种在其耕地内,故向刘×主张土地使用权利,但刘×不予认可。2010年5月7日,张×将刘×栽种的杨树全部拔掉。当日,刘×向当地派出所报案。在调解不成的情况下,5月27日,安平县公安局根据《治安管理处罚法》的规定,对张×裁决行政拘留5日。张×不服,申请复议,复议机关做出维持的复议决定,张×仍不服,向法院提起了行政诉讼。刘×作为第三人参加了诉讼。法院经审理认为,原告张×的行为是故意损坏他人财物的违法行为,但情节较轻,社会危害性较小。故被告对原告处以行政拘留5日的处罚与其社会危害程度相比,处罚畸重,属于行政处罚显失公正。依照《行政诉讼法》第五十四条第四项之规定,判决:变更被告安平县公安局对原告张×做出的公安行政处罚决定,改拘留5日为罚款50元。

根据上述情况,分析以下问题

1. 刘×可否参加行政复议?他享有什么权利?
2. 对张×的行政拘留处罚,在申请复议期间可否暂停执行?
3. 若原告撤回复议后又向法院起诉的,法院是否可以受理?
4. 若当地派出所对争议的双方当事人进行了调解,并达成了调解协议,一方当事人事后反悔,其是否可以对该调解协议提起行政诉讼?
5. 若原告撤回起诉后以同一事实或理由再次起诉的,法院是否受理?
6. 法院直接变更行政处罚是否合法?

【案件焦点】

复议与诉讼的联系、撤诉的效力、行政复议第三人

【分析与结论】

1. 行政复议中存在第三人制度。《行政复议法》第十条第三款规定:"同申请行政复议的具体行政行为有利害关系的其他公民、法人或者其他组织,可以作为第三人参加行政复议。"第三人参加复议既有利于保护自己的合法权益,又有利于案件的处理。关于行政复议中第三人的权利,首先,《行政复议法》第十条规定:"申请人、第三人可以委托代理人代为参加行政复议。"第二十三条第二款规定:"申请人、第三人可以查阅被申请人提出的书面答复、做出具体行

政行为的证据、依据和其他有关材料,除涉及国家秘密、商业秘密或者个人隐私外,行政复议机关不得拒绝。"因此,第三人有权委托代理人、有权查阅相关材料。其次,最高人民法院关于《行政诉讼法》的司法解释规定:"有下列情形之一的,公民、法人或者其他组织可以依法提起行政诉讼:……(二)与被诉的行政复议决定有法律上的利害关系或者复议程序中被追加为第三人的。"因此,行政复议中的第三人有权提起诉讼。最后,在行政复议中,第三人具有独立的复议地位,相对于申请人,第三人除了没有提起复议的权利外,其他的复议权利都享有。本案中刘×可以以第三人身份参加行政复议,因其与案件有利害关系。刘×可以委托代理人代为参加行政复议、可以查阅被申请人安平县公安局提出的书面答复、做出具体行政行为的证据、依据和其他有关材料,对复议结果不服,还可以提起行政诉讼。

2. 可以暂停执行。在张×提出暂停执行的申请经公安机关同意后,张×提供担保,办理了暂缓执行的手续后,原行政拘留可以暂停执行。

原则上,行政复议期间原具体行政行为不停止执行。但是任何法律规则都有可能存在例外,为了防止执行具体行政行为可能造成无可挽回的损害,《行政复议法》第二十一条规定:在下列四种情况下可以暂停执行:(1)被申请人认为需要停止执行的;(2)行政复议机关认为需要停止执行的;(3)申请人申请停止执行,行政复议机关认为其要求合理,决定停止执行;(4)法律规定停止执行。《治安管理处罚法》第一百零七条规定:"被处罚人不服行政拘留处罚决定,申请行政复议、提起行政诉讼的,可以向公安机关提出暂缓执行行政拘留的申请。公安机关认为暂缓执行行政拘留不致发生社会危险的,由被处罚人或者其近亲属提出符合本法第一百零八条规定条件的担保人,或者按每日行政拘留二百元的标准缴纳保证金,行政拘留的处罚决定暂缓执行。"也就是说,只要受处罚人提出申请,经公安机关同意,受处罚人提供了担保人或缴纳一定的保证金,就可以暂不执行拘留。

3. 若原告在撤回复议后,还没有超过起诉的法定期限的,仍可以向法院起诉,法院应该受理。最高人民法院关于《行政诉讼法》的司法解释规定:"法律、法规未规定行政复议为提起行政诉讼必经程序,公民、法人或者其他组织向复议机关申请行政复议后,又经复议机关同意撤回复议申请,在法定起诉期限内对原具体行政行为提起诉讼的,人民法院应当依法受理。"此条包含了三层含义:(1)行政复议不是行政诉讼的必经程序。行政复议和行政诉讼在程序上的衔接可分为以下几种情况:一是选择型,即由公民、法人或其他组织在行政复议与行政诉讼之间自由选择,在选择了行政复议后如对复议决定不服,仍可提起行政诉讼,大多数案件基本属于这种类型;二是选择兼终局型,即由公民、法人或其他组织自由选择行政复议或行政诉讼,但选择了行政复议后即不得再提起诉讼;三是必经型,即行政复议是行政诉讼的必经程序,如《行政复议法》规定的认为自然资源相关权利受到侵害的案件,《税收征收管理法》规定的纳税争议案件等。(2)向复议机关申请行政复议后,又经其同意撤回了复议申请。(3)在法定期限内提起行政诉讼。此处的法定期限是行政诉讼法规定的相对人直接向人民法院提起诉讼的期限,相对人提出复议又撤回复议申请的期间不予排除。

本案中,被诉具体行政行为是行政处罚行为,不属于复议前置的案件,所以,在原告撤回复议申请后,起诉时没有超过法定起诉期限的,法院应当受理。

4. 当事人不能对该调解协议向法院提起行政诉讼,因为行政调解不具有强制效力,不属于行政诉讼的受案范围。

最高人民法院关于《行政诉讼法》的司法解释规定:"公民、法人或者其他组织对下列行为不服提起诉讼的,不属于人民法院行政诉讼的受案范围……(三)调解行为以及法律规定的仲裁行为……"所谓行政调解行为,是指在国家行政机关的主持下,以争议双方自愿为原则,通过行政机关的调解,促使当事人达成协议,从而解决争议的活动。行政调解有两大特点:一是行政机关没有行使行政权以强迫双方或一方接受特定内容的协议,其地位类似于普通第三人;二是协议内容是双方自愿,结果也不具有强制执行力,如果一方或双方反悔,任何一方都可以将争议提交法院,作为普通民事案件处理,而不能提起行政诉讼。

5. 不予受理。法院准许原告撤诉后,原告在没有新的理由的情况下,又以同一事实和理由重新起诉的,人民法院不予受理。但若原告以不同事实或理由重新起诉的,人民法院应当受理。最高人民法院关于《行政诉讼法》的司法解释规定:"人民法院裁定准许原告撤诉后,原告以同一事实和理由重新起诉的,人民法院不予受理。"注意这点与民事诉讼的规定截然不同,在民事诉讼中,原告撤诉后又重新起诉的,法院应当受理,但在行政诉讼中却并非如此。本规定主要是出于节约行政资源的目的。

但必须注意的是,法院不予受理的前提是原告以同一事实和理由提起诉讼,若原告以不同事实或理由重新起诉的,人民法院应当受理。

补充一点,如果原告或者上诉人是因未按规定预交案件受理费而按撤诉处理的,原告或者上诉人在法定期限内再次起诉或者上诉,并依法解决诉讼费预交问题的,人民法院应予受理。如果准予撤诉的裁定确有错误,原告申请再审的,人民法院应当通过审判监督程序撤销原准予撤诉的裁定,重新对案件进行审理。

6. 合法。这是法院的变更判决。依照法律的规定,行政处罚显失公正的,人民法院可以直接判决变更。

《行政诉讼法》第五十四条第四项规定:"人民法院经过审理,根据不同情况,分别做出以下判决:……(四)行政处罚显失公正的,可以判决变更。"最高人民法院关于《行政诉讼法》的司法解释规定:"人民法院审理行政案件不得加重对原告的处罚,但利害关系人同为原告的除外。人民法院审理行政案件不得对行政机关未予处罚的人直接给予行政处罚。"变更判决是人民法院行使司法变更权的具体表现,它直接确定了当事人的权利与义务,但从国家职能分工来看,审判机关与行政机关应当相互尊重各自的权力,如果过多地赋予法院变更权,则会造成司法对行政的干涉。所以变更判决适用的条件比较苛刻:一是只能适用于行政处罚行为,对于其他的具体行政行为,人民法院无权变更;二是只适用于显失公平的行政处罚行为,并非对所有的行政处罚都可以判决变更。此外,人民法院不得加重对原告的处罚,但利害关系人同为原告的除外;人民法院也不得对行政机关未处罚的人给予处罚。

大学教授对公安机关行政不作为申请复议寻求保护案

【案情介绍】

2009年10月15日、10月22日,×大学退休教师刘老师向其住所所在地的江河公安分局胜利派出所、市公安局二处举报,称其居住的集体宿舍内有不明身份的住宿人员,走廊内集中易燃、易爆物品,个别房间有人吸烟和使用液化气明火做饭,存在治安、消防等安全隐患。接到举报后,市公安局二处、江河公安分局胜利派出所会同×大学李家坡校区保卫办,在第二天对该楼进行检查,发现楼内外来租住人员多数未办理暂住证,管理混乱;租住人员在砖木结构的楼内使用煤气炉、电茶炉,火灾隐患突出。但未发现所反映的卖淫嫖娼现象。于是,市公安局二处向×大学李家坡校区发出整改通知书,督促李家坡校区保卫办对存在的问题在15日内进行整改,派出所也提出要求,让保卫办及时组织外来务工人员办理暂住证。此后,二处、派出所和保卫办又多次对该楼进行检查,收缴了一些违规电器等。刘老师却认为并非如此,又分别于10月26日、2010年1月7日向市公安局提出《安全保护申请书》《治安拘留裁决申请书》,要求追究有关人员的责任。公安机关认为其要求无理,拒绝支持其请求。

2010年1月28日,刘老师以市公安局对其提出的《行政处罚裁决申请书》《安全保护申请书》《治安拘留裁决申请书》未予处理为由,以市公安局为被申请人,以×大学及李家坡校区房产办主任为第三人,向省公安厅提出行政复议申请。

【案件焦点】

本案中的当事人认为行政机关不履行法定职责,是否可以提起行政复议?

【分析与结论】

根据《中华人民共和国行政复议法》的规定,申请人在日常生活中对行政机关的管理活动持有异议,在向行政机关提出要求、未能满足预期愿望的情况下,便以该机关为被申请人,向其上一级机关申请复议。接受行政复议申请的行政机关依照法律规定对其申请进行审查并做出复议决定,履行了复议职责,既维护了申请人通过复议行使的民主权利,也对下级行政机关的管理活动进行了监督。

一、关于申请人所享有的复议申请权利问题

按照我国宪法的规定,一切权利属于人民。基于这一基本原则,每个公民、法人或者社会组织依照法律享有人身权利、民主权利。行政复议申请权是民主权利的具体组成部分,依照《行政复议法》第二条规定,其具体表现为公民、法人等在接受行政管理的同时,有权对自己认为的管理机关违反法律的行政行为,向其上一级机关提出异议,上一级机关应当对所提出的请求进行审查、复核,做出明确的结论,以利于加强行政机关的领导和监督,保证行政工作的正确、高效。应当特别强调的是,这种监督和领导的活动是由管理相对人即人民群众启动的。因此广大群众正确理解和行使这个权利就成为行政复议法律制度的发展与完善的重要因素。在本案中,刘老师对本地区治安秩序及行政管理中存在的问题,能够依照法律规定的方式提出,把与行政机关的不同意见纳入法律的范围加以解决,究其本质也是人民群众当家做主的一种具体体现。

二、关于行政复议决定的内容

《行政复议法》第二十八条对行政复议审查的结果做了规定,这也是行政复议机关所必须履行的义务。在我们国家,行政机关行使权力往往是突出的,而其义务则不易引人注目,这也是官本位的意识的一种体现。行政诉讼和行政复议制度在这个方面做了质的突破,规定行政复议机关对行政复议申请必须进行审查,做出决定,使人民群众以个体的身份对行政活动进行监督,以一种全新的方式来实现当家做主的权利。在本案中刘老师虽然是对行政机关实施行政管理的状况提出不同意见,进而行使复议申请权,但行政机关并未草率处理,而是严格按规定办理,进行审查后做出复议决定,既对下级行政机关的工作进行了检查与复核,也保证了公民依法行使民主权利。

省公安厅依法受理了刘老师的申请,按照行政复议法的规定进行了审查,于2010年4月2日做出了行政复议决定书。省公安厅经审查认为:市公安局在接到申请人的举报后,对申请人反映的情况及时进行了检查和督促整改,但目前申请人居住的行政楼内仍然存在消防、治安安全隐患,对此市公安局应继续督促×大学李家坡校区落实整改措施。申请人提出的其他要求,包括对第三人的处理要求,不属于行政复议审理的范围。遂根据《行政复议法》第二十八条第一款第二项规定做出复议决定:责令被申请人市公安局继续督促×大学对李家坡校区××楼的安全隐患进行整改。

按照我国宪法的规定,一切权利属于人民。基于这一基本原则,每个公民、法人或者社会组织依照法律享有人身权利、民主权利。行政复议申请权是民主权利的具体组成部分。

《行政复议法》第二十八条规定:行政复议机关负责法制工作的机构应当对被申请人做出的具体行政行为进行审查,提出意见,经行政复议机关的负责人同意或者集体讨论通过后,按照下列规定做出行政复议决定:

1. 具体行政行为认定事实清楚,证据确凿,适用依据正确,程序合法,内容适当的,决定维持;

2. 被申请人不履行法定职责的,决定其在一定期限内履行;

3. 具体行政行为有下列情形之一的,决定撤销、变更或者确认该具体行政行为违法;决定撤销或者确认该具体行政行为违法的,可以责令被申请人在一定期限内重新做出具体行政行为:

(1)主要事实不清、证据不足的;

(2)适用依据错误的;

(3)违反法定程序的;

(4)超越或者滥用职权的；

(5)具体行政行为明显不当的。

4. 被申请人不按照本法第二十三条的规定提出书面答复、提交当初做出具体行政行为的证据、依据和其他有关材料的,视为该具体行政行为没有证据、依据,决定撤销该具体行政行为。

行政复议机关责令被申请人重新做出具体行政行为的,被申请人不得以同一的事实和理由做出与原具体行政行为相同或者基本相同的具体行政行为。

当事人诉行政机关决定其提前退休案

【案情介绍】

谢×(生于1949年12月31日)原系工人,后取得小学一级教师专业技术职务任职资格、教师聘任职务资格和教师资格。1996年9月1日,她与××省××县教委签订了为期8年的劳动合同。1999年12月20日,××县人事、劳动和社会保障局(下称人劳局)以其内人劳险(1999)17号文件(关于谢×退休的通知)决定谢×退休,自2000年1月按退休对待。2000年2月,谢×以自己是教师、应于年满55周岁时退休为由向××县劳动争议仲裁委员会申诉,要求县教委恢复其工作,继续履行劳动合同。仲裁委认为,县教委停止谢×工作是执行退休批准机构(人劳局)的决定,谢×的申诉不符合劳动争议案件受理条件,于2002年3月20日做出仲裁裁决,不支持谢×的请求。为此,谢×于2002年4月13日向××县人民法院提起行政诉讼,请求撤销人劳局批准其退休的决定。

【案件焦点】

县人事、劳动和社会保障局的行为是否得到授权?

【分析与结论】

本案中人劳局审批谢×退休所存在的问题如下:

一、人劳局批准谢×退休违反法定程序

违反法定程序是指行政主体实施具体行政行为时,违反法律法规规定的方式、形式、手续、步骤、时限等行政程序。本案中,人劳局在一审答辩和二审上诉中均称:审批退休没有法定的程序,××县审批退休的程序为先由用人单位申报到主管局委,主管局委签署同意后报人劳局,人劳局审查属实后以文件形式通知主管局委办理退休手续。但本案中,人劳局审批谢×退休时并未接到谢×所属单位申报和主管局委签署同意的相关材料,属于没有进行法律、法规及规章规定的必须进行的步骤的情形。在做出谢×退休的决定后,没有将决定内容告知谢×,亦未向她送达书面材料及告知其应享有的权利,因而属于违反法定程序。

二、人劳局批准谢×退休属于滥用职权

行政主体做出的具体行政行为虽然在其自由裁量权限范围内,但违反了法律、法规的目的和原则,并且不合理,称之为滥用职权。构成滥用职权的具体行政行为必须同时具备三个要

件：(1)主体做出的具体行政行为超出其法定的权限范围；(2)具体行政行为违背或者偏离了法律、法规的目的、原则；(3)具体行政行为必须是不合理的。这里所谓的"不合理"是指对所处理的问题具有一般知识的人都认为行政主体在不正当地行使职权。本案中，在法律、法规及政策对工人身份女教师应于何时退休未做出明确规定的情况下，就决定谢×在年满50周岁时退休，违反了行政法上关于"有授权则有行政，无授权则无行政"的基本原理，即超出其法定的权限，违背了法律、法规的目的和原则。同时，谢×列举经人劳局认可的数名工人身份女教师均于年满55周岁时退休，说明人劳局在审批此类人员退休问题上存在执行标准不统一现象，属于不合理。

滥用职权的主要表现形式有三种：一是主观动机不良，二是未考虑应当考虑的因素，三是考虑了不应当考虑的因素。其中关于未考虑应当考虑的因素是指行政主体在做出具体行政行为时，没有把法律、法规规定应当考虑的因素或者按照常理应当考虑的因素作为依据，任意做出不合理的具体行政行为。本案中，谢×虽为工人，但其经过市(地)级以上政府人事部门批准而取得作为教师应当具备的全部资格，不同于普通工人，人劳局仅以谢×年满50周岁为由就决定她退休，是将谢×按普通工人对待，属于未考虑应当考虑的因素的情形。因此，人劳局批准谢×退休具备了构成滥用职权的全部要件，构成滥用职权。

三、人劳局批准谢×退休的主要证据不足

主要证据不足是指行政机关向人民法院提交的证据不能证实其所做出的被诉具体行政行为所认定的有关定性和处理结果的基本事实。具体行政行为主要证据不足的主要表现形式有：(1)行政行为认定的事实不清。(2)行政行为认定的被处理行为或事实，没有足够的证据证实，或被告举不出证据。(3)行政行为认定的责任主体错误或证据不足。(4)将行为人的身份认定错误。

本案中，人劳局认为谢×未经市(地)级以上政府人事部门批准为聘任制干部，是以工代教，是工人。根据文义解释法，以工代教是指没有取得教师资格、专业技术职务任职资格和教师聘任职务资格的工人从事教师工作。谢×拥有教师应当具备的全部资格和证件，被聘任为教师，是名副其实的教师，而不属于以工代教。另外，谢×虽然没有经过市(地)级以上政府人事部门批准为聘任制干部，但使其成为教师的资格和证件均来自市(地)级以上政府人事部门。显然，谢×在被人劳局审批退休前的身份是教师，而不是以工代教，故人劳局审批谢退休时对其身份性质认定错误。

××县人民法院审查认为，人劳局所做内人劳险(1999)17号文件虽然产生了对谢×实体权利、义务的影响，但该行为仅为"通知"，具有人事劳动政策指导性质，不属人民法院应当依法受理的案件，故裁定驳回谢×对被告××县人劳局的起诉。行政裁定生效后，谢×以裁定错误为由向法院申诉，××县人民法院于2004年7月10日裁定对本案进行再审。

××县人民法院再审认为，被申请人审批申请人谢×退休是一种具体行政行为，原审认定事实不清，应予撤销。被申请人审批谢×退休的程序不当，应予撤销。判决：(1)撤销(2002)内法行裁字第24号行政裁定；(2)撤销被申请人批准谢×退休的决定。

人劳局不服上述判决，向南阳市中级人民法院提起上诉。

南阳市中院认为：(1)被聘任教师职务(教师实行职务聘任制)就是以教师身份从事教师职业，而非以工人身份从事教师职业的以工代教。上诉人作为行政机关，在一审和二审中并未提

供由工人身份转变为教师身份,须由市(地)级以上政府人事部门批准为聘任制干部的相关法律、法规、规章和政策等相关文件依据。相反,小学一级教师职称也是市(地)级以上政府人事部门审批的。故上诉人称谢×未经市(地)级以上政府人事部门批准为聘任制干部,是以工代教,仍然是工人的理由不能成立。(2)上诉人上诉称其审批程序正当的理由亦不能成立。上诉人在一审答辩及二审上诉中均称:没有法定的审批退休的程序,××县审批退休的正常程序为先由用人单位申报到主管局委,主管局委签署同意后报县劳动局,劳动局审查属实后以文件形式通知主管局委办理退休手续。然而,上诉人并未举出其审批谢×退休前谢×所在单位的申报及主管局委签署同意意见。故上诉人的具体行政行为事实不清,证据不足,适用法律法规不当,一审判决撤销被诉具体行政行为是适当的。南阳中院依据《中华人民共和国行政诉讼法》第六十一条第一项之规定做出如下判决:维持一审再审判决,驳回上诉。

谢某诉重庆市食品药品监督管理局
C区分局行政处罚纠纷案

【案情介绍】

谢某是经营处方药、非处方药(化学药制剂、抗生素、生化药品、中成药、中药材等)零售的个体工商户。2007年4月12日,重庆市食品药品监督管理局C区分局(以下简称C区分局)接到群众举报,称谢某无医疗器械经营企业许可证经营医疗器械。同年4月13日,C区分局对谢某经营的重庆市珍阁连锁大药房永川邦秀加盟店进行检查,发现谢某库存有大量的三类医疗器械,C区分局当即对其库存的三类医疗器械进行了清理,向谢某出具了物品清单,并向其送达了先行保存物品通知书。2007年7月10日,C区分局做出了行政处罚事先告知书,并邮寄送达了谢某,7月13日,谢某进行了陈述申辩。同年10月29日,C区分局做出处罚决定书,决定没收谢某违法经营的医疗器械,罚款10 000元,并进行了送达。谢某对处罚决定书不服,于2007年11月9日向重庆市食品药品监督管理局申请了行政复议,复议机关做出了维持的复议决定书。谢某收到后不服,于2008年1月5日向重庆市C区人民法院提起了行政诉讼,请求撤销处罚决定书。法院经审理后认为,原告购进大量的三类医疗器械,并存放于仓库中,因为原告无法提供证据证明器械是用于其他用途,所以应被认定为经营三类医疗器械的行为。这种无医疗器械经营企业许可证经营医疗器械的行为,违反了《医疗器械监督管理条例》的有关规定,被告依照此条例对原告进行处罚符合法规规定。故法院做出了维持被告处罚决定的判决。原告上诉后,二审法院维持了一审判决。二审判决生效后,谢某仍然不缴纳罚款,某区分局申请法院强制执行。

根据上述情况,分析以下问题:

1. C区分局在对原告药房进行检查并对违法医疗器械进行先行保存时,要遵循什么程序?
2. C区分局在做出罚款决定后,在何种情形下,可以申请法院强制执行其具体行政行为?
3. 在符合上述第2题答案的情形下,C区分局应向哪个法院提出强制执行其具体行政行为的申请?法院受理申请后,应按什么程序处理?
4. 本案中,谢某提起了行政诉讼,若在诉讼过程中,C区分局申请法院执行其具体行政行为,法院应如何处理?
5. 在一审举证期限届满后,被告可否提出补充证据申请?请说明理由。
6. 若谢某在提起上诉后,未按规定的期限预交案件受理费,法院应如何处理?

【案件焦点】

非诉行政案件的执行、具体行政行为停止执行、新的证据

【分析与结论】

1.《行政处罚法》第三十七条规定:"行政机关在调查或者检查时,执法人员不得少于两人,并应当向当事人或者有关人员出示证件。当事人或者有关人员应当如实回答询问,并协助调查或者检查,不得阻挠。询问或者检查应当制作笔录……在证据可能灭失或者以后难以取得的情况下,经行政机关负责人批准,可以先行登记保存,并应当在七日内及时做出处理决定……"行政机关在执法过程中必须依法行使职权,不仅仅是依照实体法,更重要的是程序法,行政程序法能有效防止行政机关滥用职权。

2.《行政强制法》第五十三条规定:"当事人在法定期限内不申请行政复议或者提起行政诉讼,又不履行行政决定的,没有行政强制执行权的行政机关可以自期限届满之日起三个月内,依照本章规定申请人民法院强制执行。"第五十四条规定:"行政机关申请人民法院强制执行前,应当催告当事人履行义务。催告书送达十日后当事人仍未履行义务的,行政机关可以向所在地有管辖权的人民法院申请强制执行;执行对象是不动产的,向不动产所在地有管辖权的人民法院申请强制执行。"

本案中,谢某在法定期限内不申请行政复议或者提起行政诉讼,又不履行行政裁定的,C区分局可以自期限届满之日起3个月内,申请人民法院强制执行。申请人民法院强制执行前,应当催告当事人履行义务。

3. 最高人民法院关于《行政诉讼法》的司法解释规定:"行政机关申请人民法院强制执行其具体行政行为,由申请人所在地的基层人民法院受理;执行对象是不动产的,由不动产所在地的基层人民法院受理。"本案中,执行对象是一定金额的罚款,并非不动产,所以应由申请人C区分局所在地的基层人民法院即C区人民法院执行。

《行政强制法》第五十六条第一款规定:"人民法院接到行政机关强制执行的申请,应当在五日内受理。"第五十八条第二款规定:"人民法院应当自受理之日起三十日内做出是否执行的裁定。裁定不予执行的,应当说明理由,并在五日内将不予执行的裁定送达行政机关。"最高人民法院关于《行政诉讼法》的司法解释规定:"人民法院受理行政机关申请执行其具体行政行为的案件后,应当在30日内由行政审判庭组成合议庭对具体行政行为的合法性进行审查,并就是否准予强制执行做出裁定;需要采取强制执行措施的,由本院负责强制执行非诉行政行为的机构执行。"

本案中,人民法院接到C区分局强制执行的申请,应当在5日内受理,受理后,应由行政审判庭组成合议庭对C区分局的行政处罚行为的合法性进行审查,在30日内做出是否执行的裁定。裁定不予执行的,应当说明理由,并在5日内将不予执行的裁定送达行政机关。需要采取强制执行措施的,由该法院负责强制执行非诉行政行为的机构执行。

4. 最高人民法院关于《行政诉讼法》的司法解释规定:"在诉讼过程中,被告或者具体行政行为确定的权利人申请人民法院强制执行被诉具体行政行为,人民法院不予执行,但不及时执行可能给国家利益、公共利益或者他人合法权益造成不可弥补的损失的,人民法院可以先予执行。后者申请强制执行的,应当提供相应的财产担保。"由此可知,原则上,在诉讼中法院不会

受理行政机关的执行申请,但在实践中,时常会出现行政相对人转移、隐匿财产逃避执行的情况,这时如果不采取相应措施,就有可能出现生效判决无法得到执行的情况,会给国家利益、公共利益等造成不可弥补的损失。在这个基础上,先予执行制度就应运而生了。

5. 根据司法解释的规定,被告对其做出的具体行政行为承担举证责任,被告在收到起诉状副本之日起10日内提交答辩状时要提供做出具体行政行为时的证据、依据;被告不提供或者无正当理由逾期提供的,应当认定该具体行为没有证据、依据。但是,法律规定也会有些例外,法院在以下情况下可以允许被告在诉讼中补充证据:(1)被告在做出具体行政行为时已经收集证据,但因不可抗力等正当事由不能提供的,这时被告可以提出补充证据。(2)原告或者第三人在诉讼过程中,提出了其在被告实施行政行为过程中没有提出的反驳理由或者证据的,被告可以提出补充证据。所以,C区分局在满足上述的两种情形之一时,可以补充证据。

6. 最高人民法院关于《行政诉讼法》的司法解释规定:"原告或者上诉人未按规定的期限预交案件受理费,又不提出缓交、减交、免交申请,或者提出申请未获批准的,按自动撤诉处理。在按撤诉处理后,原告或者上诉人在法定期限内再次起诉或者上诉,并依法解决诉讼费预交问题的,人民法院应予受理。"为防止滥诉,当事人需要预交案件受理费。如果当事人起诉或上诉了,但却没有按规定期限缴纳案件受理费,也没有提出缓交、减交、免交申请或申请未获批准的,法院按自动撤诉处理。这是视为申请撤诉的情形,是指原告或上诉人并未明确表示自动放弃诉讼,人民法院根据原告拒绝履行法定诉讼义务的行为,推定其自愿申请撤诉,并裁定准许撤诉,从而终结诉讼。视为申请撤诉包括两种情形:(1)原告或者上诉人经合法传唤,无正当理由拒不到庭或者未经法庭许可中途退庭;(2)原告或上诉人未按规定的期限预交案件受理费,又不提出缓交、减交、免交申请或申请未获批准的。但如果谢某虽然没有按规定的期限预交案件受理费,却提出了缓交、减交、免交申请,且人民法院批准的,法院就不能按撤诉处理,应依法受理。

当事人诉离婚登记机关侵权案

【案情介绍】

原告:林某,女,汉族,农民,住××县×镇×街委会。

被告:福建省××县×镇人民政府。

法定代表人:简某,镇长。

第三人:卢某,男,汉族,农民,住××县×镇×街委会日新三组,系本案原告林某之夫。

原告林某与第三人卢某于1989年8月登记结婚,领取了×镇结字第121号结婚证。2004年8月7日,原告林某和第三人卢某持户口证明、居民身份证、×街委会出具的介绍信、离婚协议、结婚证向×镇人民政府提出离婚登记申请。婚姻登记员在《离婚登记申请书》上填写了部分内容(离婚原因、子女安排、财产处理、其他协议以及有关单位调解意见等栏内未填写),并在双方申请人签字及领证人签字栏里写上了卢某、林某的姓名,卢、林二人分别在上述两栏内各自的姓名下按上了指印。由于当时原告和第三人双方都未带照片,无法领取必须贴有照片并加盖婚姻登记专用章方为有效的离婚证。当天下午,第三人卢某独自带上自己及原告中学时的照片到镇政府办公室,由婚姻登记员贴上二人的照片并加盖×婚姻登记专用钢印后,将卢、林二人的永坎字第03号离婚证两本发给卢某。事后,卢某即到×水泥厂工作,没有将林某的离婚证交给其本人。第三天,原告林某向×镇人民政府提出反悔。数日后,第三人卢某在婚姻登记员的要求下,将应由林某持有的离婚证交回×镇政府,但林某表示不领取离婚证,并向××县人民政府申请复议。2004年11月21日××县人民政府书面复函林某其申请不属复议范畴。同月25日,林某向××县人民法院提起行政诉讼,诉请撤销×镇人民政府于2004年8月7日发出的永坎字第03号离婚证。12月2日,××县人民法院对林某的起诉书面裁定不予受理。林某不服,提起上诉。龙岩地区中级人民法院于同月27日裁定撤销原审裁定,由原审法院立案受理。××县法院受理后,将卢某列为第三人,通知其参加诉讼。

原告诉称:×镇民政办违反法定程序,在原告不在场的情况下由第三人卢某单独交照片发给离婚证的行为,违反了《婚姻登记管理条例》第二十五条的规定,请求法院将该离婚证予以撤销。

被告辩称:×镇民政办是根据《婚姻登记管理条例》第十五条、第十六条之规定,办理卢某、林某二人的离婚申请的,申请人双方亲自到镇政府申请离婚,提供的证件、证明齐全。被告依法办理登记并发给离婚证的行为是合法有效的,请求法院依法驳回原告的诉讼请求,维持×镇民政办做出的具体行政行为。

第三人称,与原告林某的夫妻感情完全破裂,自愿协商离婚,并达成了调解协议,双方也亲自到镇民政办申请办理离婚登记。协议书的内容完全符合《婚姻登记管理条例》第十五条的规定,是合法有效的,请求法院维持×镇民政办办理的离婚登记的具体行政行为。

【案件焦点】

1. 婚姻登记行为是否具有可诉性?
2. 本案离婚登记行为违反法定程序,离婚登记是否有效?

【分析与结论】

本案争议主要涉及如下法律适用问题:

1. 关于行政机关的婚姻登记行为是否具有可诉性的问题,本案是否属于行政案件,人民法院应否立案、受理,是首先要解决的问题。对此,有不同意见。一种意见认为,根据《婚姻登记管理条例》第二十九条"当事人认为符合婚姻登记条件而婚姻登记管理机关不予登记的,或者当事人对处罚不服的,可以依照行政复议条例的规定申请复议;对复议决定不服的,可以依照行政诉讼法的规定提起诉讼"之规定,林某之起诉,不属于上述两种情况,且县人民政府法制科也答复其不属行政复议范围。因此,林某之起诉亦不属法院行政案件受案范围,应裁定不予受理。同时,有人还认为即使离婚一方当事人就离婚协议反悔,对行政机关离婚登记有异议,向人民法院提起诉讼,法院也应视作民事案件,由民事审判庭受理。另一种意见认为,婚姻权利属于公民的人身权利。根据行政诉讼法的有关条款规定,公民、法人或者其他组织认为行政机关的具体行政行为侵犯其人身权、财产权而提起诉讼的,属于人民法院行政案件的受案范围。《行政诉讼法》第十一条第一款对可诉性具体行政行为作具体列举时,第四项关于行政许可行为,就是行政机关根据公民或者组织的申请,通过颁发许可证和执照,而同样给予特定的公民或者组织某种权利能力或法律资格的行为,其中即包括颁发结婚证书或离婚证书的行为。因此,本案离婚当事人认为婚姻登记管理机关违法进行离婚登记侵犯其合法权益而提起行政诉讼,属于人民法院行政案件受案范围。我们认为,后一种意见符合行政诉讼法的有关规定,二审法院根据《行政诉讼法》第十一条第一款第八项关于受理公民、法人或者其他组织"认为行政机关侵犯其他人身权、财产权"提起诉讼的规定,裁定立案受理是正确的。

2. 关于本案中婚姻登记机关的离婚登记行为是否违反法定程序的问题,行政机关遵守法律法规规定的行政程序,是保证行政实体处理正确合法的重要条件。违反法定程序,是指行政机关做出具体行政行为时违反了法律法规明确规定必须遵守的行政程序,它包括以下四种主要表现:一是擅自增加或减少做出具体行政行为的步骤;二是破坏了做出具体行政行为步骤的先后次序;三是随意改变或取消做出具体行政行为的形式;四是缩短或拖延要求相对人做出某种行为或做出具体行政行为的时限。本案婚姻登记机关的离婚登记行为,是否违反法定程序,是案件争议问题的焦点。一种意见认为,本案离婚双方当事人亲自到镇政府提出申请,是他们离婚真实意思的表示,双方达成了离婚协议,应办的一切手续已办完,应交的材料也已齐备,法律依据明确,程序合法。因而镇政府的离婚登记的具体行政行为是合法的。另一种意见认为,镇人民政府在办理卢某、林某离婚登记过程中,违反了《婚姻登记管理条例》的有关程序规定:(1)在离婚登记申请书中,只填写了部分内容,在离婚原因、子女安排、财产处理、其他协议以及有关单位调解意见等栏中没有填写任何内容;(2)在未依法制作、送达离婚证(因双方没有带照片)的情况下就要求离婚双方当事人在"领证人签字"栏中按指印,并收回、注销了双方的结婚证;(3)在双方当事人没有都到场的情况下,没有直接送达离婚证书,而由一方当事人代领另一方当事人的离婚证书(无另一方当事人有效委托代领证明)。《婚姻登记管理条例》第十六条规定:"……当事人从取得离婚证起,解除夫妻关系。"本案原告林某在未取得离婚证之前提出反悔,并不违背法律法规的规定。一、二审法院确认和坚持后一种意见,按照《行政诉讼法》第五十四条关于违反法定程序人民法院应当判决撤销或部分撤销具体行政行为的规定,分别做出了撤销镇人民政府对卢某、林某离婚登记的具体行政行为,是正确的。

××县人民法院审理认为,被告×镇人民政府在办理原告林某与第三人卢某的离婚登记手续时,在当事人没有带照片无法领取必须贴有照片并加盖婚姻登记专用章方为有效的离婚证的情况下,由当事人先在《离婚登记申请书》"领证人签字或盖章、按指印"栏里按上指印,违反了离婚登记程序。原告没有领取离婚证而提出反悔,符合《婚姻登记管理条例》第十六条的规定,理由正当,应予支持。根据《中华人民共和国行政诉讼法》第五十四条第二项第三目之规定,该院于2005年3月9日做出判决:

撤销××县×镇人民政府2004年8月7日颁发的(2004)永坎字第03号离婚证。

一审判决后,被告×镇人民政府及第三人卢某不服,向龙岩地区中级人民法院提出上诉。被告×镇人民政府诉称:其办理卢、林二人离婚登记的行为符合当事人真实意思表示,材料齐全,手续完备,原结婚证已注销,应视为林某已领到离婚证。一审判决否定客观事实,滥用法律,请求二审法院予以改判。第三人卢某诉称:双方均在调解协议书和离婚登记申请书上按有指印,林某口头委托其领取离婚证并实际履行了调解协议,原审法院否认这些客观事实,做出撤销离婚证的判决,是错误的。请求二审法院撤销一审判决,维持×镇人民政府办理的离婚登记。

被上诉人林某答辩称:她并没有委托卢某代领离婚证,镇政府办理离婚登记,违反法定程序。林某在没有领到离婚证、夫妻关系尚未解除的情况下,完全可以反悔。请求二审法院维持原判。

龙岩地区中级人民法院审理认为:×镇人民政府受理卢某、林某的离婚登记申请合法,但没有做出和送达对申请是否同意的书面决定即予以登记和在未依法制作、送达离婚证的情况下要求卢某、林某在领证人签字栏中按指印,并收回注销×镇结字第121号结婚证的行为,违反了法定程序,依法应予以撤销。因林某、卢某均未撤回离婚登记申请,×镇人民政府应对该申请重新做出具体行政行为,原审法院判决得当,上诉人所诉理由不能成立,不予支持。据此,依照《中华人民共和国行政诉讼法》第六十一条之规定,该院于2005年4月19日做出判决:

1. 驳回上诉,维持原判。

2. 撤销×镇人民政府对卢某、林某离婚申请予以登记和注销×镇结字第121号结婚证的行为。

3. 由×镇人民政府对林某、卢某的离婚登记申请重新做出具体行政行为。

附:与本案有关的法律法规

《婚姻登记管理条例》第二十九条规定:"当事人认为符合婚姻登记条件而婚姻登记管理机关不予登记的,或者当事人对处罚不服的,可以依照行政复议条例的规定申请复议;对复议决定不服的,可以依照行政诉讼法的规定提起诉讼。"

《婚姻登记管理条例》的有关程序规定:(1)在离婚登记申请书中,只填写了部分内容,在离婚原因、子女安排、财产处理、其他协议以及有关单位调解意见等栏中没有填写任何内容;(2)在未依法制作、送达离婚证的情况下就要求离婚双方当事人在"领证人签字"栏中按指印,并收回、注销了双方的结婚证;(3)在双方当事人没有都到场的情况下,没有直接送达离婚证书,而由一方当事人代领另一方当事人的离婚证书。

《婚姻登记管理条例》第十六条规定:"……当事人从取得离婚证起,解除夫妻关系。"

原《福建省行政执法程序规定》第十六条规定:行政执法机关决定受理相对人的申请后,应对相对人的申请事由以及申请材料的真实性、合法性、有效性进行审查,并应在收到相对人申请之日起三十日内做出是否同意的决定,同时按本规定第三十七条的要求,制作书面决定书送达相对人,通知办理有关手续。决定书应载明所依据的法律、法规、规章以及规范性文件的名称及其条款。需要转报批准机关的,应在收到相对人申请之日起十五日内予以转报。接受转报的机关,应在接到转报之日起十五日内做出决定,通知转报机关,并由转报机关通知相对人。第十七条规定:负有法定义务的行政执法机关获知相对人的人身权、财产权依法需要保护时,应及时采取措施予以保护。

根据《行政诉讼法》的有关条款,公民、法人或者其他组织认为行政机关的具体行政行为侵犯其人身权、财产权而提起诉讼的,属于人民法院行政案件的受案范围。

《中华人民共和国行政诉讼法》第五十四条第二项第三目规定:违反法定程序的可判决撤销或者部分撤销,并可以判决被告重新做出具体行政行为。

《中华人民共和国行政诉讼法》第六十一条规定:

人民法院审理上诉案件,按照下列情形,分别处理:

1. 原判决认定事实清楚,适用法律、法规正确的,判决驳回上诉,维持原判;

2. 原判决认定事实清楚,但适用法律、法规错误的,依法改判;

3. 原判决认定事实不清,证据不足,或者由于违反法定程序可能影响案件正确判决的,裁定撤销原判,发回原审人民法院重审,也可以查清事实后改判。当事人对重审案件的判决、裁定,可以上诉。

杜某诉海事机关不作为案

【案情介绍】

2010年8月23日,杜某船舶在京杭运河××市城区河道追越"××596"轮队时,碰撞桥墩而沉没。事发后,海事部门即责令杜某打捞沉船,然而杜某弃船离开,后一直下落不明,致使沉船长期滞留航道。2011年12月16日,高某滩溪机433号船舶途经该水域时,被水下杜某沉船触沉。随船500吨水泥落入水中。2012年2月,高某在支付6万元费用后,由京杭运河××省××航道管理站将其沉船打捞出水。4月15日,高某以××市地方海事处、京杭运河××省××航道管理站不履行打捞沉船法定职责为由,一纸诉状将两行政机关推上了被告席。诉请事发地××法院审查确认两被告不作为行为的违法性,判令被告赔偿原告船舶运费、打捞费、修理费以及货物损失计18万元。

【案件焦点】

海事行政案件的诉种选择、管辖,以及赔偿责任的分配问题。

【分析与结论】

一、本案可否作为行政案件受理

关于高某能否提起本案行政诉讼的问题,审理期间法院曾存有分歧。一种观点认为,海事部门在事发后,已通知杜某打捞沉船,然而杜某拒不履行义务,这是导致高某沉船的主要的和直接的原因。杜某不履行打捞沉船之责,侵害了高某的财产权,应当承担民事责任。依《××省内河交通事故处理办法》的规定,由于高某一直未向海事部门申请调解,故其应以杜某为被告提起民事诉讼。《中华人民共和国内河交通安全管理条例》也规定了作为沉船主的高某有向第三方杜某进行索赔的权利。因此,本案应当裁定驳回高某的行政诉讼。第二种意见对高某可以杜某为被告提起民事诉讼并无异议,但同时认为:(1)杜某弃船后,有关机关怠于履责,漠视隐患存在,终致高某船沉。对此,主管机关有不可推卸的行政责任。在民事行为侵权与行政行为侵权竞合的情况下,鉴于杜某下落不明,作为受害人的高某,为充分而有效地维护自己的财产权益,有权选择行政诉讼的途径,向不作为的行政机关主张赔偿。(2)杜某拒不打捞沉船的法律后果已仅非及于某一特定对象(包括高某)。它不仅侵害了实际受害人高某的财产权,更重要的是它危害了水上公共交通安全的秩序,对航道往来船只形成隐患。由此形成两种法律关系:一是基于杜某未尽打捞民事义务而产生的民事法律关系;二是基于行政机关未尽保障航道畅通行政职责而产生的行政法律关系。囿于冲突和竞合,法官得以行使衡平权。从兼顾私权利与公益的角度出发,后一种行政法律关系完全可以吸收或兼容前一种民事法律关系。(3)由于事故突发,使高某举家赖以生存的船舶毁于一旦。杜某弃船逃逸更使高某的民事索赔终成泡影。如何有效维护受害人的权益,应是本案首选。面对高某无奈之中的明智之举,法院应当充分尊重当事人对诉种的选择。这不仅是人民法院公正与效率工作主题的基本价值取向,同时也是检验审判工作法律效果和社会效果的标尺。草率驳回高某的行政之诉,也将使人民法院司法为民的指导思想在本案中名存实亡。据此,法院采纳了第二种意见。

二、海事行政案件管辖的划分

诉讼中,第一被告海事处提出管辖权异议,认为依据《最高人民法院关于海事法院受理案件范围的若干规定》(以下简称《若干规定》),该案属海事行政纠纷,应由海事法院审理。合议庭评议后对本案管辖权问题形成两种观点:第一种意见认为,最高人民法院审判委员会第1187次会议通过的《若干规定》,已于2011年9月18日起正式实施。该司法解释对海事法院原受案范围做了重新调整,已将海事行政案件、海事行政赔偿案件以及海事行政执行案件,明确划归海事法院统一管辖。此举不仅进一步考虑了此类案件的专业性,又在一定程度上保证了案件审理的公正性与效率性。因此,××法院对本案无管辖权限。依《行政诉讼法》第二十一条之规定,应将案件移送相关的海事法院。第二种意见认为,根据《最高人民法院关于执行〈中华人民共和国行政诉讼法〉若干问题的解释》第六条,关于专门人民法院不审理行政案件,也不审查和执行行政机关申请执行其具体行政行为的案件的规定,海事法院对海事行政案件应无管辖权限。另外,海事法院管辖的仅为海上、沿海以及通海水域所发生的海商纠纷案件,所辖水域不应包括内河。而本案事发水域为京杭运河××市城区河道。若将此类内河水域发生的海事行政纠纷案件统一划归海事法院受理,显然不便于原、被告双方的诉讼。因此,××法院对该案具有管辖权。由于分歧意见涉及最高人民法院两部司法解释的效力,2012年12月,就该案管辖权问题,××法院向××市中级人民法院请示,并经××省高级法院向最高法院请示。2013年8月11日,最高法院办公厅做出《最高人民法院办公厅关于海事行政案件管辖问题的通知》(法办【2013】253号),明确答复:行政案件、司法赔偿案件和审查行政机关申请执行具体行政行为的案件仍由各级人民法院行政庭审理。海事等专门人民法院不审理和审查此类海事行政案件。

三、第三人应否参加本案之诉

案件受理后,第一被告海事处请求通知杜某作为第三人参加本案诉讼。对此,合议庭达成以下共识:《行政诉讼法》第二十七条规定,同被诉具体行政行为有利害关系的其他公民,可以作为第三人申请参加诉讼,或者由法院通知参加诉讼。由于本案的诉争纠纷以及赔偿责任的分担等,显与原沉船主杜某存在法律上的利害关系。因此,对通知杜某作为第三人参加诉讼的问题,合议庭并无异议。但鉴于杜某弃船后,举家外出并长期下落不明,再行公告通知,已无实际意义。况且合议庭在确认赔偿比例的问题上,完全可以综合考虑杜某在该起赔偿案中承担责任的大小与比例,并不排除或妨碍高某向杜某另案索赔该赔偿额的权利。另外,依据《中华人民共和国内河交通安全管理条例》以及《××市水上交通安全管理条例》的规定,对有主沉船拒不打捞的,水上交通安全管理部门在强制清除后,就该项支出可向沉船主追偿。因此,即使由有关行政机关先行赔付高某,也并不影响该机关再行向杜某追偿的权利。同时,考虑到已陷于困境的原告应当得到及时救济的现状,故本案不宜刻意追求杜某作为第三人的诉讼地位。

四、赔偿责任的确认与分配

首先,原告应否担责。经审理查明,原告船舶偏离主航道,欲停靠船舶禁泊区等,也是造成此次沉船的主要原因之一。因此,在确定本案赔偿比例时,应当考虑原告此过错责任。另外,关于原告"大船小簿子"问题,即原告航行簿标注载重为 250 吨,而其船舶实际载货能力远超过 500 吨。水上航运中,由于海事部门监管不力等因素,此种现象较为普遍和突出。在确定本案赔偿比例时,如何对待该问题较为棘手。我们认为,由于本案被告的不作为,使航道存有隐患,终致原告船舶沉没,其间直接的、必然的因果联系不言自明。况且,原告此次运输已经海事部门签证并获批通航。因此,关于"大船小簿子"的问题,水上交通安全主管部门可另案查处,而非本案所考虑。

其次,关于无主沉船打捞的法律依据。由于鲁、浙、皖等地海事、航道等主管部门长期实行统一的执法管理体系,因此无论是对有主沉船,还是对无主沉船的清除上,很少出现推诿或怠职现象。而××则不然。20世纪80年代中期,××省交通工程管理局解体,原内设的安监科和工程科分别成为现在的省地方海事局和厅航道局,其余机构则转为公路局。在水运及航道管理上,形成了海事、航道、船闸等部门各司其职的管理体制。另外,由于原《中华人民共和国内河交通安全管理条例》第三十六条、《××省内河交通安全管理条例》第三十条以及《××市水上交通安全管理条例》第十六条等,仅对海事管理机构关于逾期有主沉船的强制打捞做出规定,却忽视了对无主沉船如何打捞的具体操作。立法上的疏漏,加之打捞专项资金拨付不到位等因素的影响,致使海事、航道两部门在无主沉船的打捞上产生推诿。甚至出现了对船舶所有人或经营人事发逃逸后,所沉船舶无人问津的现象。2012年8月1日起施行的新修订的《中华人民共和国内河交通安全管理条例》第四十二条规定"没有所有人或者经营人,由海事管理机构打捞清除或者采取其他相应措施,保障通航安全"。新条例有效弥补了立法缺漏,就无主沉船的强制打捞做出了明确而具体的规定。本案诉讼期间,××省交通厅也适时下发了苏交政【2013】120号《关于调整地方海事局和厅航道局有关无主沉船打捞职责的通知》,对××省境内现有无主沉船以 2013 年 10 月 1 日为限,在此之前的由航道部门组织打捞,之后的一律由海事部门打捞。至此,关于××省境内无主沉船的打捞职责,随着立法的不断完善,也由于本案的诉讼,最终引起有关主管部门的高度重视,并得以规范和确认。

最后,关于杜某沉船性质的确认以及两被告责任的划分。杜某船舶沉没后,海事部门即责令杜限期打捞,然而杜某弃船逃逸。由于第一被告错误地将杜某沉船视为无主沉船,因而与第二被告发生推诿,致使沉船长期滞留航道,并最终引发本案诉讼。原《中华人民共和国内河交通安全管理条例》第三条、第三十六条、第三十七条,以及《××省内河交通安全管理条例》第三十条、《××市水上交通安全管理条例》第三条和第十六条等,对此已做出明确规定,对影响航行安全和有潜在危险的沉没船舶,其所有人或经营人应在限定的时间内打捞。逾期不清除的,作为水上交通安全主管机关的海事部门有权强制打捞。据此,在原沉船主杜某弃船逃逸的情况下,第一被告海事处明显负有强制打捞的法定职责。上级部门专项打捞资金没有到位,不能成为其怠于履行职责的借口。依据《中华人民共和国航道管理条例》,并结合内河交通安全管理法律规范的相关规定,第二被告航道站关于航道保护的职责主要体现在对导航设施、过船建筑物等航道工程的规划、管理与养护上。当然其也可以受海事部门的委托对无主沉船,以及经船舶所有人或经营人的申请,并经海事部门的批准,对有主沉船等实施有偿打捞。

鉴于上述思考,同时又考虑到对原告实际损失再进行委托评估,势必增加当事人的额外重负,也不利于原告举家赖以生存船舶的尽快修复与运行。故法院在本案审理中,并未径行鉴定和判决。而是切实注重行政审判的亲和力,真正从司法为民的指导思想出发,并基于责任的划分,最终促成三方当事人就赔偿问题达成共识。案件的妥善处理,既明确了原告的责任以及被告的职责,又使原告的索赔得以尽快实现,行政审判的法律效果与社会效果得以有机融合。审理期间,第一被告海事处主动赔付原告经济损失6.5万元,第二被告航道站退还已收取的部分打捞费1.5万元,原告以此为由,于2013年10月27日申请撤诉。

行政机关随意免去村民委员会组成人员案

【案情介绍】

原告：王某某。

被告：××经济开发区管理委员会。

2004年3月，王某某经××经济开发区新河村村民选举，担任该村第五届村委会副主任，任期三年。2005年6月，××经济开发区管理委员会下属的农村工作局，以执行农村税费改革工作的有关规定和要求为由，经研究并报开发区管理委员会同意，做出×开农〔2005〕46号通知，决定免去包括王某某在内的七人所担任的一切行政职务。

王某某起诉称：2004年3月原告经村民选举担任新河村村民委员会副主任，任期三年。××经济开发区管理委员会所属的农村工作局用行政强制手段，决定免去其担任的村委会副主任职务，且免职决定未向其送达，农村工作局的免职决定违反了法律的规定，侵犯了其合法权益，属于无效的行政行为。故请求法院判决撤销××经济开发区管理委员会所属的农村工作局做出的免职通知。

××经济开发区管理委员会答辩称：对王某某所实施的行政免职行为是不可诉的国家行政机关所实施的强制性抽象行政行为；撤村并组、精简机构是行政区划调整的必然要求；王某某对免职的事实早已明知，其有偷税漏税的违法行为，不适宜再担任村委会副主任，请求法院驳回原告的诉讼请求。

【案件焦点】

该免职决定是否属于行政诉讼受案范围？

【分析与结论】

现就案件审理中的如下问题做简要分析：

一、关于免职通知的可诉性问题

（一）免职通知属于可诉的具体行政行为

××经济开发区管理委员会所属的农村工作局做出的免职通知属于具体行政行为，不属于抽象行政行为。所谓抽象行政行为，一是指行政立法行为，即行政机关制定、发布行政法规、行政规章的行政行为；二是指行政机关针对不特定对象发布的能反复适用的行政规范性文件，即行政机关制定、发布具有普通约束力的行政决定、行政命令的行为。根据《行政诉讼法》第十二条第二项的规定,行政立法行为和非立法的抽象行政行为不属于人民法院行政案件的受案范围,××经济开发区管理委员会所属的农村工作局做出的×开农(2005)46号免职通知不属于制定、发布行政法规、行政规章的行政立法行为,因通知针对的对象是特定的,且不具有反复适用性,故亦不属于非立法的抽象行政行为。此外,该免职通知虽未直接送达给原告本人,但原告有证据证明该通知存在,王某某与该通知具有法律上的利害关系,因此该通知属于可诉的具体行政行为。

(二)免职通知不属于内部行政行为

《行政诉讼法》第十二条第三项规定:人民法院不受理公民、法人或者其他组织对行政机关做出的对行政机关工作人员的奖惩、任免等决定提起的诉讼。《最高人民法院关于执行〈中华人民共和国行政诉讼法〉若干问题的解释》(以下简称《解释》)第四条对《行政诉讼法》第十二条第三项"对行政机关工作人员的奖惩、任免等决定"做出的解释,是指行政机关做出的涉及该行政机关公务员权利与义务的决定。根据《解释》的规定,凡行政机关对其工作人员奖惩、任免、工资的升降、福利待遇等内部人事管理行为,均属于不可诉的行为。××经济开发区管理委员会所属的农村工作局做出的免职通知,单从字面上解释,似乎属于不可诉的内部行为,其实不然,因为该免职通知发生在外部行政法律关系中,王某某与××经济开发区管理委员会所属的农村工作局之间是管理和被管理的关系;而且王某某并非××经济开发区管理委员会所属的农村工作局的公务员,该免职通知所涉及的权利与义务是王某某作为一个普通公民的权利与义务,而非公务员特有的。因此,免职通知不属于不可诉的内部行政行为。

二、关于免职通知的合法性问题

行政机关的行政行为应当具有职权依据,且应程序合法。××经济开发区管理委员会所属的农村工作局精简机构的行为应当严格按照法律规定进行。《中华人民共和国村民委员会组织法》第二条规定:村民委员会是村民自我管理、自我教育、自我服务的基层群众性自治组织,实行民主选举、民主决策、民主管理、民主监督。第四条规定:乡、民族乡、镇的人民政府对村民委员会的工作给予指导、支持和帮助,但不得干预依法属于村民自治范围的事项。第十一条第二款规定:村民委员会每届任期三年,届满应当及时举行换届选举。第十六条规定:本村五分之一以上有选举权的村民联名,可以要求罢免村民委员会成员。根据上述规定,村民委员会是基层群众性自治组织,乡、镇人民政府与村民委员会的关系应该是指导与被指导的关系;任期内的村民委员会成员,不得随意被撤换、免职。本案被告所属的农村工作局与新河村村民委员会的关系是指导与被指导而非领导与被领导的关系,即使王某某偷税、漏税的事实能够成立,应当受到刑事追究,也只能按程序罢免其担任的村委会副主任职务。故××经济开发区管理委员会所属的农村工作局做出的×开农(2005)46号免职通知是程序违法和超越职权的具体行政行为。

某市人民法院经审理认为,××经济开发区管理委员会所属的农村工作局做出的免职通知不属于抽象行政行为,而是属于可诉的具体行政行为。根据《中华人民共和国村民委员会组织法》的规定,任期内的村民委员会成员,除因法定事由外不得随意被撤换、免职。××经济开发区管理委员会所属的农村工作局以文件的形式决定免除王某某担任的职务,不仅违反了法定程序,而且属于无权限的越权行为。鉴于×开农(2005)46号免职通知涉及王某某等七人,而除王某某以外的其他六人未提起诉讼,加之该行政行为已实施完毕,新的村民委员会早已产生,故王某某要求判决撤销免职行为的请求不妥。

据此,依照《中华人民共和国村民委员会组织法》第十一条第一款、《最高人民法院关于执行〈中华人民共和国行政诉讼法〉若干问题的解释》第五十七条第二款的规定,判决:确认××经济开发区管理委员会所属的农村工作局2005年6月×开农(2005)46号《关于王某某等同志免职的通知》中,免去王某某一切行政职务的具体行政行为违法。

一审宣判后,原、被告双方均未提出上诉。

《行政诉讼法》第十二条第三项规定:人民法院不受理公民、法人或者其他组织对行政机关做出的对行政机关工作人员的奖惩、任免等决定提起的诉讼。《最高人民法院关于执行〈中华人民共和国行政诉讼法〉若干问题的解释》第四条对《行政诉讼法》第十二条第三项"对行政机关工作人员的奖惩、任免等决定"做出的解释,是指行政机关做出的涉及该行政机关公务员权利与义务的决定。

私营业主诉市工商局违法行政求偿案

【案情介绍】

凯旋运动用品厂是江西省某市（地级市）的一家私营企业，厂长是钱某。2009年2月27日，钱某因与他人发生经济纠纷而被当地西城区公安分局刑事拘留。2009年3月9日，西城区人民检察院批准将其逮捕。2009年5月17日检察院提出公诉。2009年6月16日一审法院做出判决，宣告钱某无罪。2009年9月13日，检察院对此判决提出抗诉。在市中级人民法院审理此案期间，市人民检察院撤销了抗诉决定。2009年11月27日，市中级人民法院裁定终止本案审理，并释放了钱某。2009年6月11日，西城区工商行政管理局以法定代表人涉嫌犯罪为由吊销了凯旋运动用品厂的营业执照，致使凯旋运动用品厂停产。钱某于2009年6月15日就吊销该厂营业执照一事提出行政复议申请。

根据上述情况，分析以下问题：

1. 钱某就企业被吊销营业执照遭受的损失提出赔偿请求，赔偿义务机关是谁？可供钱某选择的法定赔偿程序有哪些？
2. 若违法羁押给钱某造成严重的精神损害，则钱某应提出哪些赔偿要求？
3. 对于人身自由受限制的损失，钱某最迟可在何时提出国家赔偿请求？
4. 西城区工商局在做出行政处罚决定之前，应承担何种告知义务？
5. 钱某不服吊销营业执照的行政处罚，应以谁为被告向法院提起行政诉讼？
6. 若钱某申请行政复议后，复议机关直到2010年5月1日也没做出答复，此时钱某应如何保障自己的合法权益？

【案件焦点】

赔偿义务机关、求偿时效、行政诉讼被告

【分析与结论】

1. 西城区工商行政管理局是赔偿义务机关。因为它以法定代表人涉嫌犯罪为由吊销凯旋运动用品厂的营业执照没有法律依据，是违法的行政行为，应承担赔偿责任。钱某可选择的赔偿程序有三：一是直接向赔偿义务机关——区工商局提出；二是申请行政复议时一并提起行政赔偿请求；三是提起行政诉讼时一并提出赔偿请求。

修改后的《国家赔偿法》第九条规定："赔偿义务机关有本法第三条、第四条规定情形之一的，应当给予赔偿。赔偿请求人要求赔偿，应当先向赔偿义务机关提出，也可以在申请行政复议或者提起行政诉讼时一并提出。"第四条规定:"行政机关及其工作人员在行使行政职权时有下列侵犯财产权情形之一的,受害人有取得赔偿的权利:(一)违法实施罚款、吊销许可证和执照、责令停产停业、没收财物等行政处罚的……"本案中,西城区工商局以法定代表人涉嫌犯罪为由吊销了凯旋运动用品厂的营业执照,没有法律依据,是违法的行政行为。对于因此而造成的经济损失,区工商局应当给予赔偿。注意,本条文原来的规定是:"赔偿义务机关对依法确认有本法第三条、第四条规定情形之一的,应当给予赔偿……"修改后的《国家赔偿法》取消了确认程序,保障了受害人的求偿权。

2. 钱某可以要求赔偿义务机关在相应范围内消除影响,恢复名誉,赔礼道歉;若造成严重后果,还可以要求相应的精神损害抚慰金。

《国家赔偿法》第三十五条规定:"有本法第三条或者第十七条规定情形之一,致人精神损害的,应当在侵权行为影响的范围内,为受害人消除影响,恢复名誉,赔礼道歉;造成严重后果的,应当支付相应的精神损害抚慰金。"第十七条规定:"行使侦查、检察、审判职权的机关以及看守所、监狱管理机关及其工作人员在行使职权时有下列侵犯人身权情形之一的,受害人有取得赔偿的权利……(二)对公民采取逮捕措施后,决定撤销案件、不起诉或者判决宣告无罪终止追究刑事责任的……"本案中,法院做出钱某无罪的判决,但违法羁押给钱某造成了严重的精神损害,他可以根据《国家赔偿法》第三十五条的规定,要求为其消除影响,恢复名誉,赔礼道歉;还可以要求相应的精神损害抚慰金。修改后的《国家赔偿法》确定了精神损害赔偿,这是新国家赔偿法最大的亮点,具有里程碑的意义。

3. 钱某最迟可以在2011年11月27日提起行政诉讼。赔偿请求人请求国家赔偿的时效为两年,而且被羁押等限制人身自由期间不计算在内。自钱某知道侵权事由的2009年2月27日起算,至2011年11月27日止。

《国家赔偿法》第三十九条规定:"赔偿请求人请求国家赔偿的时效为两年,自其知道或者应当知道国家机关及其工作人员行使职权时的行为侵犯其人身权、财产权之日起计算,但被羁押等限制人身自由期间不计算在内。在申请行政复议或者提起行政诉讼时一并提出赔偿请求的,适用行政复议法、行政诉讼法有关时效的规定。"钱某自2009年2月27日被拘留时就应当知道其人身权被侵犯。因此,钱某请求国家赔偿的时效应当从那时开始计算,再加上钱某被羁押的9个月(2009年2月27日至2009年11月27日),即诉讼时效期间至2011年11月27日止。原条文第一款规定:赔偿请求人请求国家赔偿的时效是两年,自国家机关及其工作人员行使职权时的行为被依法确认为违法之日起计算,但被羁押期间不计算在内。很明显,新条文借鉴了《行政诉讼法》的立法精神。

4. 工商局在做出处罚决定之前,应告知钱某做出处罚决定的事实、理由及依据,并告知钱某有要求举行听证的权利。

《行政处罚法》第三十一条规定:"行政机关在做出行政处罚决定之前,应当告知当事人做出行政处罚决定的事实、理由及依据,并告知当事人依法享有的权利。"第四十二条规定,"行政机关做出责令停产停业、吊销许可证或者执照、较大数额罚款等行政处罚决定之前,应当告知当事人有要求举行听证的权利;当事人要求听证的,行政机关应当组织听证。"本案中,工商局在对运动用品厂做出吊销企业营业执照之前,应当告知其做出行政处罚决定的事实、理由及依据以及其有要求举行听证的权利。工商局没有履行任何告知义务就做出了行政处罚,违反了法律规定。

5. 钱某应以区工商局为被告提起行政诉讼。复议机关决定维持原具体行政行为的，做出原具体行政行为的行政机关是被告。

《行政诉讼法》第二十五条第二款规定："……经复议的案件，复议机关决定维持原具体行政行为的，做出原具体行政行为的行政机关是被告；复议机关改变原具体行政行为的，复议机关是被告……"本案中，区工商局对运动用品厂做出了吊销执照的行政处罚，经过市工商局的复议，维持了区工商局的处罚决定。因此，钱某应以做出原处罚决定的区工商局为被告。

6. 至2010年5月1日复议期限已过期，但复议机关仍未作出答复属于不作为，钱某可以区工商局为被告对原具体行政行为提起诉讼，也可以市工商局为被告对复议机关的不作为提起诉讼。

《行政复议法》第三十一条第一款规定："行政复议机关应当自受理申请之日起六十日内作出行政复议决定；但是法律规定的行政复议期限少于六十日的除外。情况复杂，不能在规定期限内作出行政复议决定的，经行政复议机关的负责人批准，可以适当延长，并告知申请人和被申请人；但是延长期限最多不超过三十日。"本案中，钱某于2009年12月15日申请行政复议，至2010年5月1日，复议机关还没有做出复议决定，此时已经超过了行政复议的最长期限（90日）。根据相关司法解释，"复议机关在法定期间内不作复议决定，当事人对原具体行政行为不服提起诉讼的，应当以做出原具体行政行为的行政机关为被告；当事人对复议机关不作为不服提起诉讼的，应当以复议机关为被告"。因此，此时钱某有两种救济途径：对原具体行政行为不服提起诉讼的，应当以做出原具体行政行为的行政机关——区工商局为被告；当事人对复议机关不作为不服提起诉讼的，应当以复议机关——市工商局为被告。

退休金有争议,乡镇企业管理局是否越权

【案情介绍】

原告陈学珍从1956年社会主义市场改造后,便在综合社修理组从事补鞋业务。1969年,陈学珍全家被下放农村,1979年落实政策后仍回鸦鹊岭综合社工作。1982年综合社分为三家,即综合社、副食、食品业三家,三家均属集体性质,陈学珍被分配在食品业。后经鸦鹊岭区政府决定,成立××三峡食品工业公司。

1986年4月11日,陈学珍申请退休并填写了《××县乡镇企业工人退休退职呈报表》,鸦鹊岭梅岭综合社领导分别在陈学珍的申请退休表上签字盖章"同意退休"。同月14日,原鸦鹊岭区乡镇企业办公室签署意见"经研究同意该同志退休",并加盖了企业办公室公章。同年5月8日,××县乡镇企业管理局(以下简称乡镇企业局)签署意见"同意退休,根据×县革字(79)73号文件精神,退休费为本人基本工资60%"。同月23日,××县劳动人事局签署意见"同意退休"。当日由乡镇企业局给陈学珍核发了退休证,确定其退休金为30.10元。陈学珍从退休之日起每月领取退休金30.10元至1995年12月。

1996年陈学珍得知政府对原退休工人的退休金进行多次调增,即要求企业调增退休金,无果,遂于1996年7月20日向××县劳动仲裁委员会申请仲裁。1997年7月30日,××县劳动仲裁委员会以(1997)×县劳仲决字第02号裁决书裁决陈学珍本不应按月享受退休待遇,但考虑到原已按月享受退休费的事实,因此,陈学珍继续享受原已执行的退休待遇,其标准不变。由××三峡食品工业公司向陈学珍支付2个月申诉期间生活补助费共计240元。陈学珍对此裁决不服,于1997年12月22日向人民法院起诉,要求××三峡食品工业公司为其调增退休金199.60元,并补发自调增之日起至1995年12月未调增的工资差额803.50元。

人民法院于1998年11月24日做出判决,判令××三峡食品工业公司从1996年1月起,每月将陈学珍的退休金由原30.10元调增至199.60元,并补发1995年12月底以前应调增而未调增的工资差额638.20元。××三峡食品工业公司不服此判决,提起上诉,经中级人民法院二审,判决驳回上诉,维持原判。

××县鸦鹊岭乡镇企业管理委员会于2000年5月10日向乡镇企业局写出"关于申请撤销陈学珍退休证的报告",乡镇企业局于2000年5月11日做出×县企文(2000)07号文件即"关于撤销陈学珍同志退休手续的通知",该文主发鸦鹊岭企管会并抄送劳动局、县劳动仲裁委员会及鸦鹊岭政府,下发××三峡食品工业公司,但未送达陈学珍。2001年7月,因撤县设区,原××县乡镇企业管理局随之更名为××市夷陵区乡镇企业管理局。2002年8月,陈学珍在再次要求××三峡食品工业公司依法增加退休费的劳动仲裁庭审中,得知其退休证已被

乡镇企业局予以撤销。夷陵区劳动仲裁委员会于 2002 年 8 月以乡镇企业局"撤销了 1986 年给申诉人的退休证,申诉人已不是被申诉人单位的职工"为由,驳回了申诉人陈学珍劳动仲裁请求。

2002 年 12 月 11 日,陈学珍以乡镇企业局为被告向夷陵区法院提起行政诉讼,要求判令撤销乡镇企业局"×县企文(2000)07 号"文件。

被告乡镇企业局辩称,陈学珍 1986 年采取欺骗手段获取退休证,我局根据有关部门申请,结合自己调查的材料,撤销自己做出的错误文件,符合法律规定。该文件尚未依法送达原告,文件尚未发生法律效力,原告现阶段起诉,缺乏法律依据。

【案件焦点】

乡镇企业管理局是否越权?

【分析与结论】

法院审理认为,所谓职权,是指国家机关及其工作人员依法做出一定行为的资格,是权利的特殊表现形式,为法律所赋予,具有不可侵犯性。行政机关做出具体行政行为时应当告知行政相对人享有的权利并且送达给行政相对人。而乡镇企业局超越行使了其他行政机关的权力,且在做出"关于撤销陈学珍同志退休手续的通知"这一具体行政行为时,既未告知陈学珍享有的权利,又未将此文件送达陈学珍,违反了国家相关法律规定,依法对乡镇企业局这一具体行政行为应予撤销。原告所称被告超越工作权限及违反法定程序的理由成立,应予支持;被告所称"根据有关部门申请,结合调查材料,撤销自己做出的错误文件,符合法律规定","该文件尚未依法送达原告,文件尚未发生法律效力,原告现阶段起诉,缺乏法律依据"之理由,因不符合法律规定,不予采信。依照《中华人民共和国行政诉讼法》第五十四条第二项第四目之规定,判决如下:撤销被告宜昌市夷陵区乡镇企业管理局(原宜昌县乡镇企业管理局)于 2000 年 5 月 11 日做出的×县企文(2000)07 号"关于撤销陈学珍同志退休手续的通知"的行政行为。

宣判后,双方当事人在法定期限内均未提出上诉,该案已发生法律效力。

行政诉讼缘于公民、法人或其他组织认为行政机关和法律、法规、规章授权的组织做出的具体行政行为侵犯其合法权益而依法向人民法院提起的诉讼。它是行政相对人通过司法途径补救自己合法权益、解决行政争议的一种措施,也是社会主义民主与公平的基本要求。

无诉讼标的即无诉讼。在行政诉讼中,要求作为诉讼标的的具体行政行为必须达到成熟的程度,能够成为诉争的对象时,行政诉讼才能成立,即被诉具体行政行为必须已经发生法律效力。判断行政行为是否成熟的标准,是看它是否产生了对行政相对人造成不利影响的行政法律后果。

本案被告称,"该文件尚未依法送达原告,文件尚未发生法律效力",也就是说本案无诉讼标的。而事实是该文件形成并发送给相关单位后,原告原本应享有的退休待遇随即终止了,被告的具体行政行为已经对原告的权益造成了不利影响,诉讼标的已经成熟,能够成为司法审查的对象。

本案原告认为自己的合法权益受到了被告所做出的具体行政行为的侵犯而诉诸法院,人民法院依法受理,并对被诉具体行政行为进行合法性审查。根据《中华人民共和国行政诉讼法》第五十四条的规定,合法的具体行政行为必须同时具备下列条件:第一,证据确凿;第二,适用法律、法规正确;第三,符合法定程序;第四,行政机关没有超越职权或滥用职权。这四个条件缺一不可,否则,就是违法的具体行政行为,人民法院可以做出撤销或者部分撤销的判决,并可视具体情形判决被告重新做出具体行政行为。

本案中有两点是人民法院进行合法性审查的重点:

1. 是否超越职权?

行政机关为实现其管理职能,必然享有法律赋予的行政管理职权。行政职权是国家机关及其工作人员依法做出具体行政行为的资格,是行政机关为实现行政管理目标、履行行政职责而拥有的权力,它为法律所赋予,具有不可侵犯性。这也就同时意味着任何行政机关都不能超越法律赋予的职权范围。超越职权的行为通常表现为:权力篡夺,超越义务管辖权,超越地域管辖权,层级越权,主体越权,超越对象管辖权,手段越权等。

本案涉及职工退休待遇行政管理问题,其职权理应由劳动行政主管部门行使,而乡镇企业局没有为任何法律、法规规定或授权其享有此项职权,故而其做出的具体行政行为是越权行使了其他国家机关的权力,是一种权力篡夺行为。

2. 是否违反法定程序?

行政机关实施具体行政行为,必须遵循法定的操作规程,包括方式、形式、手续、步骤、时限等。也就是说行政管理活动不仅要实体合法,而且行政程序也要合法,否则,便是违法行政。行政机关做出的具体行政行为应当以一定的方式送达给行政相对人,并告知其享有的相关权利。而该案中乡镇企业局未告知行政相对人享有的申请复议和提起行政诉讼的权利,甚至连"通知"都长期未送达。即便是被告没有超越职权,其具体行政行为也是严重违反法定程序的违法行政行为,理应予以撤销。

另外,本案的审理也影响另一案件的执行。我国《民事诉讼法》第六条规定"人民法院依照法律规定对民事案件独立进行审判,不受行政机关、社会团体和个人的干涉"。人民法院做出的裁判非经法定程序不得撤销。原××县人民法院于1998年11月24日做出(1998)宜民初字第29号民事判决书,判令××三峡食品工业公司从1996年1月起,每月将陈学珍的退休金由30.10元调至199.60元,并补发1995年12月底以前应调增的工资638.20元,并经××市中级人民法院于1999年7月20日二审维持原判,此案早已发生法律效力。而本案被告在之后的2000年5月11日做出撤销本案原告退休手续的具体行政行为,与两级法院的民事判决相违背,是事实上否定法院生效判决的干涉行为,侵害了人民法院依法进行独立审判的司法权,必将给另一案件的执行带来不利影响。

本案被告所做出的具体行政行为不仅超越职权,而且严重违反法定程序,法院以此为由,判决撤销被告做出的"关于撤销陈学珍同志退休手续的通知"的行政行为,无疑是正确的。这一判决不但保护了行政相对人的合法权益,同时也对那些行政机关违法行政、越权行政的行为起到了警示作用,有助于促进行政机关严格依法行政,体现了《行政诉讼法》的立法宗旨:维护和监督行政机关依法行使职权。

牛某诉县公安局限制自由行政争议案

【案情介绍】

2011年3月10日下午,原告牛某与邻居段某因排水发生争吵,牛某对段某拳打脚踢,造成其泌尿系统出血(系轻微伤)。2011年3月18日至19日,县公安局以牛某故意伤害为由将其留置盘问,并将其与其他20余名男性共同关押。2011年3月20日至4月20日,县公安局对牛某实施监视居住,并在牛某关押于上述留置室5天后转入县行政拘留所继续关押。2011年4月21日,县公安局撤销了对牛某的监视居住,并于当日将牛某送往县法制教育学校接受强制教育直至同年5月21日。其间,牛某的人身自由受到限制,并缴纳了学校费用等共计人民币1 500元。牛某获得人身自由后,向法院提起了诉讼。为委托律师参加本案的诉讼活动,共计支付律师代理费人民币6 000元整。牛某认为县公安局的行为侵犯了其人格尊严和名誉权,严重影响了其身心健康。故向法院提起诉讼时,要求确认被告行为违法,依法判令被告返还现金1 500元,精神损失费1 000元,并要求被告赔礼道歉。(已知:国家上年度职工年平均工资是7 650元,全年法定工作日是255天。)

根据上述情况,分析以下问题:

1. 牛某于2011年8月19日向人民法院提起行政诉讼,其是否超过了起诉的法定期限?
2. 牛某认为县公安局对其实施留置盘问而后采取监视居住的强制措施,侵犯了其人身权,遂提起行政诉讼,人民法院是否会受理?
3. 本案中,由于县公安局对牛某采取了留置盘问、监视居住、强制学习三个阶段的行为,所以案情比较复杂,证据较多,对此法院可以在庭前做何准备工作?
4. 牛某向法院提交了一份证人名单,但其中有一位原告方的重要证人因癌症病危正在医院抢救,法院应采取何种措施?
5. 县公安局在解除对牛某的监视居住后,又将其送到法制学校学习,公安局辩称将牛某送法制学校学习是根据有关部门的决定实施的,但未能提供相应的证据证实,遂申请法院调取有关部门的文件,法院是否会依申请调取证据?
6. 对于牛某就县公安局采取的留置盘问、监视居住、强制其到法制学校学习的行为申请行政赔偿,法院将会做出怎样的赔偿决定?
7. 县公安局提出牛某与本案审判员有亲属关系,可能影响案件公正审判,应当在什么时候提出回避申请?法院按什么程序处理?

【案件焦点】

行政强制措施、证据保全、行政赔偿方式、回避

【分析与结论】

1.《行政诉讼法》第三十九条规定:"公民、法人或者其他组织直接向人民法院提起诉讼的,应当在知道做出具体行政行为之日起三个月内提出。法律另有规定的除外。"最高人民法院关于《行政诉讼法》的司法解释规定:"由于不属于起诉人自身的原因超过起诉期限的,被耽误的时间不计算在起诉期间内。因人身自由受到限制而不能提起诉讼的,被限制人身自由的时间不计算在起诉期间内。"也就是说,因人身自由受到限制而不能提起诉讼的,被限制人身自由的时间不计算在起诉期间内,应从其恢复自由之日起算。本案中,县公安局于2011年4月21日撤销了对牛某的监视居住,并于当日将牛某送往县法制教育学校接受强制教育直至同年5月21日,其间牛某的人身自由受到限制。故起诉期限从5月21日起算,至牛某于2011年8月19日提起行政诉讼,并未超过起诉期限,人民法院应当受理。

2.《人民警察法》第七条规定:"公安机关的人民警察对违反治安管理或者其他公安行政管理法律、法规的个人或者组织,依法可以实施行政强制措施、行政处罚。"第九条规定:"为维护社会治安秩序,公安机关的人民警察对有违法犯罪嫌疑的人员,经出示相应证件,可以当场盘问、检查;经盘问、检查,有下列情形之一的,可以将其带至公安机关,经该公安机关批准,对其继续盘问:(一)被指控有犯罪行为的……对被盘问人的留置时间自带至公安机关之时起不超过二十四小时,在特殊情况下,经县级以上公安机关批准,可以延长至四十八小时,并应当留有盘问记录。对于批准继续盘问的,应当立即通知其家属或者所在单位。对于不批准继续盘问的,应当立即释放被盘问人……"我国《刑事诉讼法》明确规定了五种强制措施,即拘传、取保候审、监视居住、拘留和逮捕。因此,公安机关对符合规定条件的违法犯罪嫌疑人员采取留置盘问措施,是一种限制人身自由的行政强制措施。根据《行政诉讼法》的规定,对限制人身自由或对财产的查封、扣押、冻结等行政强制措施不服的,可以提起行政诉讼。本案中,牛某对公安局的留置盘问措施不服,可以依此提起行政诉讼。

最高人民法院关于《行政诉讼法》的司法解释规定:"公民、法人或者其他组织对下列行为不服提起诉讼的,不属于人民法院行政诉讼的受案范围:……(二)公安、国家安全等机关依照刑事诉讼法的明确授权实施的行为。"此规定强调"依照刑事诉讼法"和"明确授权",也就是说,其他法律、法规的授权以及公安机关自己推定的所谓"侦查行为"都属于行政诉讼的排除范围。这是我们认定公安机关刑事侦查行为和具体行政行为的主要区别。因此,公安局对牛某采取监视居住是《刑事诉讼法》明确规定的刑事强制措施,依法不属于行政诉讼受案范围,所以人民法院不予受理。

3.《最高人民法院关于行政诉讼证据若干问题的规定》第二十一条规定:"对于案情比较复杂或者证据数量较多的案件,人民法院可以组织当事人在开庭前向对方出示或者交换证据,并将交换证据的情况记录在卷。"这一条首次确立了行政诉讼中的证据交换和证据开示制度。交换证据的时间应当确定在答辩期间届满后、开庭审理前。

需要注意的是:并非所有的证据均可交换。下列证据一般不宜进行交换:(1)法律保护的有关公益和隐私的证据,如涉及国家秘密、商业秘密和个人隐私的证据;(2)非法获得的证据,

如以偷拍、偷录、窃听等手段侵害他人合法权益的证据材料;(3)属于当事人、诉讼代理人经过分析得出的作为诉讼准备的资料;(4)当事人重复要求出示证据以图拖延诉讼的;(5)证据交换利益严重违反公平原则和公共利益的。

4.《行政诉讼法》第三十六条规定:"在证据可能灭失或者以后难以取得的情况下,诉讼参加人可以向人民法院申请保全证据,人民法院也可以主动采取保全措施。"《最高人民法院关于行政诉讼证据若干问题的规定》第二十八条规定:"人民法院依照行政诉讼法第三十六条规定保全证据的,可以根据具体情况,采取查封、扣押、拍照、录音、录像、复制、鉴定、勘验、制作询问笔录等保全措施。人民法院保全证据时,可以要求当事人或者其诉讼代理人到场。"本案中,由于这位重要证人生命垂危,所以他的证言存在可能灭失的情况,法院应依职权对其证言采取保全措施。需要注意的是:当事人提请证据保全的时间一般应当在诉讼开始之后,法院调查程序开始之前。

5.《最高人民法院关于行政诉讼证据若干问题的规定》第二十三条规定:"原告或者第三人不能自行收集,但能够提供确切线索的,可以申请人民法院调取下列证据材料:(1)由国家有关部门保存而须由人民法院调取的证据材料;(2)涉及国家秘密、商业秘密、个人隐私的证据材料;(3)确因客观原因不能自行收集的其他证据材料。人民法院不得为证明被诉具体行政行为的合法性,调取被告在做出具体行政行为时未收集的证据。"由此可见,《最高人民法院关于行政诉讼证据若干问题的规定》只规定了原告与第三人在一定条件下有申请人民法院调取证据的权利,并没有规定被告有申请人民法院调取证据证明其行为合法性的权利。因为行政机关遵循"先取证,后裁决"的行政程序,其必须是拥有了充分的证据后才能做出具体行政行为。如果行政机关还需要在诉讼程序中申请法院调取证明具体行政行为合法的证据,只能说明具体行政行为证据不足。本案中,法院不可以依县公安局的申请为其调取有关部门的文件,用以证明其将牛某送法制学校学习的行为是合法的。

需要注意的是:人民法院对当事人调取证据的申请,经审查符合调取证据条件的,应当及时决定调取;不符合调取证据条件的,应当向当事人或者其诉讼代理人送达通知书,说明不准许调取的理由。当事人及其诉讼代理人可以在收到通知书之日起3日内向受理申请的人民法院书面申请复议一次。人民法院应当在收到复议申请之日起五日内做出答复。人民法院根据当事人申请,经调取未能取得相应证据的,应当告知申请人并说明原因。

6.《国家赔偿法》第三条第一项规定:"行政机关及其工作人员在行使行政职权时有下列侵犯人身权情形之一的,受害人有取得赔偿的权利:违法拘留或者违法采取限制公民人身自由的行政强制措施的。"第三十二条规定:"国家赔偿以支付赔偿金为主要方式。能够返还财产或者恢复原状的,予以返还财产或者恢复原状。"第三十三条规定:"侵犯公民人身自由的,每日赔偿金按照国家上年度职工日平均工资计算。"第三十五条规定:"有本法第三条或者第十七条规定情形之一,致人精神损害的,应当在侵权行为影响的范围内,为受害人消除影响,恢复名誉,赔礼道歉;造成严重后果的,应当支付相应的精神损害抚慰金。"

上述第2问中已指出监视居住不属于行政诉讼受案范围,所以法院不会支持对监视居住期间由于人身自由受到限制导致的赔偿请求,对于留置盘问和强制其到法制学校学习期间的人身自由受到限制的赔偿应予以支持。另外,对于牛某缴纳的学校费用1 500元,应责令县公安局予以返还,律师费6 000元不予支持赔偿。具体赔偿标准是:县公安局违法限制牛某人身自由共计33天,即留置盘问2天与强制学习31天,根据国家上年度职工年平均工资7 650

元,全年法定工作日是255天,应当支付牛某990元[(7 650/255)×33]的赔偿费用,另外因限制自由造成牛某精神损害的,可以判决县公安局在侵权行为影响的范围内,为牛某消除影响,恢复名誉,赔礼道歉;造成严重后果的,应当支付相应的精神损害抚慰金。

至于县公安局对牛某实施的监视居住属于刑事诉讼法明确规定的刑事强制措施,依法不属于行政诉讼受案范围。牛某要求确认县公安局对其监视居住违法,并要求赔偿相应损失的诉讼请求,应依照《国家赔偿法》有关刑事赔偿的规定另行处理。

7. 当事人认为审判人员或书记员、翻译人员、鉴定人、勘验人与本案有利害关系或者其他关系可能影响公正审判的,有权提出回避申请。最高人民法院关于《行政诉讼法》的司法解释规定:"当事人申请回避,应当说明理由,在案件开始审理时提出;回避事由在案件开始审理后知道的,应当在法庭辩论终结前提出。被申请回避的人员,在人民法院做出回避的决定前,应当暂停参与本案的工作,但案件需要采取紧急措施的除外。对当事人提出的回避申请,人民法院应当在3日内以口头或者书面形式做出决定。"《行政诉讼法》第四十七条第四款规定:"院长担任审判长时的回避,由审判委员会决定;审判人员的回避,由院长决定;其他人员的回避,由审判长决定。"

××市物价局录用公务员程序违法案

【案情介绍】

2008年10月,孙某(1985年生,中国籍)大学毕业后报名参加了国家公务员考试,选择了较为偏远的××市物价局业务管理员,笔试成绩达到了市物价局录用分数线。面试过后,该局通知其做好体检的准备,但到了当天晚上该局又打电话告知孙某,其面试、笔试的综合成绩不合格,不能参加体检,不予录取。与孙某同去面试的吴某综合成绩比孙某差却被确定参加体检,而且体检也通过了。孙某家人觉得蹊跷,于是找该物价局有关负责人理论,得知原来孙某的各项指标均符合,仅因为右边脸上有一块黑色的胎记,该局认为其在形象上过不了关,就决定不让其参加体检了。另一名也通过面试的白某在询问有关事宜时,该局办公室主任钱某暗示赶紧意思意思保证过关,于是白某连夜给钱某送去了一份"厚礼",第二天一早,钱某与局里另几位领导召开碰头会议,决定录用吴某和白某二人,此决定没有告知孙某,也没有进行公示。会议一结束,钱某要求办公室张某不要声张,尽快把这件事给安排妥当以免另生枝节。张某觉得不妥,没有立即着手办理,钱某威胁:"反了,竟然推三阻四,有你好受的!"张某只好按照钱某的意思给办了。这期间有人向上级有关主管部门反映钱某一贯以来的种种违法行为和这次录用公务员的事情,上级机关不久便径行对钱某做出了处分决定,直到处分决定书下达给钱某后,钱某方才得知。

根据上述情况,分析以下问题:

1. 该物价局在录用公务员的过程中存在哪些问题?应当承担什么法律责任?
2. 孙某可以通过什么法律途径来维护自己的合法权益?
3. 张某在工作中若对上级的决定有意见,应该怎么处理?
4. 如果钱某收受"厚礼"的行为被检察机关立案侦查,钱某能否辞去其所担任的该市物价局办公室主任的职务?
5. 物价局的办公室起火,张某因为抢救局里的重要资料而被火烧伤,在医院治疗,钱某以张某不胜任工作为由欲予以辞退,可以吗?
6. 钱某在担任物价局办公室主任期间还能否担任某房地产开发公司的董事长?理由何在?
7. 该物价局的上级主管机关径行对钱某做出了处分决定,直到处分决定书下达给钱某,钱某方才得知的处理行为是否符合有关的程序规定?

【案件焦点】

公务员录用、惩戒、辞职辞退、处分程度

【分析与结论】

1.《公务员法》第七条规定："公务员的任用,坚持任人唯贤、德才兼备的原则,注重工作实绩。"第二十一条第一款规定："录用担任主任科员以下及其他相当职务层次的非领导职务公务员,采取公开考试、严格考察、平等竞争、择优录取的办法。"第二十九条第一款规定："招录机关根据考试成绩确定考察人选,并对其进行报考资格复审、考察和体检。"第三十条规定："招录机关根据考试成绩、考察情况和体检结果,提出拟录用人员名单,并予以公示。公示期满,中央一级招录机关将拟录用人员名单报中央公务员主管部门备案;地方各级招录机关将拟录用人员名单报省级或者设区的市级公务员主管部门审批。"第一百零一条规定："对有下列违反本法规定情形的,由县级以上领导机关或者公务员主管部门按照管理权限,区别不同情况,分别予以责令纠正或者宣布无效;对负有责任的领导人员和直接责任人员,根据情节轻重,给予批评教育或者处分;构成犯罪的,依法追究刑事责任:(1)不按编制限额或者任职资格条件进行公务员录用、调任、转任、聘任和晋升的;(2)不按规定条件进行公务员奖惩、回避和办理退休的;(3)不按规定程序进行公务员录用、调任、转任、聘任、晋升、竞争上岗、公开选拔以及考核、奖惩的;(4)违反国家规定,更改公务员工资、福利、保险待遇标准的;(5)在录用、竞争上岗、公开选拔中发生泄露试题、违反考场纪律以及其他严重影响公开、公正的;(6)不按规定受理和处理公务员申诉、控告的;(7)违反本法规定的其他情形的。"

在本案中,物价局在录用公务员的过程中存在一系列问题,首先,江山市物价局以貌取人,而不是任人唯贤;其次,在吴某综合成绩比孙某差的情况下通知吴某进行体检并录取了吴某,违反了平等竞争、择优录取的录用原则;最后,在决定录取的时候也只是几个领导开个碰头会就做出录取决定,而没有提出拟录用的人员的名单,更没有进行公示,也未告知孙某,都是"暗箱操作",严重地违反了法定招录公务员的程序。所以该物价局和负有责任的领导人员以及直接责任人员都应当承担第一百零一条规定的相应的法律责任。该局在录用公务员的过程中违反了平等竞争、择优录取以及任人唯贤的原则;没有根据考试成绩确定考察人选,对其进行体检;没有根据考试成绩、考察情况和体检结果提出拟录取名单;也没有进行公示。

该物价局的行为属于不按照规定的程序进行公务员录用的情况,可以由有关领导机关或者公务员主管部门按照管理权限,区别情况分别予以责令纠正或者宣布无效;对负有责任的领导人员和直接责任人员,根据情节轻重,给予批评教育或者处分;构成犯罪的,依法追究刑事责任。

2. 招考录用公务员是国家机关做出的涉及公民个人能否获得公务员身份,取得合法利益的具体行政行为,对公民的影响很大。《行政复议法》第六条规定："有下列情形之一的,公民、法人或者其他组织可以依照本法申请行政复议:……(11)认为行政机关的其他具体行政行为侵犯其合法权益的。"在本案中,该物价局不录取孙某的行为,侵犯了孙某的合法权益,孙某可以向有关机关提起行政复议,要求对该具体行为进行审查纠正以维护自己的合法权益。最高人民法院《关于执行〈中华人民共和国行政诉讼法〉若干问题的解释》第一条规定:"公民、法人或者其他组织对具有国家行政职权的机关和组织及其工作人员的行政行为不服,依法提起诉讼的,属于人民法院行政诉讼的受案范围。公民、法人或者其他组织对下列行为不服提起诉讼的,不属于人民法院行政诉讼的受案范围:(1)行政诉讼法第十二条规定的行为;(2)公安、国家安全等机关依照《刑事诉讼法》的明确授权实施的行为;(3)调解行为以及法律规定的仲裁行为;(4)不具有强制力的行政指导行为;(5)驳回当事人对行政行为提起申诉的重复处理行为;(6)对公民、法人或者其他组织权利义务不产生实际影响的行为。"第四条规定:"行政诉讼法第十二条第三项规定的'对行政机关工作人员的奖惩、任免决定',这里的奖惩任免决定是指行政机关做出的涉及该行政机关公务员权利义务的决定。"招考录用公务员不是《行政诉讼法》第十二条第三项所指的对行政机关工作人员奖惩任免的内部行政行为,因为报考录用的对象在此时尚未成为国家公务员,依法不属于行政诉讼受案管辖的排除范围,因此孙某也可以提起行政诉讼。而且对此类招录行为没有规定必须经过复议才能提起诉讼,所以孙某既可以先提起复议,对复议不服再提起诉讼,也可以不经复议而直接提起诉讼。

孙某可以对该物价局不予录取的行为向该物价局的本级人民政府或者上一级主管部门申请复议,对复议不服的可以向人民法院提起行政诉讼,也可以直接向人民法院提起行政诉讼。

3.《公务员法》第五十四条规定:"公务员执行公务时,认为上级的决定或者命令有错误的,可以向上级提出改正或者撤销该决定或者命令的意见;上级不改变该决定或者命令,或者要求立即执行的,公务员应当执行该决定或者命令,执行的后果由上级负责,公务员不承担责任;但是,公务员执行明显违法的决定或者命令的,应当依法承担相应的责任。"公务员对上级的错误决定和命令可以说"不",这是《公务员法》的一大亮点。此条款一方面旨在防止公务员执行上级违法或者错误的决定或者命令,而对公共利益或者公民的合法权益造成重大的、不可挽回的损失,赋予公务员提出建议的权利;而另一方面对于执行明显违法或者错误的决定和命令,公务员本人应当承担相应的责任,以此来增强公务员的责任意识。所以在本案中,张某如果认为上级的决定不妥,可以向上级提出改正或者撤销该决定的意见;上级如果不改变该决定或者要求立即执行的,张某应当执行该决定,执行的后果由上级负责,但是如果上级做出的决定明显违法时,张某可以不予执行,可以通过采取其他途径反映和解决,否则应当依法承担相应的责任。

张某如果对该物价局办公室主任钱某的决定有意见,可以向钱某提出改变或者撤销该决定的意见;钱某如果不改变该决定或者要求立即执行的,张某应当执行该决定,执行的后果由上级负责。

4.《公务员法》第八十一条规定:"公务员有下列情形之一的,不得辞去公职:(1)未满国家规定的最低服务年限的;(2)在涉及国家秘密等特殊职位任职或者离开上述职位不满国家规定的脱密期限的;(3)重要公务尚未处理完毕,且须由本人继续处理的;(4)正在接受审计、纪律审查,或者涉嫌犯罪,司法程序尚未终结的;(5)法律、行政法规规定的其他不得辞去公职的情形。"《行政机关公务员处分条例》第三十八条规定:"机关公务员违法违纪,经被立案调查,不宜继续履行职责的,任免机关可以决定暂停其履行职务,被调查的公务员在违法违纪案件调查期间,不得交流、出境、辞去公职或办理退休手续。"

公务员的辞职包括辞去公职和辞去领导职务两种。前者指的是公务员由于个人的原因提出辞职申请并且经有权机关批准而退出国家公职的制度。但遇有《公务员法》第八十一条规定的情形时,公务员不得辞去公职。《公务员法》第八十二条规定:"担任领导职务的公务员,因工作变动依照法律规定需要辞去现任职务的,应当履行辞职手续。担任领导职务的公务员,因个人或者其他原因,可以自愿提出辞去领导职务。领导成员因工作严重失误、失职造成重大损失或者恶劣社会影响的,或者对重大事故负有领导责任的,应当引咎辞去领导职务。领导成员应当引咎辞职或者因其他原因不再适合担任现任领导职务,本人不提出辞职的,应当责令其辞去领导职务。"所以后者包括三种情况:法定辞职——因工作变动依法辞去现任职务;个人辞职——因个人原因或者其他原因自动自愿辞职;引咎辞职——因工作的严重失误失职造成重大的财产损失、人员伤亡等恶劣社会影响或者是对重大事故负有领导责任而辞去职务。在本案中,钱某因收受白某"厚礼"而被检察机关立案侦查期间,属于涉嫌犯罪、司法程序尚未终结的情形,可以辞去其担任的××市物价局办公室主任的领导职务,但是不能辞去公务员职务。

5. 辞退是由于公务员担任公职存在缺陷,国家单方面解除其与机关之间的公职关系的制度。《公务员法》第八十三条规定:"公务员有下列情形之一的,予以辞退:(1)在年度考核中,连续两年被确定为不称职的;(2)不胜任现职工作,又不接受其他安排的;(3)因所在机关调整、撤销、合并或者缩减编制需要调整工作,本人拒绝合理安排的;(4)不履行公务员义务,不遵守公务员纪律,经教育仍无转变,不适合继续在机关工作,又不宜给予开除处分的;(5)旷工或者因公外出、请假期满无正当理由逾期不归连续超过15天,或者一年内累计超过三十天的。"辞退公务员必须符合此条款所规定的条件,并且根据《公务员法》第八十四条的规定,"对下列情形之一的公务员,不得辞退:(1)因公致残,被确认丧失或者部分丧失工作能力的;(2)患病或者负伤,在规定的医疗期内的;(3)女性公务员在怀孕、产假、哺乳期内的;(4)法律、行政法规规定的其他不得辞退的情形。"在本案中,张某因为抢救物价局重要资料被火烧伤而在医院治疗,属于患病或者负伤、在规定的医疗期内的情形,钱某不能以张某不胜任工作为由而将其辞退。

6.《公务员法》第五十三条规定:"公务员必须遵守纪律,不得有下列行为:……(14)从事或者参与营利性活动,在企业或者其他营利性组织中兼任职务……"关于公务员在机关外兼职的规定是公务员职务任免制度的一个重要内容。《公务员法》只规定公务员不得在企业或者其他营利性组织中兼任职务,对公务员在机关内兼职不作限制。但该法第四十二条规定:"公务员因工作需要在机关外兼职,应当经有关机关批准,并不得领取兼职报酬。"由此可知,钱某不能担任某房地产开发公司的董事长。

7.《公务员法》第五十七条规定:"对公务员的处分,应当事实清楚、证据确凿、定性准确、处理恰当、程序合法、手续完备。公务员违纪的,应当由处分决定机关决定对公务员违纪的情况进行调查,并将调查认定的事实及拟给予处分的依据告知公务员本人。公务员有权进行陈述和申辩。处分决定机关认为对公务员应当给予处分的,应当在规定的期限内,按照管理权限和规定的程序做出处分决定。处分决定应当以书面形式通知公务员本人。"

在本案中,上级主管机关径行对钱某做出处分决定,既没有进行调查,也没有将调查认定的事实以及拟给予处分的依据告知钱某本人,并听取其陈述和申辩,是违反法定程序的行为,钱某可以自知道该处分决定之日起30日内向原处理机关申请复核;对复核结果不服的,可以自接到复核决定起15日内,向同级公务员主管部门或者做出该人事处理的机关的上一级机关提出申诉,也可以不经复核,自知道该人事处理决定之日起30日内直接提出申诉。

因政府抽象行政行为导致合同纠纷案

【案情介绍】

上诉人(原审原告、反诉被告):上海歌城餐饮娱乐有限公司。

被上诉人(原审被告、反诉原告):上海同鹏企业管理有限公司。

2006年1月11日,上海歌城餐饮娱乐有限公司(以下简称歌城公司)与上海同鹏企业管理有限公司(以下简称同鹏公司)就青浦区青安路69号三楼签订房屋租赁合同,歌城公司租赁该房屋用于经营量贩式KTV及餐饮服务,租期15年。合同签订后,歌城公司于当日支付同鹏公司租赁保证金144 000元,同鹏公司将房屋交付歌城公司(装修免租期为6个月)。2006年4月13日,歌城公司致函同鹏公司称:因2006年1月29日颁布、3月1日正式实施的国务院《娱乐场所管理条例》第七条第二项规定,"居住住宅区和学校、医院、机关周围不得设立娱乐场所"。歌城公司向同鹏公司租赁经营KTV场所,明显违反上述国家强制性规定,故该合同无法履行。为避免损失扩大,歌城公司约请同鹏公司洽谈退租后的善后处理事宜。同鹏公司于2006年5月31日复函歌城公司称:歌城公司未按约定支付租金,更无理由单方解除合同,要求歌城公司承担违约责任。2006年6月2日,青浦区社会文化管理所出具给歌城公司的意见书称:歌城公司申请开办的地点不符合《娱乐场所管理条例》,故按规定不能在该处设立娱乐场所。2006年6月6日,歌城公司再次致函同鹏公司,要求解除租赁合同。同鹏公司于2006年6月9日收到该函。歌城公司于2006年6月15日向同鹏公司发出关于交付钥匙的函并将钥匙邮寄给同鹏公司,同鹏公司于当日收到房屋钥匙。双方就善后事宜引发诉讼。

【案件焦点】

抽象行政行为是否可列入不可抗力范围?

【分析与结论】

本案是一起因政府行为导致合同无法履行而引发的租赁合同纠纷。双方当事人争议的关键在于:合同订立后,政府颁布的行政法规导致合同不能履行的情况,是否可列入不可抗力范围;已履行部分的合同债务是否亦因不可抗力而免除。

一、政府抽象行政行为应构成不可抗力

1. 不可抗力的一般观点。关于不可抗力的认定,一般而言,存在三种观点,即主观说、客观说和折中说。主观说认为,当事人主观上已尽最大的注意,但仍不能防止阻碍合同履行的事

件发生,那么已发生的事件便属于不可抗力。客观说认为,不可抗力事件是与当事人主观因素无关、发生在当事人外部的、非通常发生的事件。折中说则兼采主观说和客观说而立论,认为从性质上说不可抗力具有客观性,不受当事人主观意志的左右,但在具体认定不可抗力事件时,要看当事人主观上是否尽到了应有的注意义务,据此判断当事人主观上是否存有过错;两个标准缺一,则不构成作为免责事由的不可抗力。我国民法包括合同法对不可抗力的界定采纳了折中说的观点。立法上对不可抗力的界定,强调了不能预见、不能避免、不能克服的"三不能"标准。不能预见,是指债务人缔约时不能够合理地预见到该客观情况的发生;不能避免,是指该客观情况的发生具有必然性,是无可回避的;不能克服,是指该客观情况无法抗拒,债务人虽已尽到最大的努力,但仍不能正常履行其债务;只有三个"不能"的条件同时满足,才能构成不可抗力。多数学者采取列举的方式归纳不可抗力的适用范围,既有一致意见,也存在分歧的观点。自然灾害包括水灾、旱灾、地震等,社会异常事件如战争状态、军事行动、封锁禁运等,是学理研究和司法实务中都认同的典型的不可抗力情形。而对政府行为是否构成不可抗力,存在争议。

2. 抽象行政行为应构成不可抗力。广义上的政府行为包括立法机关、行政机关和司法机关做出的行为;狭义上的政府行为仅指行政机关的行政行为,本书采狭义说。行政行为是享有行政权能的组织运用行政权对行政相对人所做的法律行为,具有单方性、强制性和无偿性等特征。行政行为以行政相对人是否特定为标准,可以分为抽象行政行为和具体行政行为。抽象行政行为是指行政主体针对不特定行政相对人所做的行政行为,包括行政立法行为和制定规范性文件行为;具体行政行为是指行政主体针对特定行政相对人所做的行政行为,包括行政许可、行政征收、行政处罚、行政强制等。笔者认为,行政机关的抽象行政行为符合不可抗力的"三不能"标准,如因此导致合同不能履行,应构成不可抗力。第一,抽象行政行为即行政法规、规章等规范性文件的制定、颁布是不能预见的。普通民众对行政机关制定、颁布法规规章的行为,鲜有途径获知,即便个别关涉广大民众利益、引起各界高度关注的行政立法行为,普通民众虽有耳闻,但在正式颁布之前,对该法规规章的具体内容以及何时颁布、何时生效,也完全无法预见。第二,抽象行政行为不能避免。避免可分为事前避免和事后避免。事前避免即在行政法规、规章等规范性文件颁布之前,通过表达意见、建议、施加影响等方式,阻止其出台。如前所述,行政法规、规章等规范性文件的颁布与实施,民众预见尚且不能,遑论施加影响以阻止其出台了,因此事前避免难以实现。事后避免即在行政法规、规章等规范性文件颁布之后,通过提请原行政立法机关及其上级机关予以重新审议而予以修改或撤销。但在我国法制框架内,对抽象行政行为的监督审查权主体属于国家各级权力机关,私法行为主体无权启动修改或撤销程序,因此事后避免亦难以实现。第三,抽象行政行为不能克服。行政行为突出的特征是其具有强制性。行政法规及其他规范性文件具有普遍的强制约束力,在某一区域乃至全国范围内的任何主体都必须遵守,不能抗拒,不能克服。

3. 具体行政行为难以一概而论。至于具体行政行为是否构成不可抗力,则应具体分析。对行政许可、行政处罚等具体行政行为来说,如果行政机关做出的该类具体行政行为合法合理,则行政相对人对其申请不被许可,以及自身行为应受处罚,应有合理稳定的预期;行政相对人若因此不能履行合同,自应由其承担违约责任。如果行政机关做出的该类具体行政行为违法或显失合理性,则行政相对人可以通过行政复议、行政诉讼得到救济,并由做出具体行政行为的行政机关对其因此造成的损失进行赔偿。在此情况下,并无不可抗力适用的余地。对行政征收、行政征用、行政强制等具体行政行为而言,是否构成不可抗力难以一概而论。在行政机关实施该类具体行政行为违法或错误的场合,行政相对人亦可得到救济,不属不可抗力范围。但在其他场合,如行政机关为防汛抢险需要,紧急征用行政相对人的供货车辆,致使行政相对人无法按约交货。行政机关做出的征用行为完全合法,其对行政相对人的补偿依法也只限于合理的车辆使用、货物损耗费用。而行政相对人对行政机关实施该类行政行为不能预见,亦不能避免和克服,倘使其还需因此承担无法履行合同的违约责任,则显有不妥。是故,从"应否发生损害赔偿义务"这一不可抗力制度的法规政策角度考量,合法的行政征收、行政征用、行政强制等具体行政行为,如导致行政相对人无法履行合同,则应归入不可抗力范围。可以作为某种印证的是,《中华人民共和国海商法》第五十一条,针对海上货物运输合同承运人的责任,规定了一些不负赔偿责任的事由,其中一些事由通说认为是对不可抗力范围的列举,包括:(1)火灾,但是由于承运人本人的过失所造成的除外;(2)天灾,海上或者其他可航水域的危险或者意外事故;(3)战争或者武装冲突;(4)政府或者主管部门的行为、检疫限制或者司法扣押;(5)罢工、停工或者劳动受到限制。综上,从具体的事件类型出发,综合考量事件对合同履行的影响,将政府行为有条件、分类型地纳入不可抗力范围,符合不可抗力制度的目的和社会经济生活运行的实际。具体到本案中,歌城公司与同鹏公司就租赁房屋开设娱乐场所于2006年1月11日签订合同,国务院自2006年1月29日颁布《娱乐场所管理条例》,房屋所处位置因违反该条例第七条规定而不能开设娱乐场所。歌城公司因该抽象行政行为确已无法继续履行合同,且该抽象行政行为对歌城公司而言,属于不能预见、不能避免并不能克服的客观情况,应构成不可抗力。

二、不可抗力的法律效力及权利与义务关系的处理

不可抗力是法定免责事由。不少人在考察不可抗力的法律效力时,大多关注不可抗力的免责效果,而忽视不可抗力引起的其他效果。其实,将不可抗力的法律效果归结为免除责任的观点,或许适用于侵权法领域时更具普遍性,但未必适用于合同法领域。根据王利明教授的观点,不可抗力在合同法领域的法律效果可概述为四个方面:一是不可抗力的发生可能导致违约责任的免除,此种责任包括实际履行、支付违约金和损害赔偿的责任;二是不可抗力的发生可能会使一方被完全免除违约责任,也可能只是免除部分责任或推迟合同的履行;三是迟延履行后发生不可抗力的,债务人仍应承担责任;四是发生不可抗力后债务人应履行通知义务和举证义务。值得进一步探讨的是,在债务人因不可抗力不能履行合同应当全部免除其违约责任的场合,已经履行部分的合同债务是否也在免责范围之内?对此我们以租赁合同这一典型的继续性合同为例(一时性合同一般无此探讨必要),借助对比法较为简便地说明问题。

1. 在债务人拒绝履行合同的情况下,债务人应承担的责任主要有两种:一是继续履行,如其拒绝履行已导致履行迟延,还应承担迟延履行的违约责任;二是若不宜强制继续履行,则应按约支付违约金,如违约金不足以弥补债权人损失的,债务人还应赔偿不履行合同给债权人造成的损失。上述责任形式,对继续性合同而言,都是自债务人拒绝履行之后发生的违约责任;对债务人拒绝履行之前的合同债务,债务人自应清偿。

2. 在债务人因不可抗力不能履行合同的情况下,债务人有权解除(实为终止)合同,但一般只发生向后(向将来)的解除效力,不应溯及既往。违约情形下债务人应承担的继续履行、支付违约金、赔偿损失等向后发生的违约责任,因不可抗力而均予免除。但在债务人因不可抗力

事件主张解除合同之前,债务人基于合同承担的义务,并不能免除。因此,不可抗力免责应限定于免除债务人的违约责任,已经履行部分的合同债务并非违约责任,不在免责范围之内,债务人仍应予以清偿。本案中,歌城公司无法履行合同系受不可抗力影响,故其无须承担继续履行、支付违约金、损害赔偿等违约责任。但歌城公司自 2006 年 1 月 15 日至 6 月 15 日实际占有房屋期间产生的租赁费、使用费 364 800 元,属于合同解除前已经履行部分的债务,歌城公司应当清偿。但本案有些特别因素需结合考量:一是从合同目的来看,歌城公司的缔约目的在于使用该房屋经营娱乐场所以获取收益,同时向同鹏公司支付作为对价的租金;但本案中歌城公司尚未营业,其并非以能够实现合同目的的方式占有使用房屋,完全按约支付对价有违合同真意。二是歌城公司在 2006 年 4 月 13 日即告知同鹏公司,因为《娱乐场所管理条例》的颁布与实施,已无法履行合同,要求退租;歌城公司最终延至 2006 年 6 月 15 日才退租离场,与同鹏公司未能及时妥当地处理有一定关系,对此同鹏公司负有一定责任。若将此期间发生的租金完全由歌城公司承担,有失公允。有鉴于此,二审法院依据公平原则对歌城公司实际占有房屋期间产生的租赁费、使用费酌情予以调整。

原审法院经审理认为,《娱乐场所管理条例》系由国务院于 2006 年 1 月 29 日颁布,于 2006 年 3 月 1 日实行。该条例的颁布确使歌城公司无法办理经营许可证,该事件应属不可抗力并造成合同目的无法实现,歌城公司因此可享有单方解除合同的权利。双方的租赁合同应于 2006 年 6 月 9 日解除。双方约定的房屋交付时间为 2006 年 1 月 15 日,歌城公司交还房屋的日期为 2006 年 6 月 15 日,对此期间产生的租赁费、使用费,应由歌城公司承担。原审法院据此判决:双方合同于 2006 年 6 月 9 日解除;歌城公司支付房屋租赁费、使用费 364800 元,等等。歌城公司上诉称:原审法院在认定租赁合同系因不可抗力解除的同时,却要求歌城公司承担合同免租期的租金,既与免租期的内涵不符,亦违背公平原则,因此,请求二审法院依法撤销支付租金、使用费的判决。二审法院认为,同鹏公司与歌城公司所签租赁合同中约定的免租期系出租人给予承租人的优惠,免租期内的收益实质已体现在出租人在租赁期内所收取的租金总额中。本案中的租赁合同在免租期内即解除,出租方给予承租方免租期的目的已无法实现,在此情况下,承租方歌城公司自 2006 年 1 月 15 日至 6 月 15 日实际占有房屋期间产生的租赁费、使用费,从公平原则出发,应由同鹏公司与歌城公司各承担一半为宜。据此,二审法院对原审关于租金、使用费的判决予以改判。

钱某等行政相对人诉市工商局行政处罚决定案

【案情介绍】

2007年8月10日,某市(地级市)人民政府发出《关于对全市个体工商业实行清理整顿的决定》。文件规定:为了加强对全市个体工商业的管理,维护良好的市场秩序,对无证、无照经营的个体工商户,欺行霸市、哄抬物价的个体工商户,挂靠行政机关的合伙企业,予以取缔。被取缔的个体工商户和合伙企业务必在9月10日前自动停业,对于拒不执行的,采取强制收缴工商营业执照、罚款等处罚措施。9月26日,市工商局根据市政府的决定进行了具体的检查,检查发现钱某、张某两家个体工商户,以及富某和田某合伙经营的名为凯康的合伙企业属于政府这次市场清理予以取缔的对象,但他们仍然照常营业。市工商局当即强行收缴了钱某、张某、凯康公司的营业执照,并分别处以500元的罚款。钱某、张某、凯康公司不服,多次请求市政府对此事予以处理,都没得到满意的答复。于是决定向人民法院提起行政诉讼。

根据案例思考下列问题:

1. 钱某等可否不经行政复议直接对市工商局的行政处罚决定提起行政诉讼?
2. 富某可否对市工商局的行政处罚决定提起行政诉讼?
3. 如果钱某等以《关于对全市个体工商业实行清理整顿的决定》不合法为由起诉,请求撤销此文件,人民法院应如何处理?
4. 如果人民法院在审理过程中认为《关于对全市个体工商业实行清理整顿的决定》不合法,人民法院是否有权予以撤销或者修改?
5. 市政府的《关于对全市个体工商业实行清理整顿的决定》是否有权设定收缴营业执照、罚款的处罚措施?
6. 市工商局当场收缴钱某、张某、凯康公司营业执照并罚款的行为是否违法?
7. 如果法院撤销了市工商局的行政处罚决定,且该判决已生效,但市工商局拒绝履行该判决,钱某可以在什么期限内申请法院强制执行?

【案件焦点】

行政诉讼受案范围、行政诉讼法律适用、行政处罚的程序

【分析与结论】

1.《行政诉讼法》第十一条第一款规定:"人民法院受理公民、法人和其他组织对下列具体行政行为不服提起的诉讼:(1)对拘留、罚款、吊销许可证和执照、责令停产停业、没收财物等行

政处罚不服的……"第三十七条规定:"对属于人民法院受案范围的行政案件,公民、法人或者其他组织可以先向上一级行政机关或者法律、法规规定的行政机关申请复议,对复议不服的,再向人民法院提起诉讼;也可以直接向人民法院提起诉讼。法律、法规规定应当先向行政机关申请复议,对复议不服再向人民法院提起诉讼的,依照法律、法规的规定。"

首先,市工商局的处罚决定符合行政诉讼的受案范围。其次,除非法律、法规规定必须先申请行政复议的,行政争议当事人可以自由选择申请行政复议还是选择提起行政诉讼。根据我国现行法律、法规的规定,行政复议前置不终局的主要情况有纳税争议案件、侵犯既得自然资源权利案件、禁止或限制经营者集中的行为和其他情况等。纳税争议案件,是指当事人就纳税问题与税务机关发生争议时,应当先申请复议,对复议决定不服的再提起行政诉讼,纳税争议范围包括缴不缴、谁来缴、缴多少、怎么算。除纳税争议以外的关于税收的争议,如当事人对税务机关的处罚决定、强制执行措施不服等,属于复议诉讼自由类型,既可以申请复议,也可以直接提起行政诉讼。

侵犯既得自然资源权利案件,是指当事人认为行政机关的具体行政行为侵犯其已经依法取得的资源所有权或使用权的,应当先申请行政复议,对复议决定不服再提起行政诉讼。需要强调的是,必须是确认自然资源所有权或使用权的具体行政行为,对于涉及自然资源权利的行政处罚、行政强制措施等其他行为提起行政诉讼的,无须复议前置。

禁止或限制经营者集中的行为,是指不服反垄断执法机构禁止或限制经营者集中的行为,需要经过复议后才能提起诉讼。经营者集中主要是指企业间的收购、并购行为。其他情况,如《工伤保险条例》规定的复议前置情况等。

市工商局的处罚决定不属于复议前置的情况,钱某可不经行政复议,直接对市工商局的处罚决定提起行政诉讼。

2. 最高人民法院关于《行政诉讼法》的司法解释规定:"合伙企业向人民法院提起诉讼的,应当以核准登记的字号为原告,由执行合伙企业事务的合伙人作为诉讼代表人;其他合伙组织提起诉讼的,合伙人为共同原告。"这里注意,如果合伙已登记注册为企业的,则以企业为原告,除此之外,其他合伙组织或个人合伙,无论是否有字号,均以合伙人为共同原告。本案中,凯康公司为合伙企业,故应以凯康公司为原告提起诉讼,富某作为合伙企业的合伙人,不具有原告资格。

3. 抽象行政行为是指行政机关在依法行使职权过程中,针对非特定对象制定的可以反复适用的法规、规章及其他具有普遍约束力的规范性文件的行为。判断一个行政行为是否属于抽象行政行为,可综合考虑以下几个标准:(1)普遍约束力标准,是指作为抽象行政行为载体的行政法规、规章以及决定、命令等规范性文件具有普遍约束力,对其效力范围所及的所有公民、法人或其他组织均具有约束力和强制适用性。(2)对象不特定标准,是指该行政行为所针对的相对人是不特定的、抽象的。(3)反复适用性标准,是指抽象行政行为的上述载体在其生效时间内,对调整对象具有反复的适用性,并不因一次适用于特定的公民、法人或其他组织而失效。《行政诉讼法》第十二条规定:"人民法院不受理公民、法人或其他组织对下列事件提起的诉讼……(2)行政法规、规章或者行政机关制定、发布的具有普遍约束力的决定、命令……"据此,目前抽象行政行为并不属于行政诉讼的受案范围,所以若直接针对抽象行政行为向法院提起诉讼,法院是不会受理的。另外,行政复议中可以审查部分抽象行政行为,但也只能与具体行政行为一并提出。

4. 最高人民法院关于《行政诉讼法》的司法解释规定:"人民法院审理行政案件,可以在裁判文书中引用合法有效的规章及其他规范性文件。"一般规范性文件是指规章以下的具有普遍约束力的行政决定、命令的总称。人民法院在行政审判中可以对一般规范性文件予以参考,对于合法有效的一般规范性文件可以在裁判文书中引用。但是在适用之前,必须对其合法性进行严格审查。这并非将一般规范性文件置于与规章相同的地位,人民法院在适用一般规范性文件时,拥有比对规章更大的取舍权力。当一般规范性文件与法规、规章发生冲突时,虽然不能直接对其进行撤销或修改,但人民法院不必送有权机关裁决,可直接决定对一般规范性文件的适用与否。

5. 行政处罚的设定是指有关国家机关在法律规范中规定行政处罚的活动。根据《行政处罚法》第九条至第十四条的规定,设定权分为四个层次:(1)法律可以设定各种行政处罚;(2)行政法规可以设定除限制人身自由之外的行政处罚;(3)地方性法规可以设定除限制人身自由和吊销企业营业执照之外的行政处罚;(4)在尚未制定法律、法规的情况下,行政规章可以设定警告和一定数量的罚款。行政规章包括部门规章和地方政府规章。此处的地方规章是指省、自治区、直辖市人民政府和其所在地的市人民政府以及国务院批准的较大市的人民政府的规章。除上述法律、法规、规章之外的其他规范性文件不得设定行政处罚。本案的市政府是地级市政府,它不是法律、法规以及规章的制定主体,所以《关于对全市个体工商业实行清理整顿的决定》没有权力设定收缴营业执照、罚款的处罚。

6. 据此,只有对当事人做出罚款或警告这两种处罚的案件才能适用简易程序。所以市工商局不能当场收缴钱某、张某、凯康公司的营业执照。同时,在对当事人处以罚款的案件中,只有对公民罚款50元以下、对法人或者其他组织罚款1 000元以下的案件才能适用简易程序,超出该罚款数额的案件不能适用简易程序。需要注意的是,对个体工商户当场实施的行政处罚,应当依照我国民法的规定,按查处公民违法行为的情况处理。本案中张某、钱某属于个体工商户,因此应当按照公民的情况处理,对公民只有处以50元以下罚款的,才可以适用简易程序进行当场处罚。而本案中,市工商局对张某、钱某各罚款500元,明显超出了简易程序的范围,因此,不能当场对其二人进行罚款。但是凯康公司作为合伙企业组织,对组织处以1 000元以下的罚款即可适用简易程序,本案中市工商局对凯康公司处以500元的罚款,属于简易程序的范围,市工商局可以对其当场进行500元的罚款。综上,因有部分程序违法,因此整个处罚程序违法。

另外,需注意的是,当场处罚程序不同于当场收缴程序。当场处罚程序是指对违法事实确凿并有法定依据,行政机关依照《行政处罚法》第三十三条规定对当事人当场做出行政处罚决定的程序,即简易处罚程序。而当场收缴罚款则是指依照简易处罚程序或者一般处罚程序做出罚款决定后,在符合《行政处罚法》第四十七、四十八条规定的情形时,行政机关直接收缴罚款的执行措施。

当场收缴罚款则是行政处罚执行程序的一种方式。为防止行政执法领域内的违法腐败现象,我国规定了罚款决定与罚款收缴分离制度,而当场收缴罚款却是一种例外。在这里需强调的是,当场收缴罚款不仅适用于对按简易处罚程序做出的处罚决定的执行,而且也适用于对按一般处罚程序做出的处罚决定的执行。只是在适用当场收缴罚款时,必须符合《行政处罚法》第四十七条、第四十八条规定的三种情形之一:(1)依法处以20元以下罚款的;(2)不当场收缴事后难以执行的;(3)在水上、交通不便地区,当事人向指定银行缴纳罚款确有困难的,经当事人提出的。

7. 行政机关拒绝履行法院生效判决的，对方当事人可以在一年内申请法院强制执行。最高人民法院关于《行政诉讼法》的司法解释规定："申请人是公民的，申请执行生效的行政判决书、行政裁定书、行政赔偿判决书和行政赔偿调解书的期限为1年……申请执行的期限从法律文书规定的履行期间最后一日起计算；法律文书中没有规定履行期限的，从该法律文书送达当事人之日起计算。"本案中，钱某作为申请人是公民，所以申请强制执行的期限为1年。

郭建军诉诸暨市国土资源局行政行为违法案

【案情介绍】

郭建军系诸暨市暨阳街道东三村赵四自然村村民。2001年3月开始,郭建军在拆除老房的基础上,未经有批准权的人民政府批准,擅自重建东面一间40.96平方米的住宅。2002年11月16日,诸暨市人民政府向郭建军颁发了诸暨集用(2002)字第1-13279号《集体土地使用证》。2006年2月7日,诸暨市人民政府以郭建军未经批准、擅自重建东面一间面积为40.96平方米的住宅,提供的房屋权源证明失实为由,对郭建军做出诸政行决字(2006)第1号行政决定,撤销诸暨集用(2002)字第1-13279号《集体土地使用证》,由诸暨市国土资源管理局依法办理更正登记。郭建军不服,向绍兴市人民政府申请行政复议。2006年5月28日,绍兴市人民政府做出维持诸暨市人民政府行政决定的复议决定。郭建军于2006年6月19日向诸暨市人民法院提起行政诉讼。该院于2006年8月3日做出(2006)诸行初字第22号行政判决:维持诸暨市人民政府做出的行政决定。郭建军不服,提起上诉,绍兴市中级人民法院于2006年10月27日做出判决:驳回上诉,维持原判。2007年3月22日,诸暨市国土资源管理局对郭建军未经审批、非法占地建房行为进行立案查处。2007年9月11日,诸暨市国土资源管理局向郭建军送达行政处罚告知书。2007年11月28日,诸暨市国土资源管理局认为郭建军的行为违反了《中华人民共和国土地管理法》第六十二条第三款和《浙江省实施〈中华人民共和国土地管理法〉办法》第四十条之规定,属非法占用土地的行为。诸暨市国土资源管理局依据《中华人民共和国土地管理法》第七十七条第一款之规定,对郭建军做出责令其退还在暨阳街道东三村郭庄处非法占用的40.96平方米土地上新建的房屋的诸土资监罚(2007)第169号行政处罚决定书。郭建军不服诸暨市国土资源管理局做出的行政处罚决定,于2008年1月28日向诸暨市人民政府提起行政复议。2008年4月20日,诸暨市人民政府做出维持诸土资监罚(2007)第169号行政处罚决定的复议决定。

郭建军不服,诉至法院。

【案件焦点】

行政行为的合法性审查

【分析与结论】

行政法的基本使命就是要确保政府官员对裁量权的行使负责。如果不对行政自由裁量决定的实质内容进行适度的司法审查,那么行政诉讼的合法性审查制度就会暗淡无光。所谓行政自由裁量就是指在法律许可的情况下,对作为或不作为,以及如何作为,在方法、种类、幅度、结果、程序等方面进行选择的权力。对自由裁量的司法审查就是审查裁量决定是否合理,裁量权有没有不适当地行使。法院在什么层面,依据什么标准控制对行政裁量行为司法审查的程度?如何才能保证行政裁量是适度的,不会为目的而不择手段,不会采取总成本高于总利益的行为?在大陆法系中,是通过手段与目的之间的衡量来实现,即借助比例原则进行有效控制。行政机关的裁量行为,既要保证行政管理目标的实现,又要兼顾保护相对人的权益。应以达到行政执法目的和目标为限,尽可能使相对人的权益遭受最小的侵害,这就是行政法比例原则的核心含义。

《中华人民共和国土地管理法》第七十七条第一款从文义上看,有明确而详细的规定,属于羁束行政行为,行政主体必须严格依照法律,不具有根据主观判断而进行选择的空间。但是,行政主体在选择适用法律过程中是无法回避自身的主观参与及价值判断的。更何况在本案中,土地行政主管部门在行政处罚中同时引用了《浙江省实施〈中华人民共和国土地管理法〉办法》(以下简称《办法》)第四十条规定。《办法》明确已建的建筑物在符合相关规划时,不改变土地用途并在规定的占地面积范围内重建的,应重新办理审批手续并且应当简化手续、及时批准。显然,对行政违法行为的处理方式有明显的不同,行政主体对处理的结果存在裁量的选择。上诉人违法行为的事实、性质、情节以及社会危害程度比其他未经审批的非法占地行为相对轻微,诸暨市国土资源局做出拆除处罚,显然与其违法程度不相适应,违反了行政裁量的比例原则。

诸暨市人民法院经审理认为,《浙江省实施〈中华人民共和国土地管理法〉办法》第三条第一款规定,县级以上人民政府土地行政主管部门统一负责本行政区域内土地的管理和监督工作。诸暨市国土资源局是诸暨市人民政府土地行政主管部门,其对郭建军擅自建房行为进行查处,主体适格。《中华人民共和国土地管理法》第六十二条第三款规定,农村村民住宅用地,经乡(镇)人民政府审核,由县级人民政府批准。《浙江省实施〈中华人民共和国土地管理法〉办法》第四十条规定,已建的建筑物、构筑物,需要重建、扩建的,应当符合土地利用总体规划确定的用途和城市规划、村庄和集镇规划,并依法重新办理规划、用地审批手续。郭建军从2001年3月开始,未经有批准权的人民政府批准,擅自将原平房拆除后重新建造占地40.96平方米的三层住宅。诸暨市人民法院(2006)诸行初字第22号和绍兴市中级人民法院(2006)绍中行终字第55号行政判决书,分别确认郭建军违反法律法规,擅自建造40.96平方米住宅的事实。诸暨市国土资源局根据郭建军非法占地、擅自建房的行为,依据《中华人民共和国土地管理法》第七十七条关于农村村民未经批准或者采取欺骗手段骗取批准,非法占用土地建住宅的,由县级以上人民政府土地行政主管部门责令退还非法占用的土地,限期拆除在非法占用的土地上新建的房屋的规定,对郭建军做出责令其退还非法占用的40.96平方米土地、限郭建军在处罚决定书接到之日起十日内自行拆除非法占用的40.96平方米土地上新建的房屋的处罚决定,认定事实清楚,适用法律法规正确,程序合法。据此判决:维持诸暨市国土资源局于2007年11月28日做出的诸土资监罚(2007)第169号行政处罚决定。

郭建军不服,提出上诉。

绍兴市中级人民法院经审理认为,《行政处罚法》第四条第二款规定,设定和实施行政处罚必须以事实为依据,与违法行为的事实、性质、情节以及社会危害程度相当。《行政处罚法》第二十七条规定,违法行为轻微并及时纠正,没有造成危害后果的,不予行政处罚。说明行政执法中行政裁量必须遵循执法成本和执法收益的均衡,应当符合比例原则。从行政执法目的和手段关系而言,手段对目的应当是适当的,虽然行政目的是正确的,但也必须选择合适的手段。行政机关必须选择相对成本最小的执法手段,选择对行政相对人最小侵害的方式,从而使行政执法的成本与执法收益相一致。

本案上诉人郭建军在拆除60多平方米老房的原宅基地上,重建一间40.96平方米的住宅,并未多占其他土地面积,也未改变土地用途和性质,从庭审调查情况及双方提交的证据看,上诉人所建房屋是否违反城市规划及所在村区域是否有具体的规划要求,被上诉人未提供充分的证据予以证明。而且从实际状况看,上诉人的重建房屋与其他房屋在结构上已联为一体。可见,上诉人违法行为的事实、性质、情节以及社会危害程度比其他未经审批的非法占地行为相对轻微。

《浙江省实施〈中华人民共和国土地管理法〉办法》第四十条规定:"已建的建筑物、构筑物,需要重建、扩建的,应当符合土地利用总体规划确定的用途和城市规划、村庄和集镇规划,并依法重新办理规划、用地审批手续。不改变土地用途并在规定的占地面积范围内重建的,应当简化手续,及时批准。"《中华人民共和国土地管理法》第七十七条第一款规定:"农村村民未经批准或者采取欺骗手段骗取批准,非法占用土地建住宅的,由县级人民政府土地行政主管部门责令退还非法占用的土地,限期拆除在非法占用的土地上新建的房屋。"被上诉人在《浙江省实施〈中华人民共和国土地管理法〉办法》第四十条规定的补办手续与《中华人民共和国土地管理法》第七十七条第一款规定的拆除选择中,应当考虑上述特定的基本情况,首先选择最小侵害的方式,在此方式不具备条件时,可再考虑更严厉的制裁措施。也就是说,农村村民宅基地原拆原建,不改变土地利用性质,不扩大土地利用面积,不违反城市规划、村庄和集镇规划,虽未经审批,但其违法行为的事实、性质、情节以及社会危害程度相比于其他未经审批的非法占地行为相对轻微的处理方式,应有所区别。否则行政裁量不符合比例原则。因此,被上诉人适用《中华人民共和国土地管理法》第七十七条规定对上诉人做出的行政处罚决定属于适用法律错误。原审判决维持不当。关于上诉人提出的行政处罚的时效问题,对非法占用土地的违法行为,在未恢复原状之前,应视为具有继续状态,因此本案未超过行政处罚追诉时效。据此判决:

1. 撤销浙江省诸暨市人民法院(2006)诸行初字第22号行政判决;
2. 撤销诸暨市国土资源局做出的诸土资监罚(2007)第169号行政处罚决定。

参考文献

1. 郭明瑞、房绍坤主编：《民法案例分析》，高等教育出版社2007年版。
2. 李艳芳主编：《经济法案例分析》，中国人民大学出版社2006年版。
3. 薄守省主编：《中国合同法案例》，对外经济贸易大学出版社2005年版。
4. 李建伟主编：《公司法案例》，中国政法大学出版社2013年版。
5. 梁东主编：《劳动法案例》，贵州教育出版社2008年版。
6. 找法网，http://china.findlaw.cn/info/case/jdal。
7. 张能宝主编：《案例分析专题例解》，法律出版社2013年版。
8. 陈小君主编：《合同法学案例分析》，高等教育出版社2003年版。
9. 陈军主编：《法学典型案例分析》，哈尔滨工程大学出版社2009年版。
10. 徐磊、陈梅主编：《法学概论教学案例解》，上海交通大学出版社2006年版。
11. 杨立新主编：《民法案例分析教程》（第2版），中国人民大学出版社2010年版。
12. 中国民商法律网，http://www.civillaw.com.cn。
13. 张树义主编：《行政法与行政诉讼法学配套教学案例分析》，高等教育出版社2008年版。
14. 高晓春主编：《民事案例分析》，中国政法大学出版社2011年版。
15. 黄京平主编：《刑法案例分析》，中国人民大学出版社2011年版。
16. 中国法院网，http://www.chinacourt.org/index.shtml。
17. 郑艳、赵保胜主编：《行政法律与案例分析》，华中科技大学出版社2011年版。
18. 黎建飞、曾宪义、王利明著：《劳动法案例分析》（第2版），中国人民大学出版社2010年版。
19. 最高人民法院国家法官学院编：《法律教学案例精选2008年商事卷》，中国政法大学出版社2009年版。
20. 中国普法网，http://www.legalinfo.gov.cn。
21. 张民安主编：《票据法案例与评析》，中山大学出版社2006年版。
22. 林嘉主编：《商法案例分析》，中国人民大学出版社2009年版。
23. 赵旭东主编：《〈公司法学〉配套教学案例分析》，高等教育出版社2009年版。
24. 张民安主编：《民法总论案例与评析》，中山大学出版社2005年版。
25. 胡锦光主编：《行政法案例分析》（第2版），中国人民大学出版社2006年版。